迷因

基 因 和 迷 因 共 謀 的 人 類 心 智 與 文 化 演 化 史

THE
MEME
MACHINE

SUSAN BLACKMORE 蘇珊・布拉克莫 ——— 著　宋宜真 ——— 譯

推薦文

以迷因觀點重新看待世界

彭松嶽（陽明大學科技與社會研究所助理教授）

　　說到迷因，就不知不覺聯想起流傳在電腦或手機中的貓咪照片。然而對本書作者布萊克莫來說，迷因不僅是流傳在網路上的哏圖，還泛指文化透過模仿的方式而得以傳遞的機制。布萊克莫試圖透過本書建立「迷因科學」。迷因科學追本溯源地回到達爾文主義，並試圖將解釋生物演化的理論挪移至理解人類世界，嘗試說明迷因以類似基因的方式，努力進行複製、增加數量，使人類心智與社會文化得以延續與擴展。

　　在書中，作者也透過對人腦、情緒、行為與文化現象的分析，建立「迷因的觀點」。迷因的觀點有其吸引人之處，此種理解方式注意到演化過程中有著如演算法的重複步驟、以及在不同生物體上皆能產生作用的特性，但同時也沒忽略掉生命的演化有其複雜且無法預測的面向存在。因此，無論是文化演化的過程，或者是貓咪照片和其他哏圖，迷因很少以完全相同的方式傳遞或延續，而通常會呈現出不同版本但內容結構相似的童話故事、同一張哏圖的二創三創，乃至於無限的後續發揮。這樣的說法似乎能說明潛藏在文化演化中的機制。

　　布萊克莫以普世達爾文主義重新理解文化的發展與轉變，有其值得深入

探討的部分，但是在書中對社會科學的回顧，也提供機會讓我們重新檢視對社會的理解。早從 19 世紀起，社會學家如孔德（Auguste Comte）就已試圖運用生物學及達爾文主義闡述社會與文化現象，但在當時即受到挑戰。對同為社會學家的涂爾幹（Émile Durkheim；後來被視為奠定社會學的理論家之一）而言，個人行為或文化現象的趨同，是無法單純由生物學原則解釋的，而須考慮共享之價值與共同遵守之規範對這些行為或現象的影響。稍早於涂爾幹的另一社會學家塔德（Gabriel Tarde），也不滿足於達爾文主義式的社會演化分析，特別是對生存中的競爭與對立關係之過分強調，忽略其中的混種、適應、模仿與創新所能帶來之社會與文化現象的存續、轉變與擴散（亦可參考科技與社會研究學者，拉圖〔Bruno Latour〕在 *The Science of Passionate Interests* 中對塔德的重新詮釋）。

　　當代的科技與社會研究（Science and Technology Studies），也不斷嘗試結合生物學與生命科學以進行對社會與文化的分析。女性主義科技哲學家哈洛威（Donna Haraway）在 *When Species Meet* 一書中，一方面跟隨著生物學家以及生命科學家重新詢問生命的本質，例如研究微生物與基因體間的相互吸引、結合或共存，以突顯這些在傳統演化論中被忽略的生命存在狀態；或是拋棄達爾文主義中以競爭作為理解生物關係的基礎，並透過科學研究探尋生物體之間的相互合作與拓展彼此關係，是否能提供新的理解生命形式之可能。另一方面，透過這些研究，哈洛威重新梳理並尋找人、生物與科技之間，不再以競爭或剝削為基礎，而能發展出呼應彼此需求、互依共存關係的可能性。

　　「迷因」是否提供了更深入地分析文化發展與轉變的觀點？數學模型是否能找出影響人類細胞、行為或文化模仿的根本法則？閱讀本書可以回答這

樣的問題，但我們也可進行更挑戰思考界線的嘗試，像是詢問生命科學與社會科學間如何能有更豐富的對話，而非將其中一個領域簡化為另一者的從屬？跨領域的思考如何能擴展我們對未來文化與社會的想像與構築？期待讀者們能藉由本書獲得更寬闊之想像與探索的空間！

迷因

推薦文

自私基因與利他迷因的共舞

廖凱弘（國立台北大學數位行銷學程兼任助理教授）

迷因（Meme）是演化生物學家理查·道金斯（Richard Dawkins）於1976 年所發明的學術名詞，原本是用來說明人類透過模仿的過程，從一個大腦傳到另一個大腦的文化人事物單位。本書作者蘇珊·布拉克莫進一步將迷因發展成迷因理論（Meme Theory），用來說明在達爾文「物競天擇」的演化原則基礎下，人類除了受到基因的變異、選擇與保留之外，還會受到迷因的演化過程影響，而變成現今人類社會的面貌。

迷因，透過模仿的社會學習機制，得以在全世界人類大腦中複製、散布，並且不斷發揮其影響力。甚至，迷因還會與基因共謀，企圖改變基因的原初運作，為其在演化過程中，透過基因遺傳的繁衍過程，製造出更有利於迷因的大腦環境，進而讓某些迷因更有利於在人類社會中生存，進而改變人類的行為。

布拉克莫在書中使用迷因理論，說明了迷因演化過程是如何發生的。例如，廣義的人類語言起源與發展過程。布拉克莫論證，人類的語言能力受到了迷因驅使而開始發展，語言的功能其實是為了傳播這些強勢迷因而存在的。而一些有利於人類社交、繁衍甚至性愛的語言開始演化後，某些成功的

迷因將大量被模仿與複製，得到其原汁原味的保存、增強其豐富化，以及持久盛行發展的大腦環境。

不過，生活在社群媒體世代的人們，接觸到網路迷因（Internet Meme）的數量可能最多，衝擊也最大。如果從本書論證加以延伸，那麼網路社群中流傳盛行的各種迷因現象（如流行哏圖、爆紅政治人物、各類網紅直播，甚至假新聞帶風向等現象）可被說明，更可以說明作為一個文化社會的複製子，任何於網路社群中的強勢迷因資訊，可說是得到了絕佳的演化工具，得以在眾多迷因競爭中，受到人們喜歡、注意。撩撥了情緒與慾望的迷因資訊，總是能獲致豐沛的演化能量與活力，得以利用網路，廣傳散布給全人類。

甚至，從迷因理論的角度來看，自我的概念也成為一種迷因複合體。基因遺傳讓我們得到一個原初的大腦與身體，而各種成功的迷因為了自身利益，不斷驅使著基因創造有利其生存的大腦環境。自我承載了各式長久記憶、深信不疑的信念，而成為一個巨大的迷因機器。基因與迷因共舞，驅使人類的大腦越來越大；自私的基因與利他的迷因，更共同塑造了人類的未來面貌。

如今，這部迷因機器，在 COVID-19 新冠病毒的全球疫情衝擊之下，似乎開始面臨著再度快速演化的考驗。什麼樣的「新」大腦環境會被再度創造出來，而成為對抗病毒的利器？什麼樣的「新興」迷因將成功主導人類社會的關鍵影響力，而驅使地球共同面對艱難轉型的挑戰？本書引介各種迷因演化論的有力證據，應可協助讀者推導與深思。

推薦文

迷因，就是「反基因方程式」嗎？

鄭國威（泛知識股份公司知識長暨共同創辦人）

　　要推薦這本書，我得先講個故事。前幾天我看到 YouTuber 啾啾鞋發了一則新片，標題中有「反基因方程式」，我好奇地點開了連結，看了才知道「哦～原來是在回應另外一個 YouTube 頻道『反正我很閒』」，於是我再點開「反正我很閒」的頻道，看他們的新影片。

　　先說一下，「反正我很閒」這個 YouTube 頻道可以說是 2020 年現象級的存在，即使今年發生那麼多難以想像的大事，我還是會將反正我很閒的崛起納入今年的大事 Top 10 之一。他們一支 2018 年 9 月的影片「【錦標賽】格鬥項目！第一屆羅馬競技生死鬥示範賽 part1」在 2020 年 5 月左右爆紅，全台高中大學紛紛舉辦，上百位參賽者煞有其事地拿著寶特瓶對戰，替當時因疫情快要悶壞的自己找一個出口。而在那前後，悶燒許久的粉絲群已暴增到無處不在，從該頻道傳播開來的「人民的法槌」、「卑鄙源之助」等台詞跟角色，一下子從「內行人才懂」，變成「就算不懂也要跟風來用不然就落伍了」的迷因。

　　而「反基因方程式」則是他們造出的新迷因。短短幾天內，除了「反正我很閒」YouTube 60 萬訂閱者，這些訂閱者再向外傳遞的次數更難以估計。

更別說啾啾鞋不僅複製了，還將這迷因改造、再透過他的頻道讓近 150 萬的訂閱者同時接收到了新舊兩版迷因。

雖然在「反正我很閒」的影片裡，根本沒有解釋什麼是「反基因方程式」，但搭配上成員鍾佳播的手勢與口氣，這六個字成為了數十萬人爭相模仿跟複製的迷因。在影片裡，為了克服貪吃的問題，鍾佳播化身「人家伽利略」，在壁報紙上寫了一大堆令人摸不著頭緒的算式，聲稱「你的基因在控制你啊！你只是你基因的軀殼而已！……這個方程式就是帶領我們人類掙脫基因的第一步啊！」乍看只是一貫的 Kuso 風格，但這現象恰恰就是「迷因」與「基因」兩種複製子之間的生死鬥爭與相依。

現在談迷因，大多數人想到的會是「反正我很閒」這樣的 YouTuber 或眾多專門分享迷因哏圖的臉書專頁，然而這概念其實有更早的起源，且是演化心理學、社會生物學的研究範疇。透過蘇珊‧布萊克莫寫的《迷因》一書，你會發現有些時候迷因就是反基因方程式。她結合敏銳的洞察與扎實的學術論述，將迷因的位階提高，與基因相提並論，邏輯清晰、有理有據地反駁了生物「只是基因的軀殼」這樣的說法。當自私的迷因獲得了人類這樣愛模仿的大腦，基因就不再是終極的控制者，也因此我們開始花更多時間上網看 YouTube 影片（或追劇、看 A 片），選擇熬夜、不健康飲食而傷害身體機能、放棄交友與可能的繁殖機會……基因在迷因面前就這麼完敗了。

藉由此書，你將獲得「從迷因的角度看世界」這個迷因，名符其實腦洞大開。就我來說，許多苦思不解的問題，像是如何打擊偽科學、謠言、假新聞，如何讓好的知識更受青睞等等，都頓時有了新觀點，甚至讓我近來不管看什麼都在想「迷因在控制我啊！我只是迷因的軀殼而已！」看來我得趕緊著手研究反迷因方程式才行啦！

給亞當

原文書推薦序

——理查·道金斯（Richard Dawkins）

　　大學時期，有一回我和朋友在牛津大學貝利奧爾學院午餐排隊時聊天。他越聊越覺得我古怪有趣，便問道：「你跟彼得·布魯奈共事過嗎？」我確實認識布魯奈，但我不知道我朋友是怎麼知道的。布魯奈是深受我們喜愛的導師，而且我才剛結束跟他的導談會面，從他那裡過來。朋友大笑說：「我就知道！你講話就跟他一樣，連聲音都跟他一樣！」我確實「承襲」了當年所仰慕（而如今無盡懷念）的導師，仿效他說話的聲調和舉止，即使為時不長。數年之後，我自己也成為導師，我教到一位年輕女性，她有種不尋常的習慣。每當她被問及需要深思的問題時，總會緊閉雙目，把頭垂到胸前，動也不動地持續半分多鐘，然後才抬起頭來，張開眼，聰慧而流利地回答問題。我覺得十分有趣，於是晚餐後便對著我同事模仿了這個動作。同事看了之後立刻說：「這是維根斯坦的動作啊！你的學生不會剛好是姓某某某吧？」我嚇了一跳，全被他說中。同事說：「我就知道。她的父母都是哲學教授，也是維恩斯坦的忠心追隨者。」因此這個動作是從這位偉大的哲學家傳遞給她父母、再傳遞給我學生的。這是我的推測。雖然我後來的模仿是開玩笑的，不過我還是把自己納入這個動作的第四代傳遞者。而維根斯坦的動作又是從

何而來的呢？

我們會無意識地模仿他人，尤其是父母、類似父母角色的人，或是我們仰慕欽佩的人。這件事我們都很熟悉。然而，把模仿視為人類心智演化、人類大腦爆炸性擴增，甚至出現自我意識概念的主要理論基礎，這個認定真的可靠嗎？模仿會是我們祖先與其他動物分道揚鑣的關鍵嗎？我從不這樣認為，但蘇珊·布拉克莫在本書卻提出強而有力的理由來支持這個論點。

孩子是透過模仿來學習某種特定語言而非其他語言的。人們說話談吐會比較接近自己的父母而非他人的父母，也是因為模仿。這還是地方口音，甚至在更長時間尺度下不同語言存在的原因。基於同樣原因，宗教會隨著家族續存，而非每一代自行重新選擇。這與基因在世代中的縱向傳遞，以及病毒的橫向傳遞，至少能進行表面上的類比。姑且先不預設這項類比的成效是否卓著，如果我們想要談論此事，最好要給這個可能在傳遞字詞、想法、信念、舉止、時尚扮演基因角色的東西一個好名字。1976 年，「迷因」（meme）一詞出爐，之後越來越多人採用這個名詞，來指稱這個假定的基因類比物。

《牛津英語詞典》的編輯決定一個詞何時該納入字典所採用的合理判準是：該詞要在不需說明其定義的情況下廣受使用，使用時也不被認為是在造詞。問一個後設迷因理論的問題：「迷因」這個詞運用得有多廣泛？有個不甚理想但可從迷因大海中取樣的簡便方法，就是從全球資訊網及其提供的輕鬆搜尋方式去撈詞。我在寫下這段文字時，也就是 1998 年 8 月 29 日這天，上網快速搜尋了一下。「迷因」被提及約 50 萬次，但這個數字高得離譜，顯然是跟其他縮寫字以及法文的 même（甚至）搞混了。形容詞「迷因的」（memetic）範圍就明確多了，被提及 5042 次。為瞭解這個數字的意義，我拿幾個近來才出現的或時髦的句子來比較一下。「硬拗高手」（spin doctor）被提及 1412 次，「弱智化」（dumbing down）3905 次，「劇情式紀錄片」（docudrama）2848 次，「社會生物學」（sociobiology）6679 次，「災變理論」（catastrophe theory）1472 次，「混沌的邊緣」（edge of chaos）2673 次，「東施效顰者／愛學又學不來的人」（wannabee）2650 次，「陸文斯基醜聞」（zippergate）1752 次，「小鮮肉」（studmuffin）776 次，「後結構的」（poststructural）577 次，「延伸的表現型」（extended phenotype）515 次，「擴展適應」（exaptation）307 次。在「迷因的」這 5042 次之中，90% 以上沒有交代該詞的來源，表示該詞已符合《牛津英語詞典》的收錄判準。現在，就如蘇珊·布拉克莫告訴我們的，《牛津英語詞典》現在已收錄了這個定義：

> 迷因（meme），文化中被認為會經由非遺傳的方式，尤其指透過模仿，來傳遞下去的一項元素。

　　網路上進一步搜尋發現有個新的網路論壇「alt.memetics」，過去一年就新增了 12000 則貼文。網路上還有許多跟迷因相關的文章，如〈新的迷因〉、〈迷因，反迷因〉、〈迷因學：一種後設生物學體系〉、〈迷因，傻笑的呆子〉、〈迷因、後設迷因，以及政治〉、〈人體冷凍技術、宗教和迷因〉、〈自私的迷因以及合作的演化〉、〈迷因發展流程〉，還有單獨的網頁〈迷因學〉、〈迷因〉、〈C迷因連結〉、〈網路上的迷因理論學家〉、〈本週迷因〉、〈迷因中心〉、〈阿庫特迷因工作坊〉、〈迷因學的相關指引和簡短介紹〉、〈迷因學索引〉以及〈迷因園藝網〉。甚至還出現了新的「宗教」（哈哈，我自認為的），稱為「病毒教會」，裡面羅列了自訂的罪行和德性，還有自封的

守護聖人（聖達爾文，被冊封為「可能是最具影響力的現代迷因工程師」），
我還震驚地發現有人引用了「聖道金斯」。

在蘇珊・布拉克莫之後，還有另外兩本以不同取徑論及迷因的專書：
理查・布羅迪（Richard Brodie）的《心智病毒：迷因的新科學》（*Virus of
the Mind: The New Science of the Meme*），以及亞倫・林區（Aaron Lynch）
的《思想傳染：信仰如何通過社會傳播》（*Thought Contagion: How Belief
Spreads through Society*）。最重要的是，傑出哲學家丹尼爾・丹尼特（Daniel
Dennett）採用了迷因的觀念，作為他心智理論的基石，發展出兩本重要著
作《意識的解釋》（*Consciousness Explained*）和《達爾文的危險思想》（*Darwin's
Dangerous Idea*）。

迷因會在世代之間縱向傳遞，但也會橫向傳遞，就像流行病的病毒。確
實，我們測量「迷因學」、「劇情式紀錄片」或「小鮮肉」等詞彙在網路上
傳播的速度時，研究的就是橫向流行病學。學童之間狂熱的感染方式尤其是
絕佳範例。在我九歲時，父親教我如何把一張正方形色紙摺成中式平底帆
船，這真是一場令人驚豔的人工胚胎學饗宴，會先經過一連串獨特的中介階
段：先是變成具有兩個船體的雙體船，再變成有門的櫥櫃，然後是畫框中的
畫，最後才是一艘能在海上航行（或至少在浴缸航行）的中式平底帆船──
吃水深、兩個平坦的甲板，並各有一個大型方帆。故事的重點在於，我回到
學校後，把這套技巧傳授給朋友，結果這套摺紙術如麻疹感染的傳播速度擴
散到整個學校，幾乎就跟流行病傳染的時程一樣。我不知道這個流行病後續
是怎麼跳躍感染到他校的（寄宿學校可說是一灘與外界隔絕的迷因死水），
不過我確實知道，我父親是二十五年前、從同一所學校、在幾乎同樣的流行
中習得這個中式平底帆船的迷因。至於先前的那波病毒，則是學校的護理長

開始的。我是在這位老護理長離開之後，才再度把她的迷因引入新的一群小男孩之中。

在結束中式平底帆船的故事之前，容我再提出一個重點。反對迷因／基因類比的最強力論點是，即便這種東西存在，傳遞時的保真度也會很低，無法展現出如基因在真實世界的天擇過程中所扮演的角色。高保真度基因及低保真度迷因之間的差異，應該是基於基因是數位化的，而迷因不是。我很確定維根斯坦這個招牌動作的細節，在我模仿我學生所模仿她父母對維根斯坦的模仿中，並未忠實複製下來。招牌動作中每個小抖動的形式和時機，一定會在世代的傳遞過程中發生變異，就像兒時玩傳話接力遊戲那樣。

假設我們把孩子集結成一條傳遞順序。第一個孩子拿著一張中式平底帆船的照片，把船畫下來。第一個孩子再把她畫的船拿給第二個看，第二個也依樣畫一艘船。第二個孩子再把他的畫拿給第三個，第三個再依樣畫一艘，依此類推，一直畫到第二十個孩子。第二十個孩子最後公開展示他的畫，並與第一張照片做比較。我們幾乎不需實地進行實驗，就能知道結果。第二十幅畫跟第一幅差異一定很大，而且很可能完全辨識不出是在畫同一艘船。假設我們把這些圖畫按照順序排出，應該可以看得出與前一幅和後一幅畫之間的相似性，但是圖畫之間的變異率非常大，大到傳幾代之後所有的相似性都會遭到摧毀。從系列圖畫的一端走向另一端，可以明顯看出變異的趨勢，而趨勢的方向則會逐漸退化。根據長期以來演化遺傳學的理解，除非變異率很低，否則天擇無法發揮功用。確實，要克服保真度障礙的初始問題，已被視為生命起源論中左右為難的問題。達爾文主義仰賴高保真度的基因複製，而迷因這種顯然缺乏保真度的東西，怎可能在類物競天擇的過程中扮演類基因的角色？

　　但情況並沒有你想像的那樣悲慘，根據蘇珊·布拉克莫的主張，高保真度不必然等同於數位化。我們可以重新設定中式平底帆船的傳圖接力遊戲，其中規則有個重大改變。這次我們不要求第一個孩子依樣畫出帆船，而是摺給她看，傳授她摺船方法。一旦她掌握了技巧並摺出自己的帆船，就把方法傳授給第二個孩子。如此一來，摺船技巧就能傳遞到第二十個孩子身上。這個實驗最後的結果是什麼？第二十個孩子會摺出什麼東西？如果依序排出這二十艘帆船，我們又會觀察到什麼？我沒有實地做這項實驗，不過假設針對不同群體多次進行這項實驗，我會做出如下有把握的預測：在其中幾項實驗，序列中的某個孩子會忘記前一個孩子的摺紙教學中的某個重要步驟，紙船的品系表現會遭遇巨大的突變，而這項變異應該會繼續複製到序列的尾端，或是到出現另一項不同的錯誤為止。變異的品系最後做出的成果，不會跟原始的中式平底帆船有任何相似性。但在很多實驗中，摺紙技巧會在序列中正確傳遞，且平均而言，摺出的第二十艘船跟第一艘帆船不相上下。如果把這二十艘船依序擺放出來，有些還會表現得更完美，而缺陷不會在品系中複製下去。假設第五個孩子笨手笨腳，做出的帆船歪七扭八，但第六個孩子心靈手巧，便能修正前者在技巧上的失誤。這二十艘船不會展現出持續性劣化的趨勢，但我們第一項實驗中的二十幅帆船畫必定越畫越糟。

　　何以如此？這兩種實驗的關鍵差異在哪？差異在於，畫圖接力實驗的傳承／遺傳是拉馬克式的（布拉克莫稱之為「產品複製」），而摺紙接力實驗的則是魏斯曼式的（布拉克莫稱之為「指令複製」）。在畫圖實驗中，每一代的表現型也是基因型的，這是傳遞到下一代的東西。在摺紙接力實驗中，傳遞到下一代的不是紙張的外型，而是創造出這般外型的整組指令。執行指令時若出現缺陷，會導致有缺陷的帆船（表現型），但這樣的外型缺陷卻不

會傳遞到下一代，這是非迷因的。**魏斯曼迷因品系**對於製作中式平底帆船的前五項指令如下：

1. 拿一張正方形紙，把四個角向內摺到正中央。
2. 把摺出的小正方形的一邊，向內摺到中央線。
3. 另一邊也摺到中央線，兩邊呈對稱。
4. 把摺出的長方形兩短邊，分別向內摺到中央線。
5. 把摺出的小小正方形，沿著上一步驟摺出的直線向後摺。

……諸如此類的指令，再做二十到三十個步驟。我不會把這類指令稱為數位化的，但這些指令的保真度確實非常高，這是因為它們都會參照「把四個角向內摺到正中央」這項標準任務。如果紙張不是正方形，或是如果有孩子無法達成指令所要求的地步，好比說把第一個角摺到超過中心點，第四個角卻摺不到中心點，最後摺出來的船就不會整齊優美。但是序列中下一個孩子不會複製這個錯誤，因為她會認為前一個指導她的孩子是**希望**把四個角都摺到正中央。指令會自我標準化，密碼是錯誤校正。這是柏拉圖會喜歡的：品系中傳遞的是帆船的理想本質，而摺出的每個真實帆船則是有缺陷的近似罷了。

這些指令在口語的強化下，能更有效傳遞，但是光靠摺紙示範就足以傳遞。日本孩子能傳授給英國孩子，即便語言不通。同樣地，日本的木匠師傅也能把技藝傳授給英國學徒，而學徒也不會複製明顯的錯誤。如果師傅不小心把鎚子砸到自己的大拇指，即便學徒聽不懂師傅用日語咒罵，也能正確猜到師傅的手指被砸到了。他不會拉馬克式地精確複製每次鎚子揮動的細節，

而是魏斯曼式地複製指令：盡情揮動鎚子，把釘子釘入木頭，就像師傅所做的那樣。

　　我相信這些推論，能大幅降低（甚至一舉移除）人們對迷因抱持的反對態度，放棄迷因的保真度遠不如基因的主張。對我而言，語言、宗教和傳統習俗這些類基因遺傳，也能帶來同樣教導。根據蘇珊‧布拉克莫在〈迷因的三大問題〉這章的討論，另一項反對的說法跟第一種說法一樣，就是我們不知道迷因是由什麼組成，也不知道迷因在哪裡。能找到迷因結構的華生和克里克尚未出現，[1]甚至連發現迷因遺傳方式的孟德爾都還沒出現。基因的確切位置在染色體上，那麼迷因應該就存在於大腦裡，而且我們能親眼見到迷因的機率遠不及基因（雖然在布拉克莫所提及的文章中，神經生物學家璜‧狄里厄斯有描繪出他猜想中迷因的模樣）。迷因就跟基因一樣，是透過表現型來追蹤數量。中式平底帆船迷因的「表現型」是用紙做的，除了「延伸的表現型」（如海狸水壩和石蛾幼蟲的居所），基因的表現型通常是活體的一部分，但迷因的表現型很少是活體。

　　不過，這是有可能發生的。再回到我學校的例子。假設有一位來自火星的遺傳學家，在學童清晨用冷水淋浴時來到我的母校，此時他一定會毫不猶豫地判定這些男孩在基因上有「顯著」的多態性。因為約有 50% 的男孩割了包皮，另外 50% 沒有。而這些男孩也剛好對於彼此的多態性有高度意識，針對同樣部位的相關特徵把自己分為「圓顱」與「騎士」兩隊（我近來讀到關於另一個學校的文章，提到該校橄欖球隊員甚至依照同樣標準把自己分為

1　譯註：華生（James Dewey Watson）和克里克（Francis Crick）是 DNA 結構發現者。

兩隊）[2]。然而，這當然不是基因遺傳上而是迷因上的多態性，不過這位火星遺傳學家的錯誤是完全可以理解的。形態上的不連續，正是一般認為基因會造成的現象。

在當時的英格蘭，為嬰孩施行割包皮手術還算是醫療上的少見作為，而圓顱／騎士兩種多態性，比較不會是來自縱向傳遞，而是橫向的迷因傳遞，也就是看每個人出生在哪家醫院而導致各自在外觀上的差異。但在大多數的歷史中，割包皮一直是經由宗教之刃來執行的縱向傳遞（我得趕緊補充，這指的是父母的宗教信仰，畢竟孩子被割的時候通常還太年幼無法確認自己的宗教意向）。基於宗教或是傳統（如女性割禮這類野蠻風俗）而施行的割禮，就會遵循遺傳的縱向模式，與真正的基因傳遞模式十分類似，而且通常會持續好幾代。我們的火星遺傳學家得倍加努力，才會發現到圓顱表現型的起源跟基因無關。

火星遺傳學家在推敲這兩派人馬在衣著、髮型及遺傳模式時，下巴更有可能會掉下來（假設他們的下巴原本是闔上的）。頭戴黑色瓜皮帽的表現型，展現出特有的父傳子縱向傳遞傾向（也可能是母系的祖父傳給孫子），而罕見的雙邊辮子頭表現型也會有清楚的連鎖。[3] 行為上的表現型如在十字架前屈膝、[4] 每日朝東方跪拜五次，[5] 也都是縱向傳遞，而這些表現型彼此之間以及與上述表現型之間，有著強烈的負連鎖不平衡。額上紅點，和袈裟／剃度

2　譯註：圓顱（Roundhead）與騎士（Cavalier）是 17 世紀英國內部的兩個黨派，前者又稱議會派，皆理短髮，刻意與後者保皇派特有的假髮或長捲髮區分開來。

3　猶太教正統派的男性服飾包括頭戴黑色瓜皮帽並將鬢髮編成兩條長辮。

4　天主教徒祈禱時的常見手勢。

5　伊斯蘭教徒的信仰表現。

也是一樣的關係。

　　基因能在身體和身體之間正確地複製並傳遞，但其中有些基因傳遞的頻率更高，因此理論上成功率也較大。這是天擇，也能解釋於生命中大多數有趣且驚奇之事。但是否有類似迷因為主的天擇？也許我們可以再次使用網際網路來調查迷因中的天擇。就在「迷因」一詞被造出來期間（其實是稍晚一點），有另一個同義詞也出現了，就是「文化基因」（culturgen）。在今天，[6]文化基因在全球資訊網上出現的次數是 20 次，迷因則是 5042 次。此外，在這 20 次當中，有 17 次仍提及這個詞的來源，不符合《牛津英語詞典》收錄新詞的判準。也許可以想像一下這兩個迷因（或文化基因）之間產生的生存競爭，而「迷因為何會遠勝於文化基因？」或許也不是太蠢的問題。或許是因為迷因在英文是單音節的字，就跟基因一樣，因此可以直接替換基因的衍生詞，如迷因庫（meme pool，352）、迷因型（memotype，58）、迷因學家（memeticist，163）、類迷因（memeoid，28）、反轉錄迷因（retromeme，14）、族群迷因學（population memetics，41）、迷因複合體（memecomplex，494）、迷因工程（302），以及後設迷因（71），全都羅列在 http://www.lucifer.com/virus/memlex.html 裡的「迷因辭典」（Memetic Lexicon，上述括弧內的數字依我的採樣日計算）。以「文化基因」為字根所衍生的相應詞，樣貌明顯得多，但沒那麼豐富多變。但或許，迷因能大勝文化基因的原因，一開始是跟適者生存無關的機運，而純粹是自我強化的正向回饋效應，是一種迷因漂移（85）：「因為凡有的，還要加給他，叫他有餘；沒有的，連他所有的也要奪過來。」（《聖經・馬太福音》25 章 29 節）。

6　指 1999 年本書原文書出版當時。

　　前面提到，反對迷因這個概念，有兩個最常見的理由：迷因的複製保真度不足，以及無人真正知道迷因實際的樣貌。第三個理由則是令人苦惱的問題：多大的單位可稱為「迷因」？整個羅馬天主教會是一個迷因，還是單指其中一個構成要素，像是「焚香」或「實體轉變」？[7] 還是介於這兩者之間的東西？蘇珊・布拉克莫也沒有忽略這樣的問題，但是她正確地把注意力放在更具建設性的取徑，發展出「迷因體」的正面解釋力量。迷因體是「共同適應的迷因複合體」的簡稱，而要是她這本著作沒有為這個詞的使用量帶來達爾文式的逆轉，我會非常驚訝（現下「迷因體」和「迷因複合體」的數字分別為 20 和 494）。

　　迷因就跟基因一樣，是在迷因庫的眾多迷因之中篩選而出。結果就是一整群互相競爭的迷因（共同適應的迷因複合體或是迷因體），被發現共同居住在個別的大腦之中。這不是因為天擇視其為一個群體所選擇而出，而是在環境剛好受到外來控制時，這個群體中的個別成員都因偏好而勝出。基因篩選也能得出類似觀點。基因庫中的每個基因都構成整個背景環境中的部分，其中有些基因是天擇而出，因此難怪天擇會偏愛那些能共同建構出「生物」這種高度整合且統一機器的基因。生物學家對這樣的類比有截然不同的態度：有一方覺得這樣的邏輯如白日般清晰，另一方則感到一頭霧水（即使其中有些是非常優異的生物學家），他們無知地略去基因顯著的合作特性及生物的統合性，好似這是以某種方式反對「自私的基因」的演化觀點。蘇珊・

7　Transubstantiation，又稱變質論，指聖餐禮中，麵餅和葡萄酒這個實體（substance）在基督的話語和聖靈的運作下，經歷實質的轉變（transition），成為基督的身體和血。然而這個實體的質料卻脫離應有的形式，雖已轉變為基督的身體和血，卻仍維持著麵餅和葡萄酒的形式，因此是真正的神蹟。

布拉克莫能瞭解這種類比，甚至無比清晰地做出解釋，並以同樣清晰的方式和力道，將這應用到迷因身上。藉由共同適應的基因複合體，類比迷因在彼此競爭的情況下，也能在互助的迷因體中「共同合作」——亦即在同一個迷因體內是相互支持的，但不同的迷因體之間則是相互競爭的。宗教或許是迷因體中最有力的範例，但絕不是唯一一個。一如往昔，蘇珊‧布拉克莫的解方既挑釁又具啟發性。

我相信已經有足夠的例子為迷因與基因之間的類比提供有力的說服，而上述的反對理由也都能得到令人滿意的回答。但是，這套類比是否真的能派上用場？這是否能引導我們得到有力的新理論，以真正解釋重要的東西？這就是蘇珊‧布拉克莫真正發揮特長之處。她以一段段有趣的文字，讓我們熟悉推理的迷因風格。為什麼我們說這麼多話？為何無法停止想東想西？為何腦中總是有一些愚蠢的旋律揮之不去，把我們折磨到失眠？回答問題時，她都以同樣的方式開場：「想像有個充滿腦的世界，以及數量遠多於宿主的迷因。哪些迷因比較有可能找到安穩的居所，得以再次傳遞出去？」答案很快就浮現了，而我們也增進了對自己的瞭解。她又以無比的耐心和技巧，以同樣方法推進到更深且更確切的問題：語言是用來作什麼的？我們的伴侶哪一點吸引我們？我們為何對彼此那麼好？迷因是否驅動了快速、龐大且特定的人腦演化膨脹？接著，她證明了迷因理論如何有助於我們理解迷信以及瀕死經驗這類特定領域的問題。作為心理學家和懷疑的研究者，這種能力來自她學術生涯所培養出的特殊專長。

最後，蘇珊的表現比我所渴望的勇氣和智慧還更加無畏。她勇敢踏入了最深的問題，在那裡開展了迷因力量——如果你還沒讀過，請暫且不要太硬頸——什麼是自我？我是什麼？我在哪裡？（這些都是丹尼爾‧丹尼特在成

為迷因理論學家的哲學導師之前所提出的問題。）意識、創造力和遠見又是如何？

　　我三不五時會遭到對迷因讓步、退縮、氣餒、猶豫不決的指控。但其實我最初的想法就比某些迷因學家（包括布拉克莫博士）所期望的更溫和。對我而言，迷因的原始任務是負面的。迷因一詞是在書末才引入的，否則這個詞本來應該完全是用來擴展自私基因這個演化最重要部分，是天擇的基本單位，是生命階層中的實體，可說所有適應都能從中獲益。我的讀者或許會因此誤讀，認為迷因對於天擇，就相當於基因對於 DNA 分子的必要性。但相反的是，DNA 其實是偶然的。天擇的真正單位是任何一種類型的複製，任何一種會複製的單位，並且在複製過程中偶爾出現錯誤，也對於自身的複製機率帶有一些影響力。就新達爾文主義者的定義，遺傳天擇是地球上演化的驅力，而這種天擇僅是我所謂「普世達爾文主義」這種更普遍過程中的特殊例子。或許我們得前往其他行星才能發現其他範例，但或許我們不需要走得那麼遠。是否有可能有種新的達爾文式的複製子正朝著我們而來？迷因就是從這裡開展它的角色。

　　倘若迷因已經完成其任務，說服我的讀者基因僅僅是特殊案例——也就是基因在普世達爾文主義中所扮演的角色，可由宇宙中任何能夠符合複製子定義的實體來完成——那麼我就心滿意足了。迷因原始的教導目的其實是消極的，是為了削減自私基因的影響。但後來我稍微警覺到，我的許多讀者甚至更積極地把迷因視為人類文化理論本身，有的還加以批判（但基於我原本和緩的意圖，這批判不甚公正），有的則是繼續發揮到超出我認為合理的界線。這是我的態度開始變得有點保留的原因。

　　但我始終願意接受這樣的可能性：迷因或終將成為人類心智的適切假設，

而我不知道這樣的假設可能會發展成什麼樣貌。任何理論都應該獲得最好的機會去發展，這也是蘇珊·布拉克莫為迷因理論做的事。我不確定她是否會被認為在這件事上野心過大，但要不是知道她具有出色的戰鬥特質，我還真會為她捏把冷汗。她是如此出色又如此強硬，同時卻又身段輕盈、態度翩然。她的理論摧毀了我們最珍視的錯覺（就她而言），也就是個體性和人的位格；但同時她又是你會想去親近認識的人。作為讀者，我很感激她為迷因工程這個艱困任務所投入的勇氣、貢獻和技巧，並樂意推薦這本書。

前言

　　若不是一場病，就沒有這本書。1995 年 9 月，我感染了鼻病毒，而且還持續工作到最後不得不宣布放棄上床休息。我在床上躺了好幾個月，路走不了幾步，話講不到幾分鐘，無法使用電腦——事實上，我什麼事都做不了，只能閱讀和思考。

　　於是這段期間，我開始閱讀那一大疊壓迫我許久的「本週迫切必讀書單」。其中一本是丹尼爾·丹尼特的最新著作《達爾文的危險思想》（*Darwin's Dangerous Idea*）。約在同時，我的博士生尼克·羅斯（Nick Rose）交給我一篇短文〈迷因及意識〉。不知為何，迷因的迷因正中我心。我在多年前就讀過道金斯《自私的基因》，卻沒把迷因當一回事。突然間，我瞭解到這是個威力強大的概念，能夠轉變我們對人類心智的理解，而我甚至未曾注意到這件事。於是我讀了手邊能找到所有跟迷因有關的東西。由於我不得不回絕所有演講、電視節目、研討會或論文邀約，我因此得以好好投入迷因研究。

　　書中的想法，大多是在我臥床這幾個月想到的，尤其是 1996 年 1~3 月之間。我逐漸好轉之後，開始寫下大量筆記。病了兩年，我已經可以重返工作，但我決定繼續回絕所有邀約，全新投入這本書。

　　我要感謝所生的這場病，讓這本書得以問世，也感謝我的孩子艾蜜麗和喬里昂，不介意媽媽一無是處地一直躺在床上。我要感謝我的伴侶亞當‧哈特─戴維斯（Adam Hart-Davis），不僅照顧臥床的我，還用各種方式鼓勵我對迷因的研究，把「這本書」放在第一位。

　　丹尼特是最先聽到我的想法的人，我要感謝他給予我親切的建議。好幾位閱讀本書全部或部分草稿的人，也都給我極大幫助。這些人有道金斯、丹尼特、德瑞克‧葛瑟爾、哈特─戴維斯、尤恩‧麥克伐爾、羅斯，還有我的編輯麥可‧羅傑斯，他們給了我許多有用的建議和鼓勵。海倫娜‧克羅寧邀請我以迷因為題做演講，後續又給予許多有幫助的評論，對我助益良多。最後，我要謝謝裴若特─瓦瑞克基金會，以財務上援助本書第 14 章所討論的睡眠麻痺和超自然研究。沒有這些幫助，書中提到的這些特定迷因就無法一併展現在讀者面前。

蘇珊‧布拉克莫

1998 年 10 月

於英國布里斯托

目錄 Contents

1.
奇怪生物

從人傳遞到人的東西都算是迷因，這包含你會的字詞、你所知道的故事、你從其他人身上習得的技能和習性，以及你喜歡玩的遊戲、你所唱的歌，還有你所遵行的規矩。因此每當你靠左行駛、吃披薩配可樂、哼唱某首歌的旋律，甚至握手，都在跟迷因打交道。

　　我們人類真是奇怪的生物。我們的身體跟其他動物一樣，都是經由天擇演化而來，這點毋庸置疑。然而在許多方面，我們卻與所有其他動物不同。首先，我們相信自己是這個星球上最聰明的物種。我們分布極其廣闊，賴以為生的方式也非常多變。我們會發動戰爭、信仰宗教、埋葬死去的人，並且對性感到難為情。我們看電視、開車、吃冰淇淋。我們對地球的生態系統造成災難性的衝擊，似乎危及我們賴以為生的一切。身為人類的問題之一，就是很難以公正不倚的眼光注視著人類。

　　一方面，我們顯然就跟其他動物一樣。我們有活細胞構成的肺、心、腦，我們也吃也呼吸也繁殖。達爾文的天擇演化論可以成功解釋我們與地球上其他生物的現狀，以及彼此為何共享這麼多特徵。另一方面，我們的行為舉止又跟其他動物不同。現在生物學已能成功解釋我們與其他生物大多的相似性，以致我們要反過來問：是什麼讓我們如此不同？是我們卓越的智力嗎？還是意識？還是語言？還是其他？

　　一個常見的答案是，我們比其他物種智力更高。但智力這個答案有滑坡之虞，因為你可以不斷追問智力該如何定義、如何測量，以及應用範圍有多大？對於那些自認知道人類智力之所以特出的人，人工智慧（AI）的研究對此提供了一些令人驚訝的成果。

　　在人工智慧研究早期，研究人員認為如果可以教導電腦下棋，就等同於重製出人類智慧最高等的形式。在當時，認為電腦能把棋下好，甚至擊敗特級大師，是難以想像的。然而現在的家用電腦大多都有內建合用的下棋軟體，1997年，下棋程式「深藍」甚至擊敗了世界冠軍蓋瑞・卡斯帕羅夫（Garry Kasparov），終結了人類在棋局上必勝的看法。電腦下棋的方式或許不同於人類，但其成功顯示了我們對於人類智慧的看法有多麼錯誤。很顯然，我們

認為人類最特殊的能力，也許並沒那麼特殊。

　　早期人工智慧也朝另一個方向進行，那就是打掃房子、園藝或泡茶等不怎麼需要高深智慧的事。人工智慧研究人員再次嘗試發明出進行這類任務的機器人，結果依舊失敗。第一個遭遇的問題就是這些工作需要視覺。有個廣為流傳（但可能是假）的故事，是關於人工智慧教父美國麻省理工學院的馬文・明斯基（Marvin Minsky），就連他也一度把機器人的視覺問題交付給研究生作為暑假要執行的計畫。數十年後，機器人的視覺問題依舊未解。人類毫不費力就能看東西，因此甚難想像視覺過程會有多複雜。無論如何，人類不會因為這種智慧而與其他動物有所區別，因為其他動物也能看。

　　如果無法以智慧作為簡單答案，或許意識可以。許多人相信，意識為人類所獨有，是人之所以為人的原因。然而，科學家卻無法為「意識」一詞下定義。所有人都知道自己的意識為何，卻無法告訴他人關於意識的知識。這件惱人的事實，也就是意識的主體性，或許能解釋何以整個 20 世紀無從對意識這個主題進行科學討論。現在，這個主題終於重回流行，但科學家和哲學家卻連意識的大致解釋都無法達成共識。有些人說「主體性的難題」與其他科學問題不太一樣，需要新型解答，有些人則十分肯定，一旦我們完全瞭解大腦功能和行為，意識的難題就會迎刃而解。

　　有些人相信，人類有超越肉身大腦而存在的靈或魂，是人類獨特性之所在。但隨著宗教潮流的衰退，在智性上接受這種看法的人越來越少。然而，我們大多依然認為自己腦中存在著一個小小的意識「我」，一個觀看著世界、做出決定、引導行動並承擔責任的「我」。

　　我們稍後就會看到，這個觀點是錯的。不論腦做了什麼，看來都不怎麼需要外加而神奇的自我來幫忙。腦的各個部位能獨立進行各自的任務，且同

一時間總是有無數不同事物在進行。我們可能會覺得我們大腦內部有個中央，能讓感官知覺進來，並在此有意識地做出決定。然而這個地方並不存在。很顯然地，我們對於自我意識的一般觀點大錯特錯。從這個令人困惑的觀點來看，我們無法確定其他動物沒有意識，因此也無法確定人類的獨特之處在於意識。那麼，讓人類跟其他動物不同的，究竟是什麼？

人類與動物的區別

本書的理論是，讓人類與眾不同的，是模仿的能力。

人類很自然就會模仿。你曾經在小嬰孩面前坐下、眨眼、揮手或發出「咕咕」聲，甚至只是對他微笑嗎？結果會怎樣？通常他們也會對你眨眼、揮手或報以微笑。這些事情即使是嬰孩，都很容易做到。我們總是在互相模仿。像是「看」這件事，做起來毫不費力，簡單到甚至讓人難以去思考。我們自然不會認為這是什麼聰明厲害的事──然而，這可是聰明到無以復加！

這些動作其他動物未必天生就會。對你的狗或貓眨眨眼、揮揮手或是微笑，結果會發生什麼事？牠們可能會報以呼嚕呼嚕聲、搖搖尾巴、抖個兩下或是走開，但你可以確定的是，牠不會模仿你。你可以藉由循序漸進的獎賞行為，教導貓甚至老鼠，以簡潔的動作來乞討食物，但你無法經由親自示範來傳授，由另一隻貓或老鼠來示範，結果也會一樣。多年來對於動物模仿的精心研究得知，這種情況十分罕見（第 4 章會再談這個問題）。我們也許認為母貓會教導小貓如何獵食、梳洗或使用貓門，但牠們並不是經由示範或模仿學習的。成鳥會把幼鳥推出鳥巢，以此「教導」幼鳥多多飛翔，並給幼鳥嘗試的機會，而非在牠們面前示範飛行所需的技巧以供模仿。

　　動物複製人類行為的故事，具有特別的吸引力，也是寵物主人津津樂道的故事。我在網路上讀到有貓學會了沖馬桶，並且教導第二隻貓同樣的技巧。現在這兩隻貓會一起坐在馬桶水箱上沖馬桶。美國羅格斯大學心理學者黛安娜‧萊絲（Diana Reiss）講過更可靠的趣聞：她研究的寬吻海豚能夠複製聲響、人工哨音及簡單的動作（Bauer and Johnson 1994; Reiss and MaCowan 1993）。她以魚作為獎賞並以「面壁思過」作為懲罰來訓練海豚。如果牠們做錯動作，她會直接離開池邊，一分鐘後再回來。有一天，她扔了一尾魚給其中一隻海豚，但不小心留下了一些刺刺的魚鰭。這隻海豚立即轉身游開，到池子的另一頭待了一分鐘。

　　這個故事觸動了我，因為我不禁覺得這頭海豚能**理解**這個動作的意義，擁有像人類一樣的智慧、意識和意向。但我們既然無法定義這些東西，也就無從確認海豚是否在這個顯著的相互行為中運用了這些東西。我們可以看到的是，這隻海豚以適當的方式**模仿**了萊絲博士的行為。我們忽略了模仿行為本身需要的聰明智慧，以致我們甚至沒有注意到這在其他動物之中多麼罕見，在人類之間又多麼常見。

　　也許更能說明問題的是，我們並未使用不同的字詞來指稱差異極大的學習方式。我們一直以「學習」一詞來指稱簡單的連結，即所謂的「古典制約」（幾乎所有動物都會），也用來指稱經由模仿的學習（人類以外的動物幾乎都不會）。我想要論證的是，由於人類可說是不費吹灰之力便能模仿，因此也蒙蔽了這項簡單事實：**模仿讓人類變得與眾不同**。

模仿和迷因

當你模仿他人，就是傳遞了某項東西。這個「某項東西」還可以繼續傳遞再傳遞，因此擁有了自己的生命。我們或可稱這項東西是一個想法、一道指令、一種行為、一段訊息……但是如果要進行研究，就得給它一個名稱。

還好，它確實有個名稱，就是「迷因」。

「迷因」最早出現在 1976 年，於理查‧道金斯的暢銷書《自私的基因》中。牛津大學的動物學家道金斯在書中推廣了這個越發具影響力的觀點：演化是理解基因競爭最好的觀點。20 世紀初，生物學家暢談演化的發生乃是「為了物種的利益」，並未煩惱演化的確切機制為何。但在 1960 年代，他們開始意識到這個觀點蘊含的嚴重問題（Williams 1966）。舉例來說，倘若一群生物都依照自己群體的利益來行動，那麼群體中只有要單一個體違背這樣的原則，很輕易地就能利用其他成員。他會產下更多不為群體利益著想的後代，如此下來，群體的利益就會喪失。以更現代的「基因眼光」來看，演化或許*看似*是以個體利益或物種益處為目標在運作，但其實一切都是基因之間的競爭在驅動。新的觀點對於演化提供更有力的理解，並且成為所謂的「自私基因理論」。

在這樣的脈絡下，我們必須完全弄清「自私」的意義。這不是說基因很自私，而是說這樣的基因會讓其攜帶者做出自私的行為，這兩者差異很大。此處「自私」一詞意味著基因只為自身行動，基因唯一的利益就在於自身複製。基因唯一想要的，就是被傳遞到下一代。當然了，基因跟人不一樣，不會「想要」、沒有目的、沒有意圖，它們有的只是可以複製的化學指令。所

以，當我說它們「想要」或是「自私」，我只是用簡略的方式來表達，以省去累贅連篇的解釋。這種表達方式不會讓我們誤解，唯一要記得的是，基因要傳遞到下一代只有成功或不成功這兩種結果。所以「基因想要 X」的簡略說法，永遠可以解釋成「進行 X 的基因更有可能傳遞下去」。這是我們擁有的唯一能力，也就是複製的能力。而基因的自私，也要在這個意義下來理解。

道金斯也提及了「複製子」（replicator）及「載子」（vehicle）之間的重要差別。舉凡會進行複製的都稱為複製子，其中包括「積極複製子」，其本質會影響再次被複製的機會。載子則是與環境發生交互作用的實體，戴維‧赫爾（David Hull）因此以「交互作用子」（interactor）來指稱類似的概念（1988a）。載子或交互作用子攜帶著複製子到處跑並且加以保護。原始的複製子應該是在原湯中簡單的自我複製分子，但現在我們最熟悉的複製子則是 DNA。DNA 的載子是生物，而生存在大海、空氣、森林或平原中的一群群生物會交互作用。基因是自私的複製子，驅動地球生物世界的演化，但是道金斯相信，這背後還有更基本的原則在運作。他認為，所有生物不論是起源自宇宙何處，「都是由複製存在實體的差別演化而來」。（1976, p.192）這就是普世達爾文主義的基礎概念，達爾文思想的應用也一舉超越了生物學演化的限制。

在《自私的基因》書末，道金斯問了一個顯而易見甚至有點挑釁的問題。地球上是否還有其他複製子？他認為答案是「有」。我們眼前就是另一個複製子，也就是模仿的單位。即使這個複製子仍然笨拙地漂流在文化的原湯之中。

我們需要為這個新的複製子命名，這個名詞要能傳達「文化傳遞單

位」，也就是「**模仿的單位**」這概念。「**模迷因**」（Mimeme）衍生於意義上十分貼合的希臘字根，[1] 但我希望使用單音節的詞，讓發音更接近基因（gene）。我希望古典主義朋友能原諒我，把**模迷因**縮減成**迷因**。

他提出這幾個領域的迷因範例：「曲調、想法、流行用語、時尚，以及製作鍋子或拱門的技術。」他提到了科學思想如何從一個大腦跳到另一個大腦，而在世界流行和傳播。他也寫到，宗教就像是具有高度生存價值的迷因群，以一神或來生的信念來感染社會整體。他又談論服裝或飲食的時尚，以及儀式、風俗和科技的流行。這些都是從人與人之間的複製散播開來。迷因儲存在人的大腦中（或是書中，或是發明中），再經由模仿傳遞下去。

道金斯以幾頁篇幅，為理解迷因的演化奠定基礎。他討論迷因藉由腦袋跳躍到另一個腦袋來傳播，就像是寄生蟲感染宿主那樣，彷彿是物理上真正存在的活生生構造，並演示相互支持的迷因如何像基因那樣集結成群。最重要的是，他把迷因本身視為複製子，也抱怨同事似乎無法接受迷因會自立於基因的利益之外，只為自身利益而散播。「在最後的分析中，他們總是希望能回到『生物學上的優勢』」來回答人類行為的相關問題。是的，他也同意，我們過去思考的都是生物學上（基因上的）理由，但現在我們有了新的複製子能發揮作用。「一旦展開新的演化，就沒必要屈從於舊的演化。」（Dawkins 1976, pp.193-4）。換句話說，迷因演化可以無需考慮自身對基因的影響而啟動。

1　譯注：Mίμημα，意思是被模仿的事物。

倘若道金斯是對的，那麼人類的生命就是徹底被迷因及其影響所滲透。你從其他人模仿而來的任何事物都是迷因。但我們必須釐清「模仿」一詞的意義，因為我們對於迷因學的整體理解都有賴於此。道金斯說，「迷因經由某個過程，從一個大腦跳到另一個大腦，這個過程就廣義來說可以稱為模仿。」（1976, p.192）我也會以廣義意義來使用「模仿」一詞。因此，舉例來說，如果朋友跟你說了一個故事，而你記得故事要旨，於是告訴了另一人，這個過程就是模仿。你並未精確地模仿朋友的每個動作和遣詞用句，但其中有某樣東西（故事的要旨）會從她複製到你身上，然後再到其他人身上。我們必須在這個「廣義」中理解「模仿」一詞的意義。當你懷疑是否適用，就記得模仿一定涉及複製某樣東西。

從人傳遞到人的東西都算是迷因。這包含你會的字詞、你所知道的故事、你從其他人身上習得的技能和習性，以及你喜歡玩的遊戲、你所唱的歌，還有你所遵行的規矩。因此舉例來說，每當你靠左（或靠右）行駛、吃咖哩搭配拉格啤酒或是吃披薩配可樂、哼唱某首歌的旋律，甚至握手，都在跟迷因打交道。每個迷因都以其獨特方式在其獨特歷史中演化，但每個迷因也都藉由你的行為來讓自己複製下去。

以「生日快樂歌」為例。全世界數以百萬人，也許是數兆人，都知道這旋律。確實，我只需要寫下這幾個字，你可能就在腦海裡開始哼唱這首歌了。這幾個字會影響你，也許你根本不需要刻意去想，你腦中的記憶就開始翻攪了。這是怎麼來的？一如其他數以百萬人，你是模仿得來的。某些事物、某些資訊、某種指令，就寄宿在人們腦中，於是現在我們在生日派對都唱同一首歌。這就是我們所謂的迷因。

迷因無差別地四處散播，不管它們是有用的、中性的，還是絕對有害的。

一個精采的新的科學想法，或是科技上的發明，都會因為有用而散播開來。「聖誕鈴鐺」會散播開來，是因為樂曲好聽好記，儘管這首曲子嚴格說來沒有什麼用處，但絕對能引起你的注意。然而，有些迷因卻一定會造成傷害。像是連鎖信、老鼠會、翻新的詐騙手法、無效的減肥餐，以及危險的藥物「治療」。當然了，迷因並不在乎結果好壞，它就跟基因一樣自私，只是盡其所能地散播出去。

用在基因的簡略說法也能用在迷因身上。我們可以說迷因「自私」，說它們「冷漠」，說它們「想要」把自己傳播出去等等之類的。但我們要表達的是，那些得以複製並散播出去的才是成功的迷因，反之則是不成功的迷因。這才是迷因「想要」被複製、「想要」你傳遞它們，以及「毫不關心」這對於你或你的基因有什麼影響的涵義。

這就是迷因這個概念背後的力量。要開始以迷因的方式來思考，我們的心智必須有重大翻轉，一如生物學家在接受自私基因的概念時所經歷的翻轉。我們的想法不再被視為我們所造，也不是用來服務我們，而是視為具有自主性的自私的迷因，只用來讓自身能複製。我們人類由於具有模仿能力，僅成為物理性的「宿主」讓迷因得以寄宿。這就是從「迷因觀點」看世界。

迷因恐懼

這確實是個令人害怕的想法，或許也正因為如此，人們經常會在迷因二字標上引號，彷彿對於使用該詞深感抱歉。我甚至看過傑出的演講者，在齊眉處彎起雙手食指和中指，再以特別聲量強調出「迷因」二字。這個詞逐漸廣傳，甚至納入了《牛津英語詞典》。人們成立討論團體，網路上也出現

《迷因學期刊》，還似乎在網路空間擁有狂熱的追隨者。但迷因在學院中就沒受到那麼盛大的歡迎。細讀近期關於人類起源、語言演化和演化心理學的最佳著作，裡面根本沒出現過迷因二字（「迷因」並未列入 Barkow et al. 1992; Diamond 1997; Dunbar 1996; Mithen 1996; Pinker 1994; Mark Ridley 1996; Tudge 1995; Wills 1993; Wright 1994）。迷因的觀念似乎與這些學科毫無瓜葛，而我要表明的是，現在我們該認真考慮去採納這項主張：在人類生活和演化中，有第二種複製子在背後運作著。

迷因的其中一個問題是，這個概念衝擊了對於我們是誰以及我們為何在此的最深沉假設；這總是發生在科學領域。在哥白尼和伽利略之前的時代，人們相信自己身處宇宙中心，在上帝為人類特別預備的世界裡。漸漸地，我們必須接受太陽不僅沒有繞著地球轉，人類還住在由眾多星系所組成的廣袤宇宙中某個平凡無奇的星系裡一顆渺小而微不足道的行星之上。

一百四十多年前，達爾文由天擇驅動演化的理論，首度提供一個無需偉大設計者的合理演化機制。人們對於自己來源的觀點，從聖經故事中人是上帝按著自己的形象的特殊創造，轉變到傳承自類人猿祖先的動物——這的確是莫大的跳躍，也引發人們對達爾文的許多嘲諷和激烈反對。儘管如此，我們都適應了這個跳躍，並且接受了我們是由演化所創造的動物。然而，倘若迷因理論有效，我們就得進行另一次大跳躍，接受一套類似的演化機制，以解釋人類心智和人類自身的起源。

———

如何決定迷因理論是否值得留存？即使科學哲學家對於科學理論的有效

性提出主張，裡面仍有至少兩個獲得普遍接受的判準，我也拿這兩樣判準來判定迷因理論。第一，這個理論解釋事物的能力必須比其競爭理論強，也就是能更簡潔或全面地解釋事物。第二，這個理論所引導的預測必須是可驗證而且是正確的。理想情況是，這些預測應該要是預料之外的，也就是在未使用迷因理論的情況下，沒有人會預期到的結果。

這本書的目標，是要證實迷因理論遠比目前任何理論更能解釋人性的許多面向。這個理論僅僅從一個簡單的機制出發：迷因以競爭進入人腦，然後再傳遞出去。這能進而解釋各形各色的現象，諸如人類擴增的腦的演化、語言的起源、我們講太多又想太多的傾向、人類的利他主義，以及網際網路的演化。透過迷因這副新的眼鏡，人類看起來變得很不一樣。

這個新的方式有比較好嗎？對我來說顯然是的，但我預期會有許多人不同意我的看法。這時就需要預測。我會盡量清楚推導出我的預測，並證實這些預測如何從迷因理論推導而出。我或許會推測，甚至有時候大膽地超越證據，但只要這些推測是可驗證的，那就會是有幫助的。最後，這些預測的成敗將會決定迷因理論究竟是無意義的隱喻，還是能瞭解人性的必備全新統一理論。

2.

普世達爾文主義

美國心理學家坎貝爾表示，生物的演化、創造性思維以及文化演化，
彼此都很類似，全都牽涉到複製單位中無意識的變異，以及某些變
異會犧牲掉部分事物，以達到選擇性的保存。最重要的是，文化演
化的類比並非來自生物演化，而是來自演化改變的通用模型，而生
物演化只是其中一例。

　　就我來說，達爾文的天擇演化論是科學中最美的部分。演化論之美在於它是如此簡單，得到的結果卻又如此複雜。這是違反直覺又難以掌握的，但只要你看過這個理論，世界就在你面前轉變了。我們不再需要偉大的設計者來解釋世界的複雜性。世界就只有一套強健而無意識的程序，我們也是從這套程序而來。一套美麗而嚇人的過程。

　　本章主要來解釋這個理論。問題是，這個簡潔的概念卻常遭到誤解。也許就是太簡單了，讓人們以為一定還有什麼東西；或是他們確實理解了，卻搞錯重點。天擇演化論非常非常簡單，卻一點也不那麼理所當然。

　　達爾文在他的鉅著《物種源始》（1859 年首印）中解釋了演化的基本原理。在此之前，許多人對於生物之間的關聯以及化石紀錄的進展感到印象深刻，也對演化做了推測。這些人有達爾文的祖父伊拉斯姆・達爾文（Erasmus Darwin），以及尚—巴蒂斯特・拉馬克（Jean-Baptiste de Lamarck），不過他們都沒有提出演化運行的合理機制，而這就是達爾文偉大貢獻之處。

　　他的推理是，如果活生物會變異（確實也會），而且根據其數量的幾何增長，如果在某些時候生物會出現生存競爭（這是無可爭辯的），那麼若是沒有出現對生物生存有利的變異，就太不尋常了。具有這些特徵的個體，則能在生存競爭中獲得保命的良機，並生產出具有相同特徵的後代。這就是他所謂「天擇」的原理。

　　達爾文的論證需要三項主要特性：變異、選擇和保留（遺傳）。也就是說，首先必須有變異，如此所有生物才不會都一樣。其次，要有個環境是無法讓所有生物都順利活下來，而有些生物的變異能提高生存機會。第三，要有某些過程能讓子代繼承親代的特徵。倘若這三點都到位，那麼任何有助於該生物在環境中生存的特徵就會增加。以達爾文的話來說，如果有個複製子對自

身進行了不完整的複製，導致僅有其中一些能生存，那麼演化就必然發生。達爾文的見解之所以如此高明，部分得自於演化的不可避免性。只要起始狀態設定正確，演化就會發生。

演化演算法

美國哲學家丹尼爾·丹尼特（Daniel Dennett）以演算法來描述整個演化過程，那是依循演算法進行且必會導出結論的盲眼程序。現今我們對於演算法的概念已十分熟悉，但是當年達爾文、華萊士及其他早期演化論者則否。我們有許多事物都是建立在演算法之上，像是加法、撥電話號碼，甚至是泡杯茶。我們與機器的互動更是基於演算法，而機器的普及率則有助於我們以這種方式進行思考：拿起杯子，放在噴口下方，選擇要喝的飲料，投入正確金額，按下按鈕，拿出杯子。如果你的步驟和順序都正確，那麼你就能得到一杯卡布奇諾咖啡，如果出錯，你就會弄髒整片地板。儲存著我們醫療紀錄或是運作電腦遊戲圖案的電腦程式，都是演算法。人類與文字處理器和金融財務組合程式的互動，也是透過演算法。

演算法是「基材中性」的，意思是可以在各類不同材料上運作。一支筆一張紙、手搖式計算器、數位電腦，都可以遵循同一套依某種數學程序運作的演算法，得出相同答案。基材並不重要，重要的是運作程序的邏輯。在達爾文的論證中，基材是有生命的生物及生態環境，但就如丹尼特所指出的，他的邏輯能一視同仁地運用在任何系統中，而這套系統裡含有遺傳、變異及選擇。我要再強調一次，這就是普世達爾文主義的觀念。

演算法也沒有意識參與其中。如果一套系統建立在依循一套既定程序，

那麼系統內部就不會需要任何心智（或額外的什麼）來參與運作。這必定是在沒有意識參與的狀態下發生的。這就是為何丹尼特以「一種無需借助心智即可由混亂中創造出設計的方案」（1995, p.50）來描述達爾文的理論。這種設計必定是出現在數百萬年之前，當數百萬個生物繁衍出的後代無法全數生存下來之時。活下來的個體是因為更能適應身處的環境，接著便把自身特徵傳遞到後代且代代相傳。環境本身也因為這些生物的成長而不斷改變，因此這個過程永遠是動態的。

演算法的起點若相同，必定總是產生同樣的結果。這似乎意味著如果演化依循一套演算法，那麼結果必定是預先決定好也可預測的。但事實並非如此，而混沌理論解釋了原因。世界上有許多簡單的過程都是混沌的，例如落下的水滴、移動的氣體，或是單擺的擺動軌跡。這些物體依循簡單且無意識的演算法，但結果卻是複雜、混沌且無法預測的。美麗的形狀和圖樣會浮現而出，但即使某種圖樣會重複，細節仍然無法預測，需要跑完程序才能得到結果。混沌系統對其初始狀態十分敏感，極細微的差異便能造成截然不同的結果。演化就像如此。

複雜理論學者斯圖特‧考夫曼（Stuart Kauffman）也把生命的演化比擬成不可壓縮的電腦演算法。我們無法預測演化會對我們展現的確切面貌，只能「旁觀這場盛會」。然而，我們可以「找到掌控這齣無法預期的變動之中那深沉而美麗的定律」。（Kauffman 1995, p.23）

我們現在可以看到，即使演化只依循簡單的演算法進行，依然是個混沌的系統，並且結果有可能複雜到難以想像。此外，結果為何，要演化到最後才知道，而演化只走一次。我們可以經由實驗來測試理論所預測的結果，但我們無法讓地球上的生物重新演化一次，看看下一次生物是否會朝另一個方

向發展。生命沒有下一次，除非我們能在其他行星上找到其他生命，否則地球上的生命演化只有這一次。

還有人堅持許多有趣的論證。有人主張在沒有天擇的情況下，宇宙仍會無可避免地湧現眾多圖樣和次序；還有人主張歷史上的偶發事件在塑造生命的道路扮演要角，即便演化總是會產生某種東西，像是身體前方有張嘴的蠕蟲類生物，或是有成對的腿或眼或性器官的對稱性動物。他們堅持這些論證的決心對於我們理解演化有莫大幫助，但是對於掌握演化演算法的基本原理而言，都不真正重要。當這些演算法繼續進行，必然結果就是生命的設計不知從何處冒了出來，只不過我們無法確切預測出設計成果為何。演化當然不必隨著人類的出現而結束，只是讓它結束的東西會超出讓它起始的東西，而這樣東西在這個世界只是剛好有我們的參與。

演化的方向是否是進步？史蒂芬・傑・古爾德（Stephen Jay Gould, 1996a）知名的主張是沒有，但我認為他仍抱持著某種進步概念，而這是我不同意的。這是達爾文思想中的重點，也是讓他理論如此漂亮的原因：沒有中心計畫，沒有目的，沒有設計者。但是，演化在某種意義上當然還是有進步的，相較於數十億年前，世界只是一鍋原湯，我們現在可是住在充滿各種生物的複雜世界。即使對於複雜度仍然沒有公認的測量方式，但是生物的多樣性、個別生物的基因數量，以及結構上和行為上的複雜度都增加了（Maynard Smith and Szathmary 1995）。演化踏著自身的產物向上攀爬。

道金斯（1996a）以「攀登不可能的山」來描述演化：隨著時間流逝，天擇一步步爬上緩坡，抵達不可能的創造之巔，而當生物遭遇了強大的天擇壓力，這種進步可能會維持許多代。丹尼特如此描述這種進步：天擇的起重機以非常緩慢的速度，一步步「抬升設計空間」，把所有努力建立在更早期

攀登的成果之上，因而找到並累積出好的設計。那麼，在這個意義上，可說是有進步的。

　　這種進步未必是穩定或持續推進的。在迅速變異的時期之間都有漫長的停滯期。有時數百萬年來所累積的設計會突然遭到抹除，像是恐龍滅絕。有些人相信，人類正往滅絕的道路上前進，一如先前生物所遭遇的滅絕而導致生物多樣性流失。倘若如此，那麼演化的演算法將會在存留的生物身上再次進行創作。

　　這些創造都要仰賴複製子的能力。只要自私的複製子得到複製所需的機件和組件，它們就會不管三七二十一地進行複製。它們無法預知，無法向前看，也不會在內心籌劃。它們就只是複製。在這個過程中，有些複製子做的比其他的更好，這也表示有些遭到滅絕。於是演化設計就這樣形成了。

　　這些是應用在所有演化理論上部分的普遍原則。倘若迷因是真正的複製子，並且能夠維持演化進程，那麼必定都要應用這些原則，而我們應該要在這個基礎上建造一套迷因理論。所以，迷因是真正的複製子嗎？我們現在可以問兩個重要問題：成為複製子的判準為何？迷因符合這些判準嗎？

複製子迷因

　　複製子必須能維持以變異、選擇和保存（或遺傳）為基礎的演化演算法。迷因當然會有**變異**，故事很少以完全相同的方式重述，沒有完全相同的兩座樓，而每段對話都是獨特的。當迷因傳遞下去，並不會有完美的複製。心理學者費德利克・巴特萊特爵士（Sir Frederic Bartlett）在 1930 年代證實，故事每傳遞一次就多了一些美化，或是遺漏了一些細節。迷因會有**選擇**，有些

迷因會獲得注意力，如實地被記憶，然後傳遞給他人；有些迷因則完全失敗，無法達成複製的任務。接著，當迷因繼續傳遞下去，迷因中的某些想法或行為會獲得**保存**，因為原始迷因中的某些東西必須保存下來，才能稱為模仿、複製或學習。因此，迷因完全符合道金斯的複製子概念，也符合丹尼特的演化演算法標準。

再來想一下一個簡單故事的例子。你是否聽過「微波爐中的貴賓犬」一事？故事是說，有個美國女士習慣幫她的貴賓狗洗澡後放入烤箱裡烤乾。有一天她收到了一台全新的微波爐，於是如法炮製了一番，結果這隻可憐的狗慘遭折磨而死。這位女士一狀告到製造商，因為產品並未附上「請勿把你的貴賓狗放入微波爐中烘乾」的警語。結果她勝訴了！

這則故事廣為流傳，數百萬的英國人都聽說過，但他們聽到的故事版本可能是別種版本，像是「微波爐中的貓」或是「微波爐中的吉娃娃」。或許故事在美國也流傳了好幾個類似版本，故事中的女士或來自紐約或來自堪薩斯。這就是「都市神話」的範例，故事本身已甩開真相、價值或重要性等問題，擁有了自身生命。這則故事也許不是真的，但真相並非迷因成功的必要判準。如果迷因能夠傳播出去，它就會傳出去。

這類故事顯然都是承繼而來的：數百萬人不可能突然剛好編造出相同故事，而故事變造的方式能夠證明故事的源頭以及傳播途徑。這個故事顯然也有變異，並非所有人聽到的都是同一版本，雖然基本架構是可辨識的。最後，這個故事是受到選擇的：數百萬人每天講述了數百萬個故事，但是大多數都遭到遺忘，只有非常少數的故事能獲得都市神話的地位。

新的迷因是打哪裡來的？從舊的迷因加以變異和組合而來。舊的迷因在人們心中，不然就是在人與人傳遞的過程中。例如貴賓狗的故事，是由人們

已知的語言和既有的觀念編造而出，然後以新的方式拼湊在一起。他們會記得拼湊後的故事，再傳遞下去，而過程中會繼續發生變異。同樣事情也會發生在各種創新發明、歌曲、藝術品及科學理論上。人類心智乃是變異的豐富源頭。在我們的思維裡，我們會混合想法，翻轉後再製造出新的組合。在我們夢境裡，我們會以怪異（有時甚至是創意）的方式更賣力地混合。人類的創意是變異和重新組合的過程。

在思考人類思維時，我們應該記得，並非所有思維都是迷因。原則上，我們當下立即的知覺和情緒都不是迷因，因為這僅僅屬於我們，我們也可能不會再傳遞出去。我們或許不需來自他人的迷因，便能從回憶中想像出美麗的場景或是對性愛或食物的幻想。然而，實際上，由於我們使用的迷因太多，大部分的思維或多或少都沾染上了迷因。迷因已成了我們思考的工具。

人類的思維（所有的思維）本身或許就仰賴其他的達爾文物競天擇過程。許多人嘗試把學習視為天擇的過程（例如 Ashby 1960; Young 1965），或是把大腦視為「達爾文機器」（Calvin 1987, 1996; Edelman 1989）。創造和個人學習都是天擇過程，已不是什麼新觀念（Campbell 1960; Skinner 1953），然而這些觀念相關的過程都是在大腦裡發生，但迷因是從一個大腦跳到另一個大腦的複製子。達爾文主義的原則可能可應用到大腦功能和發展的許多面向，而瞭解這些原則非常重要，但這本書只處理跟迷因有關的部分。

為何有些迷因順利達陣，有些則鎩羽而歸？原因很多。這些原因大約分成兩類。首先，人的本性中就有模仿子和選擇子。從迷因學角度看，擁有聰明思維大腦的人類，既能展現複製機制，又能充當迷因的選擇性環境。心理學有助於我們瞭解大腦運作的原因和過程。我們感官系統的特質，能讓某些迷因特別突出，某些則否；我們注意力的機制，能讓某些迷因抓住可用的處

理能力；我們記憶的本質，會決定哪些迷因能順利被記住，以及我們模仿能力的限制。我們可以也會應用這些來理解迷因的命運，但比起迷因學，這更適合放在心理學和生理學的領域來處理。

還有其他理由，讓我們去關注關於迷因的本質、迷因所利用的技巧、迷因聚在一起的方式，以及對某些迷因較有利的迷因演化一般過程。心理學過去並未研究這些主題，並且是迷因學的重要面向。

綜觀這些理由，我們或許能夠瞭解為何有些迷因能夠成功，有些卻失敗。為何某些故事可以源遠流長，有些故事則說了一次之後就被打入冷宮。其他例子還有食譜、時尚、室內裝潢、建築潮流、政治正確的規則，或是回收玻璃瓶罐的習慣。這些都是在人與人之間複製，並經由模仿散布開來。這些東西在複製時會稍微變異，有些複製的頻率會較高。這就是為何我們會著迷於無用的流行，有些好點子反而從未受到重視。我想迷因視為複製子是毫無疑問的。這意味著迷因演化是無可避免的。我們應該開始瞭解它。

迷因和基因並不相同

這裡需要特別留意。我先前解釋過，迷因跟基因一樣是複製子。然而我們不該落入這樣的陷阱，認為迷因在其他方面也要跟基因一樣才能運作。情況並非如此。基因科學在近數十年來開花結果，使我們得以辨識出特定的基因、人體基因組全圖譜，甚至承擔下基因工程的任務。這些進展帶來的洞察或許能幫助我們瞭解迷因，但也或許會誤導我們。

此外，基因並不是其他複製子唯一要考慮的。例如現在我們知道，我們的免疫系統也是由選擇來運作的。英國心理學家亨利・普洛特金（Henry

Plotkin, 1993）把大腦跟免疫系統都視為「達爾文機器」，並且在他的「普世達爾文主義」研究中，把一般演化理論應用到許多其他系統中，其中包括了科學的演化。在每個案例中，都可以用複製子和載子的概念（或是依照赫爾的公式，就是複製子、交互作用子和系譜的概念），來理解系統演化的方式。

我們應該這麼思考：演化理論描述了設計如何經由複製子之間的競爭而誕生。基因是複製子的一個例子，迷因則是另一個。演化的一般理論必須同時應用到這兩者，但是個別複製子確切的運作細節或許會大不相同。

美國心理學家唐納·坎貝爾（Donald Campbell, 1960, 1965）早在迷因這個概念發明之前，就清楚看到這兩者之間的關係。他表示，生物的演化、創造性的思維以及文化的演化，它們彼此類似，全因為它們都牽涉到複製單位中無意識的變異，以及某些變異會犧牲部分事物，以達到選擇性的保存。他又解釋，最重要的是，文化累積的類比並非來自生物演化本身，而是來自演化改變的通用模型，而生物演化只是其中一個例子。威廉·杜漢（William Durham, 1991）稱這項原則是「坎貝爾規則」。

當我們在比較迷因和基因時，要記得坎貝爾規則。基因是製造蛋白質的指令，它儲存在身體細胞內，並藉由生殖傳遞出去。基因的競爭驅動了生物世界的演化。迷因是行為執行的指令，儲存在大腦（或其他物件）中，並藉由模仿傳遞出去。迷因的競爭驅動了心智的演化。基因和迷因都是複製子，並且必須服從演化理論的一般原則。因此在這個意義上兩者是相同的。除此之外，這兩者可能是（也確實是）非常不同的。事實上，這兩者只能在類比上相連。

有些批評嘗試以迷因跟基因並不相同，或是迷因的整體概念只是「空洞

類比」，來消解整個迷因學的概念。我們現在可以看到，為何這些批評是誤導的。舉例來說，瑪麗·米格雷（Mary Midgley, 1994）說迷因是無法談論所謂自身利益的「空洞實體」，這只不過是「空洞且誤導的隱喻」，是「無用且本質上迷信的概念」。但是米格雷誤解了複製子所謂能夠擁有能力或是「擁有自身利益」的意義，也因此錯估了演化理論的能耐和普遍性。迷因就跟基因一樣，並不是「神祕的實體」。基因是編碼在 DNA 分子中的指令，迷因則是鑲嵌在人類大腦或是書本、畫作、橋梁或蒸汽火車等人工製品之中的指令。

古爾德（1996b）稱迷因的概念為「無意義的比喻」（但我其實不認為有任何東西可被說是無意義的比喻），他甚至進一步否定了思想和文化可以演化的概念，呼籲我們「不要再使用『文化演化』這樣的詞彙」（Gould 1996a, pp.219-20）。但我不認為這會成真，因為文化確實會演化。

古爾德似乎認為，由於迷因和基因的連結僅僅是類比的或比喻性的，因此如果把兩者拿來比較，會有損於生物演化。古爾德再度遺漏了這項重點：迷因和基因都是複製子，但不需要以同樣方式運作。

我自己的看法是，迷因的概念是科學類比的最佳使用範例。也就是說，一個領域中的強大機制，與在全新領域的運作會稍微不同。一開始的類比關係，最後成了強大的全新解釋性原則。在這情況下，科學所有領域中最強大的概念（以天擇的簡單過程解釋了生物多樣性），成了以迷因選擇的簡單過程，解釋了心智和文化多樣性。演化的總體理論同時為這兩者提供了框架。

我們牢記了坎貝爾規則後，便可以繼續去努力理解迷因演化。我們可以拿基因來類比，但是切不可期待兩者過於接近，而是要仰賴演化理論的基礎原則，引導我們瞭解迷因是如何運作的。

複製我！

那麼，像是「跟著我說！」（say me）或「複製我！」（copy me）或「跟我念一次！」（repeat me）這樣的句子，有什麼特出之處？

這些都是簡單的（也許是最簡單的）自我複製句子的範例。它們的主要目的就是讓自己被複製。這些句子當然是迷因，但也許並不是非常有效的迷因。我不認為你現在會對著你所有朋友四下叫道：「跟著我說！」但有一些技巧可以添加到較簡單的句子裡以提高複製潛力。侯世達（Douglas Hofstadter, 1985）在《科學美國人》的雜誌專欄「後魔術主題」（Metamagical Themas）中討論過這種「病毒式句子」，而讀者寫了更多例子。

像是「如果你複製我，我會給你三個願望！」或是「跟著我說，否則我要詛咒你！」這些話的內容其實都不太會實現，而且五歲以上的人大概很少會屈服於這種頭腦簡單的威脅和承諾——侯世達補充說，除非你再補上一句「在來世」。

事實上，我們許多人通常就是在五歲左右首次遇到這種句子。我曾在信箱裡收到一封信，信中羅列了六個名字，並指示我寄一張明信片給名單上的第一個人。我清楚記得當時我有多興奮。這封信對我保證，我只要在名單最下方加上我的名字和地址，然後再把新名單寄給另外六個人，就能收到許多明信片。我不記得我媽媽是否有阻止我加入這個活動。她很有可能睿智地阻止了我，畢竟她應該瞭解到，我的迷因免疫系統尚未發展完全（雖然她應該不是這樣理解的）。當然，我也不記得後來有收到如雪片般飛來的明信片。

這只是一封無害的連鎖信，裡面只有一個承諾（會有明信片），以及讓

這封信傳遞下去的指令。我頂多損失七張郵票和一張明信片。我後來可能還收到了一些其他卡片，其中有許多險惡得多，像是騙錢的老鼠會。你以為這種無聊至極的老鼠會會自然消亡嗎？並沒有。最近我才收到一封電子郵件，上面寫著「你想玩這些刮刮樂彩券嗎？」（我不想）「你想學怎麼把六張彩券變成數千張嗎？」（並不怎麼想）「只要收集並刮出 $$$jackpot$$$，你每個月都將收到來自全美各地的樂透彩券！網路上有免費服務能幫助你獲得這項好康！」真的有人去參加嗎？我想一定有。

這些都是共同複製的迷因群組。道金斯稱這些群組為「共同適應的迷因複合體」，這個詞近來更縮寫為「迷因體」（Speel 1995）。迷因的行話變化之快，其中很多都是未經深思熟慮且遭到濫用的，我應該避免使用它們。除此之外，「迷因體」是能用來指稱重要概念的方便詞彙，因此是我會採用的幾個新詞彙之一。

基因當然也會成群結隊。它們集結成染色體，染色體再聚集在細胞裡。更重要的也許是，整個物種的基因庫可被視為相互合作的基因群。理由很簡單：自由漂浮的 DNA 碎片無法有效地讓自身複製。經過數十億年的生物演化，地球上大多數的 DNA 都經過精心包裝，就像基因就包裝在生物體這樣的活機器裡。當然了，仍然偶爾有「跳躍的基因」及「違規的基因」，剩下的則是一點搭便車的自私基因，還有利用其他較大群組複製機制的最小病毒群組。不過，總的來說，基因要傳播出去，就必須要有群組。

我們可以簡單類比，主張迷因應該表現出同樣行為，但最好是回歸演化理論的基本原則。想像有兩個迷因，一個是「把刮刮卡寄給 ××」，另一個則是「讓你贏大錢」。前者不可能單靠指令本身就讓人照做，後者就有可能，但裡面卻沒有操作指令。這兩種迷因再與其他合適的共同迷因攜手合作，顯

然能讓人們遵循指令，並且複製整套迷因。迷因體的本質就是：迷因在群體中，能比單獨存在獲得更多複製的機會。我們稍後會視情況提出更多案例。

目前我們所討論的簡單自我複製迷因群組，更因為電腦和網路的出現獲得爆炸性的增長。電腦病毒就是明顯且熟悉的案例，它們可以從一個使用者傳遞到另一個使用者，而且使用者的數量（至少在當時）還會持續增加。此外，還能以光速跨越非常遙遠的距離，並且安然潛伏在固態記憶體之中。然而，這種病毒不能只下「複製我」這種指令，這或許能把潛入的第一部電腦記憶體塞爆，卻無法繼續傳播得更廣。因此，病毒也會有促進其生存的共同迷因。它們會潛伏在人們透過電子郵件寄送給朋友的應用程式裡，有些病毒只會感染所入侵電腦的一小部分，因而逃過了立即偵測；有些則是依機率受到觸發；有些會把自己埋藏在記憶體中，然後在特定時刻蹦出（例如我們預期 1999 年 12 月 31 日會跳出很多隻病毒），再加上電腦很可能無法應付公元年代尾數為「00」這個迫在眉睫的問題。

有些病毒引發的效果很有趣，像是讓電腦螢幕上的所有字母掉落到該頁面最下方，並對使用者帶來毀滅性的影響；但有些效果則是讓網路動彈不得，最後毀了整本書或博士論文。我的學生近來就在電腦的文字處理軟體 Word 6.0 中遇到一隻病毒，這隻病毒潛藏在「論文」這個區塊，意圖在你整年度的工作完成之際讓你中毒。難怪現在網路都要自動且頻繁地掃描病毒來自我保護，我們也為資訊領域提供了大量的防毒軟體。

網路病毒是比較新的迷因。我收過一封「筆友的問候」，這顯然是來自某位未曾謀面人士的好心警告，裡面寫著「絕對不要下載任何標題為『筆友的問候』的訊息」，然後繼續警告我如果我點開了這封可怕的訊息，就會讓「特洛伊木馬病毒」摧毀我硬碟中的所有資料，再自動把這封訊息傳給我信

箱中的所有電子郵件收件人。為了保護我的朋友及全世界的電腦網路，我必須儘快把這封警告信寄給所有朋友。

　　你發現了嗎？對這隻病毒的描述並不合理且並不存在。真正的病毒，就是這則警告本身。這是非常聰明的小型迷因體，威脅並訴諸利他主義，讓你這個又傻又有愛心的受害者把訊息傳遞下去。這封信並不是第一個，「美好時光」和「迪恩達·馬迪克」這兩封信就使用過同樣伎倆。「加入團隊」稍微具有破壞性，會警告「不要點開標題中含有『被退回或無法寄送』等字的信件，這隻病毒會附著在你的電腦元件中，導致元件無法使用。立刻刪掉這封信……一旦中毒就會無法修復」。沒有發現到這個伎倆的人，很可能就會刪除所有信箱地址已更改或電子郵件系統暫時無法使用的人退回的郵件。一點點自我複製碼，讓人和電腦通力合作進行複製，就可以產生讓人氣惱的結果。

　　接下來會發生什麼事？人們熟悉這些病毒之後，就有可能學會忽略這些警告。因此，原始類型的病毒就會開始失效，但隨著人們開始忽視應該注意的警訊，這有可能使情況變得更糟。但話又說回來，如果普通的老派連鎖信仍舊有效用，或許事情就不會變化得如此迅速。

　　這一串對於病毒的討論，讓我不禁想問，為何我們把這些程式碼的某些片段稱為病毒，而其他的稱為電腦程式？本質上，這些都是一行行的程式碼，是一些資訊的位元或指令。這些字當然是直接採取自生物學上病毒的類比，或許還建立在對於這些程式碼傳播方式的同樣直覺上。答案與它們會造成的傷害沒有太大關係（有些確實幾乎無關），而是與它們的功能有關。這些程式碼除了複製之外，沒有其他選擇。

　　細菌就比病毒複雜得多，可以帶來積極助益，也能帶來強大傷害。許多

生物能在人體中、動物體內和植物體內共生，有些則在我們體內執行重要工作。不過，病毒就只會自我複製，其他能做的很少。而且它們也只能偷偷使用其他生物的複製機制，因此以今日較為簡單的電腦病毒來比擬十分貼切。

我們是否可以建造相當的電腦細菌？這個詞或許更適合某些現有刻意用來感染電腦系統的程式，這些程式會跑來跑去，然後專門做些更新資料庫或尋找錯誤等事情。道金斯（1993）想像出一種有用的自我複製程式，它先感染許多電腦，然後不時會有複製的程式回到其初始位置，提供使用者習慣的有用統計數字。簡單的機器人程式，目的是在擁擠的通訊網路中漫遊，留下的路徑可提供有關壅塞狀態中最佳和最壞區域的訊息，或是在遊戲和虛擬環境中模仿人類的使用者。這樣簡單的生物可能會像基因一樣聚在一起，而創造出強大的群體嗎？

這些想法似乎又稍微延伸了生物病毒的類比（而我們使用這種類比時要非常謹慎）。我們會稱呼某樣東西病毒，是因為它的行為顯然就是以偷取其他系統中的複製資源來達成自我複製，尤其是在過程中還會傷害所偷取的系統。如果這樣東西對我們有用，我們通常會給它不同名稱。

心智的世界也可以看到同樣現象。道金斯（1993）發明了「心智病毒」一詞，並運用在宗教和儀式這類迷因體，這種病毒會使用各種聰明的複製技巧，把自己傳播給許多人，而使受感染者受到嚴重影響。孩童的遊戲和狂熱就像感染一般擴散（Marsden 1998a），而道金斯認為，孩童對於「心靈感染」是無招架之力的，較世故的成人則可以輕易拒絕。

有幾本迷因學的熱門書籍討論了這個主題，例如布羅迪的《心智病毒》（1996）和林區的《思想傳染》，裡面都提供了迷因在社會中擴散的許多範例，也強調了比較危險和有害的迷因類型。我們現在可以瞭解到，病毒的概

念能同時應用在這三個領域：生物學、電腦程式以及人類心智，原因是這三種系統都牽涉到複製子，其中對人類無用又只顧自己的複製子，則稱為「病毒」。

但如果迷因理論是正確的，病毒就不僅是迷因，迷因學也不該成為心智病毒的科學。確實，大多數的迷因（一如大多數的基因）不能被視為病毒性的，它們是人類心智中的重要東西。我們的迷因，就是我們自己。

根據丹尼特，我們的心智和自我是由迷因的相互作用創造出來。類似基因（並且完全吻合其演化的演算法）的不僅有迷因複製子，人類意識本身也是迷因的產物。丹尼特證實了，迷因之間的競爭如何進入我們大腦而塑造出我們這種生物。他如此說：「迷因賴以為生的居所就是人類心智，但人類心智本身是人為產物，因為迷因會重構人類大腦，將之建造成更適合迷因居住的所在。」（Dennett 1991, p.207）

在這樣的觀點上，倘若沒有有效的迷因理論，我們很難期待瞭解人類心智的本性和源頭。但在建構這個理論之前，我想整理一下先前嘗試去描述思維演化的理論。為瞭解迷因學的特殊貢獻，我們需要瞭解這個理論跟其他的文化演化理論有何不同。

3.
文化演化

農耕技術終究傳開了，為什麼？答案或許很明顯，例如因為農耕讓
生活更幸福，或是農耕讓務農者擁有基因上的優勢。果真如此嗎？
迷因學容許我們問不同問題，那就是：為什麼農作能如迷因般成功
傳播出去？

　　在達爾文主義初期，人們就已經在生物演化和文化演化之間做類比。達爾文的同時代學者赫伯特・史賓賽（Herbert Spencer）專研文明演化，他把文明視為朝著某種理想邁進的過程，像是維多利亞時代的英國社會。路易斯・摩根（Lewis Morgan）的社會演化理論就提出奴隸、野蠻和文明的三階段歷程。歷史學家阿諾・湯恩比（Arnold Toynbee）把演化的概念用來辨識三十個以上的文明，循線找出哪些文明衍生自另一些文明，還有哪些文明已然滅絕。甚至卡爾・馬克思（Karl Marx）也把演化的類比運用在他的社會分析。達爾文之後五十年，美國心理學家詹姆斯・鮑德溫（James Baldwin）提出了普世達爾文主義的初版（Baldwin 1909），指出天擇不僅是生物學的定律，也可以應用到所有生命和心智科學。他還創造出「社會遺傳」（social heredity）一詞，描述個體透過模仿和指令來向社會學習。

　　就某些方面而言，觀念和文化是會演進的；也就是說，是建立在先前的基礎上，並逐漸演變。觀念從一地傳播到另一地，從一人傳播到另一人（Sperber 1990）。發明不會無中生有，而是建立在先前的發明上，以此類推。然而，真正的達爾文理論需要的不僅是隨著時間累積出改變的觀念。我們待會會看到，有些文化演化的理論不過就是這樣的想法；有些理論則嘗試去指出一種機制，但最後仍舊回到以生物演化論作為唯一的驅動力。其中只有少數理論會涉及迷因之類的第二種複製子的概念。這就是迷因理論如此獨特又強大的原因。文化演化的迷因理論的重點，在於把迷因本身視為複製子。這意味著，為了迷因、為了自我複製（而非基因），迷因選擇驅動了觀念的演化。迷因理論與先前大多數文化演化理論的最大差別就在於此。

　　語言就提供了文化演化的絕佳範例。達爾文指出了物種與不同語言之間的對照關係：「我們發現，不同的語言會因為血統共同體而具有驚人的同源

性，因為類似的形成過程而具有驚人的類比性……語言就像是物種，一旦滅絕了，就不會再出現。」（Darwin 1859, p.422）。他也論及處於生存競爭關係的字詞。達爾文或許知道英國法官威廉·瓊斯爵士（Sir William Jones）的著作，瓊斯爵士在 1786 年發現了梵文、希臘文和拉丁文之間有驚人的相似性，因而總結出這三種語言必定同源。但達爾文在當時有可能看不到許多語言滅絕的範例，也無從得知有多少語言瀕危。根據近來估計，大約 80% 的北美原住民語言大多只有成人能操持，因此當這些成人過世之後，語言也會跟著滅絕。同樣地，約有 90% 的澳洲語言及全世界約 50% 的語言都處於瀕危狀態（Pinker 1994）。

　　現今，比較語言學家分析了語言的相似性和差異性的微小細節。他們通常可以經由消失的音節及發音的轉變等眾多類型的變化來追溯字源。因此，我們能正確地追溯各種語言的演化史。已建構的語系可相比於根據 DNA 差異而建構出的基因家族樹。此外，今日現存的語言也可推斷出全人類的遷徙史。例如非洲一千五百多種的現存語言，都能歸入僅僅五大語族，主要由不同種族所操持，其分布顯示出哪些種族曾被另一些種族所打敗。光從一些僅存的字詞，就能推斷出俾格米人（Pygmy）曾擁有自己的語言，卻被迫採用比鄰的黑人農民語言，因而閃語族（聖經和伊斯蘭的語族）並不來自近東，而是來自非洲。美國生理學家暨演化生物學家賈德·戴蒙（Jared Diamond），就使用語言分析建構出過去一萬三千年來精湛人類歷史的一部分。他解釋了語言如何隨著操持者演進，但他沒有在新的演化過程中把語言的元素視為複製子。

　　史迪芬·平克（Steven Pinker）在《語言本能》（*The Language Instinct*）一書中，明確地把演化思維應用到語言發展上，考察遺傳、變異和孤立的影

響，使變異得以累積。然而，他並未使用自私複製子的觀念來瞭解語言演化，也沒有解釋語言最初演化的原因。或許是因為答案看起來太明顯了，因為語言顯然具有生物適應性。但是我們之後會看到，這未必是正確答案，而迷因學可以為這個論點提供新的轉折。

發明這種迷因

　　另一個例子就是發明的傳播。或許人類歷史上最重要的「發明」就是農耕。即使人們對於細節仍有諸多爭論。考古學家一般同意，在大約在一萬年前，所有人類都仰賴狩獵和採集維生。在大約那個時期，中東的考古發現找到了較大的穀粒，以及體型比其野生近親嬌小、應為馴化的羊和牛。於是在四千五百年前，農耕便隨著大浪散播出去，抵達愛爾蘭和斯堪地那維亞等地。糧食生產獨立增長了多少次，我們還無法確定，有可能至少五次甚至更多（Diamond 1997）。

　　戴蒙探索了這個主題中所有令人費解的問題：為何在世界某些地方的某些人種，最後能獲得所有優勢（從食物生產到槍、病菌和鋼鐵），而某些地方的人種最後卻仍停留在狩獵和採集的形態，甚至全數滅絕？他的答案跟人的固有能力無關，而跟地理和氣候有關。食物生產以及與之相關的技術，很容易就沿著東西向軸線傳遍整個歐洲，卻無法輕易沿著氣候變化劇烈、有沙漠和山脈的南北向軸線傳遍美洲。人類首次踏上澳洲這塊土地之後，殺光了當地性情溫馴的動物，而且沒有馴化出適合當地的動物。而新幾內亞等島嶼，因為地勢多山且多變，因此適合一地的技術，未必適合幾公里之外的另一地。戴蒙經由諸如此類的分析，解釋了農耕技術的傳播，以及隨後所帶來

更複雜的社會形態。

　　但是農耕技術終究還是傳開了，為什麼？答案或許很明顯。例如，因為農耕讓生活更輕省或更幸福，或是農耕讓務農的人們擁有基因上的優勢。

　　事實上，農耕並沒有讓生活變得更輕省，也沒有增進營養或減少疾病。英國的科學作家科林‧塔奇（Colin Tudge 1995）把農耕描述為「樂園生活的終結」。農耕沒有讓生活更輕省，早期農人的生活還可說是異常悲慘。早期埃及人的骸骨就透露了他們悲慘的生活，他們的腳趾頭和腳背為了碾磨玉米、製成麵包，勞作到變形。這些骸骨有佝僂病的跡象，頜骨則有可怕的膿瘍。能活過三十歲的人可能不多。舊約聖經描述了生活艱苦的農人，這是亞當被逐出伊甸園之後的生活，他被告知必會「汗流滿面才得糊口」。相較於此，我們估計現代的狩獵—採集者，每週只需花費十五小時來狩獵，而且還擁有許多閒暇時光——這還是假設他們處於比古老祖先可能的生存環境下惡劣得多的處境之中。那麼，為何人們寧可放棄較輕省的生活，投入艱辛勞苦的生活型態呢？

　　塔奇假定「農業會興起，是因為受到天擇喜愛」（1995, p.274），因此會尋找遺傳上的優勢。他認為，由於農耕在每單位土地所生產的食物較多，因此讓人能生養較多孩子，進而入侵狩獵—採集者的土地，毀壞他們的生活方式。基於這個緣故，一旦農耕出現，沒有人會有餘裕抵抗，去堅持原有的生活方式。然而我們從早期農人的骸骨得知，他們營養不良、體弱多病。這麼說來，這真的有遺傳上的優勢嗎？

　　迷因學容許我們問不同問題。那就是：為什麼農耕能如迷因般成功傳播出去？也就是說，農耕這種迷因，是如何讓自己得到複製的？答案可能是農耕有助於人類幸福或人類基因，但答案不僅於此。迷因還能因其他理由傳播

出去，有些原因甚至不是那麼正面。它們可能會因為**看起來**能提供優勢而傳播出去（但其實沒有），因為特別容易受到人腦模仿，以及因為它們改變了所選擇的環境，而不利於競爭的迷因生存等等。在迷因的觀點下，我們問的不是發明如何有利於人類幸福或人類基因，而是如何有利於迷因本身。

再轉到更現代的科技，從輪子的發明到汽車的設計。有許多證據表明，從某種意義上來說，創新是從過去演化出來的。喬治・巴薩拉（George Basalla 1988）在《科技的演化》（*The Evolution of Technology*）一書中，對錘子、蒸汽機、卡車和電晶體的出現過程進行了演化性的描述。他淡化偉大發明者的重要性，強調經由模仿和變異展現出逐漸改變的過程。舉例來說，希臘人把許多木造建物的特徵重現在石造建物中，1770年代末期建造的第一座鐵橋，是依照木工實作來建造。還有，即便是最微不足道的塑膠桶，通常仍會顯示出源自金屬桶的跡象。電晶體就一徑地逐漸縮小，而無線電訊號則是越傳越遠。

巴薩拉質疑科技帶來進展而朝向「人類的進展」或「改善人類總體生活」等宏大目標的思維（Basalla 1988）。他以真正達爾文主義的觀念，認為科技只從當下處境開始發展，並不帶著特定目標，並要我們拋棄科技進步的整體錯覺。但我在此要加上對「進步」一詞的提醒；這個詞至少有兩種用法。一種是意味著朝向某個目標或對象前進，另一種僅僅意味著增加設計和複雜度，是不內建特定目標或終點的持續發展。巴薩拉跟古爾德一樣，揚棄了這兩種意義的進步。但我只會揚棄第一種。今日的科技遠比一萬年前還要精緻複雜，這就是第二種意義的進步。不過，這並不是朝向某個預定或是終極目標的進步。我們並不是必然從石斧走向傳真機，但我們必定會從石斧走向某種更專業、更具設計、更不可能的方向。在丹尼特的專有詞彙中，對可能存

在的人工製品的「設計空間」進行了越來越多的探索。在道金斯的專有詞彙中，科技已緩緩攀登上其「不可能的山」。這是科技上的進步，即便不是朝向任何特定目標前進。

那麼，我們為何會有傳真機？為什麼會發明易開罐以及帶輪的垃圾桶？為何會有 Windows 作業系統和粗頭筆？我很想知道這些特定問題的答案。「因為我們想要這些東西」這樣的答案並不充分。「因為我們需要這些東西」，顯然也不是真的。若想瞭解人類科技世界的神奇複雜性是如何出現的，僅把原因歸納為科技演化，卻未提供演化的機制，這樣是不夠的。在下一章，我會解釋迷因理論可以提供的協助。

科學思想也會演化，還有許多力圖解釋的理論。富有影響力的哲學家卡爾・波普（Karl Popper）在科學哲學的領域貢獻卓著，他認為科學知識是經由可否證的假設得來，而非經由理論所累積的證明或證據。科學因而可被視為各種假設之間的競爭，只有某些能存活下來。

波普也把達爾文主義的思想應用在他的三大「宇宙演化階段」：世界一是實物的世界，像是樹、桌子和人體；世界二是主體經驗的世界，像是感覺、情感和意識；世界三是思想觀念的世界，也就是語言和故事、工藝和科技、數學和科學的世界。世界三大多是獨立存在的，即使都是人類創造而出（Popper 1972），但其內容會經由某種連續的因果關係，對其他世界產生影響。因此，舉例來說，科學理論或許看來像是世界一的物體（科學家、期刊論文、實驗器材等等），但這不只是實物。**自身**的概念影響了這些物體。問題、假設、理論以及智性上的競爭，會通過世界二的運作來到世界一。科學思想確實會改變世界：「一旦理論存在，就會開始擁有自身生命。」（Popper and Eccles 1977, p.40）

　　一個思想觀念如何改變物理世界？波普在此與一個困難又重要的問題進行角力，這個問題牽涉到科學化約論的價值，以及以物質主義作為世界觀的可行性。我不認為他解決了這問題。他的三個世界包含的物質種類差異很大，還得提出微妙的互動論來連結彼此。有趣的是，他碰觸到模仿的角色，卻沒有瞭解到模仿可能提供的助益。例如在解釋藝術的觀念可以帶來真實的影響時，他說「一位雕塑家能藉由製造出新作品，鼓舞其他雕塑家去複製，或是製造出類似的雕塑品」。（Popper and Eccles 1977, p.39）。用他的話來說，迷因學提供了科學思想演化的機制，這是波普的三大世界無法提供的。即使波普並未使用複製子的概念，他的觀點直接就讓演化知識論興起新的領域（Hull 1988a,b; Plotkin 1982）。美國哲學家大衛‧霍爾（David Hull）研究科學思想在血緣家族而非物種中的長期發展，他把科學思想視為複製子，把科學家視為交互作用子（他喜愛「交互作用子」甚於道金斯的「載子」，因為裡面包含了更多積極意涵）。普洛特金不僅把科學視為「達爾文機器的產品」，而且是「經由演化過程隨著時間轉變的某種特殊文化形式」（Plotkin 1993, pp.69,223）。根據演化知識論，生物適應是知識的一種形式，科學則是另一種，這兩種形式都是藉由盲眼的變異以及選擇性的保存過程生產而出（Campbell 1975）。這種進路牢固地建立在普世達爾文主義上，並且未把一切歸因到基因優勢。

誰的優勢？

　　我們現在可以看到文化改變的許多理論都使用了演化觀念，但這與迷因理論仍有不同。其中基本的差異有二。首先，這些理論大多未曾區別一般的

演化理論和生物演化的細節。這意味著，這些理論尚未釐清生物和文化之間的關係，因此很容易混淆遺傳和文化演化上的明顯差異。再來，這些理論並未引入像迷因之類的第二種複製子的概念。這表示它們並未把文化演化視為自私的複製子謀求利益的過程。

第二個問題最重要，我要進一步討論。迷因學的重點就在於把迷因本身視為複製子，其運作全都是為了達成自我複製的自身利益。倘若沒有第二個複製子，而你是個忠誠的達爾文主義者，那麼最後所有事物都還是會回到基因，回到生物學上的優勢。倘若有兩個（或以上的）複製子，那麼無可避免會出現利益衝突的處境：基因的利益往一邊拉，迷因的利益往另一邊拉。這些例子對迷因理論來說非常重要，因為純粹的基因理論無法預測得出。倘若這些例子發生了，便證明了我們需要迷因理論，或至少是牽涉到某種第二複製子的理論。這就是迷因理論與其他文化演化理論的區隔。

丹尼特（1995）也提出了同樣看法。他問「Cui bono?」，意思是「誰得利？」他說：「迷因的第一條規則跟基因一樣，就是複製未必是對誰好。複製子的繁殖就是為了……複製本身！……重點是迷因的複製能力，也就是其**自身**觀點下的『健康狀態』與它對於**我們**健康狀態（從我們某種標準判斷）的貢獻，沒有**必然**關係。」（Dennett 1991, p.203，引言中的斜體來自丹尼特）。

道金斯解釋：

只要原湯的狀態中能讓分子自我複製，分子的角色就能由複製子來取代。在三十多億年來，DNA 就一直是世界上唯一值得一提的複製子。但它並不一定總是握有壟斷權。只要狀態改變，能讓新類型

的複製子自我複製，新的複製子就會取而代之，並展開新的演化類
型。這種新型態的演化一旦展開，就不必然會屈從於舊型態的演化。
（Dawkins 1976, pp.193-4，引言中的斜體來自道金斯）

　　當然，唯有基因提供了能進行模仿的大腦，迷因才有存在的餘地。這些
大腦的本質必定會影響哪些迷因能生存，哪些則否。然而，一旦迷因順利生
存下來，應該就能繼續存活。

　　道金斯認為，生物學家已浸淫在基因演化的觀念裡，於是忘了這其實只
是許多種可能的演化之一。他抱怨他的同事「最後的分析總是會回到『生物
學優勢』的立論」。（Dawkins 1976）換句話說，他們或許會接受迷因的觀念，
或是某種文化演化的單元，卻仍然認為迷因必然得服務於基因的利益。這種
想法就喪失了第二種複製子的意義。如果迷因是複製子，一如我所深信的，
那麼迷因就不會為了物種的、生物個體的、基因的，或是自身以外其他任何
東西的利益而行動。這就是身為複製子的意義。

　　我不斷申論這個重點，因為我現在要來檢視某些**已經**引入第二種複製子
（或至少是某種新的文化單元）的文化演化理論。首先，這些理論也許看起
來相當於迷因的概念，但其實不是。其中有許多相似處也有許多差異，但最
重要的地方，在於要確認這些新的單元本身是否真的被視為複製子。如果不
是，那麼該理論就不等同於迷因理論。

　　1975年，就在道金斯提出迷因的想法之前，美國人類學家F. T. 克洛克（F.
T. Cloak）就寫過文化指令的主題。他指出，不論我們看到動物表現出哪些
行為，我們都會假定這是動物的神經系統中某些內在結構所下達的指令。所
有動物都會有這些指令，但人類跟其他動物不同，可以藉由觀察和模仿獲得

新指令。克洛克認為，文化是在他所謂「文化微粒」或「文化指令」這種微小、不相干的片段之中獲得。

除此之外，他很仔細地區分人們腦中的指令，以及這些指令所產生的行為、科技和社會組織。他稱前者為「i- 文化」，後者為「m- 文化」。

他絕對清楚知道文化指令的身分地位，即使他並未使用複製子的概念。他提到，i- 文化和 m- 文化兩者的終極功能，就是維持並傳播 i- 文化。因此他總結道，我們無需訝異某些 m- 文化的特徵所執行的功能，會與創生該文化的生物毫無瓜葛，甚至有害。他把文化指令比擬為會控制宿主某些行為的寄生蟲，就像流感病毒，會讓宿主打噴嚏，以此讓自己傳播出去。他總結道：「簡而言之，『我們』的文化指令並不為我們這個生物服務，而是我們為它們服務。最好的情況是，我們與之共生，一如我們與基因共生；最壞的情況是，我們成為它們的奴隸。」（Cloak 1975, p.172）。顯然，克洛克暗示了有第二種自私的複製子存在，雖然其他人隨後提出，文化指令並不是什麼複製子（Alexander 1979）。

道金斯在《自私的基因》中也提到克洛克，他想要深入克洛克等人已探索過的方向。然而，道金斯把行為以及產出這些行為的指令混為一談，一併稱之為迷因，克洛克則區分了兩者。這兩者的分別，某種程度上可類比於生物學中基因型和表現型的分別。之後，道金斯（1982）也做出跟克洛克一樣的區分，把迷因定義為「居住在腦中的資訊單位」。我稍後再回來討論這種區分的重要性。現在我們只需要注意，克洛克的文化指令就跟迷因一樣，是真正的第二個複製子。

皮帶上的社會學和文化

　　正當道金斯寫出《自私的基因》一書，社會學也成立了新科學：研究行為的基因和演化基礎。要把社會學應用到人類行為上，在當時遭遇了強烈反彈。有些反彈來自社會學家、人類學家以及那些認為人類行為幾乎不受控於基因，也無法經由他們萬分拒斥的「基因決定論」來瞭解的其他人。他們宣稱，基因僅僅給予我們「文化的能力」。有些反彈則來自一般人，他們拒絕接受他們所珍視的信念、決定和行動會受限於基因組成。畢竟還有「自由意志」，對吧？

　　這些反應讓我想起了牛頓、哥白尼以及達爾文所遭受的對抗。社會學似乎把人類從自建的基座推得更遠，毀壞了他們對自由意志和自主性的感受。我們稍後會看到，迷因學或許正是因為往這個方向跨了一大步，才遭受同樣的對抗。即便如此，一如克洛克所說：「……如果我們是某種『我們的』文化特徵的奴隸，難道現在不是我們該知道的時候嗎？」（Cloak 1975, p.178）

　　對於社會學的對抗已經消逝，也許是人類行為的演化基礎的相關證據越來越多，也或許是因為更加瞭解基因和環境的互動方式。基因能提供身體建造藍圖或配線圖的這種老舊形象，顯然是錯的；更好的類比是食譜，雖然仍不夠接近。基因是建造蛋白質的指令，而蛋白質合成的結果會經由可接觸到的原料和環境的本質，在每個階段都受到影響。沒有任何東西是完全由基因決定的，也沒有任何東西是完全由環境決定的。我們人類就跟其他所有生物一樣，是基因和環境的複合產物。我們的舉止以及我們腿部的形狀，都是如

此。

　　儘管受到對抗，社會學仍有長足進展，然而一如該領域之父愛德華‧威爾森（Edward O. Wilson）所抱怨，這與個別人類心智或是文化的多樣性幾乎無關。1981 年，威爾森與物理學家查理‧朗斯登（Charles Lumsden）共同發展出一套基因—文化共同演化的理論，並引入了「文化基因」這種「文化演化中繼承的基本單位」的概念（Lumsden and Wilson 1981, p.x）。他們希望新理論能把基因直接引入心智和文化，並發展出數學方法，計算不同文化基因如何影響基因適應度。然而，他們總是會回歸基因，以基因作為最終仲裁。倘若適應不良的文化基因有時會被選中，這是因為有害的影響並非立即浮現，因此會在系統適應之後才顯明。最後，基因還是會勝出，就如他們所說：「基因把文化緊緊綁在皮帶上。」

　　「皮帶原則」是比較好記憶的表達方式，意思等同道金斯提到他同事「總會回到『生物學優勢』的立論」。這個概念所提供的畫面也很有幫助：如果朗斯登和威爾森是對的，那麼基因就會是最後的主人，而文化基因不過是它的狗。這條皮帶有時還可伸得很長，甚至非常長——但在端點綁著的還是一隻狗。根據迷因理論，基因有可能轉變成狗，而迷因成為主人——甚至還有可能觀賞到兩隻狗的奇觀，一端一隻，雙方都像是瘋了一樣服事著自己的複製品。

　　史丹福遺傳學家路易吉‧卡瓦利—斯弗扎（Luigi Cavalli-Sforza）和馬古斯‧費德曼（Marcus Feldman 1981），發展出以「文化特徵」為單元的文化傳遞精細模型。文化特徵得自於銘印、調節、觀察、模仿或直接教導（請注意，這比迷因的範圍更廣，因為迷因依照定義必須經由模仿傳遞出去，不能經由銘印或調節獲得）。他們顯然把文化選擇與達爾文式或天擇區別出來，

並使用「文化適應性」（亦即讓文化特徵本身得以存活的適應性）的概念，
這個概念就迷因理論本身是有用的。他們也引入了垂直傳遞（如父母傳子
女）和水平傳遞（如孩子傳孩子，或是成人傳給無親緣關係的成人）之間的
差異。我們稍後可以看到，這對於瞭解生活在以水平傳遞為主的時期的生命
有多麼重要。

　　卡瓦利－斯弗扎和費德曼羅列了文化傳遞的不同機制，並提供特定案例
的數學模型，其中也有適應不良的。嚴重適應不良的範例是新幾內亞高地部
落法雷（Foré）在喪禮中的食人儀式。在繁雜的儀式中，法雷族人以食用死
者的部分身體，來表達他們對死者的崇敬。事實上，他們喜愛豬肉勝於人
肉，因此該族男性會獲得較多這種珍貴的食物，女性和小孩則吃到較多人肉
（Durham 1991）。這種儀式直接導致退化性的庫魯流行病，約兩千五百名
法雷族人因此死亡，大多為女性和小孩。卡瓦利－斯弗扎和費德曼以數學證
明了，像這類適應不良的特徵會減少約 50% 的載子，卻仍會通過人群傳播。

　　然而，即使他們對於文化傳播的理解和適應不良文化的傳播貢獻如此良
多，仍舊視「文化活動為達爾文適應的延伸」（1981 p.362），他們的理論
因而仍稱不上是迷因理論。一如丹尼特（1997）所言，卡瓦利－斯弗扎和
費德曼問的不是「誰會受益」，就算問的是這個問題，他們也是直接假設
答案一定是基因，因此無需追問「文化**本身**是由自身所展現的適應性而受
益」這樣的可能性。對於卡瓦利－斯弗扎和費德曼而言，文化適應意味著使
用技術、信念等來為基因謀取終極利益，而「適應不良」一詞指的是基因
的適應不良。他們說，即使從長遠來看，「天擇的機制保有最終的控制權」
（Cavalli-Sforza and Feldman 1981 p.364）。換句話說，他們同樣服膺於皮帶
原則。

　　唯一能掙脫這條皮帶的人類學家，似乎是加州大學洛杉磯分校的羅柏・博伊（Robert Boyd）和彼得・瑞奇森（Peter Richerson）。他們跟社會生物學家一樣，接受文化來自「自然源頭」，但他們認為，把文化演化納入考慮的模型（如「雙重繼承模型」）可以做得比社會生物學更好。他們指的是坎貝爾的規則，並且跟我一樣信服「文化變異一定要服從於他們自身的天擇形式」。他們對於文化傳遞和基因傳遞之間的結構性差異進行了十分詳盡的分析，並總結道：「……能讓個體獲得最多機會去教化文化上後代的那些行為，未必等同於能讓基因獲得最大機會傳遞到下一代的行為（Boyd and Richerson 1985, p.11）。在他們共同演化的版本中，基因能把文化綁在皮帶上，文化也能把基因綁在皮帶上，或者說，這兩者可能就是在競爭或相輔之中演化（Richerson and Boyd 1989）。他們看來是真的把文化單元視為獨立的複製子。博伊和瑞奇森都是人類學家，對於文化變異的關注遠勝於我。然而，他們的想法很多都證實了有助於理解迷因選擇。

　　人類學家威廉・杜漢（William Durham）以「迷因」一詞作為他的文化演化單元，而且乍看之下有可能採取迷因學的觀點，但細究之後發現，對他而言迷因並不真的是自私的複製子。他表明生物的和文化的選擇，運作上採取同樣的判準，也就是總適存度，並且彼此是互補的。他認為，博伊和瑞奇森把「抽象的基因類比應用得太廣」，而且是「強烈反達爾文主義」的。此外，他也不認同他們把人類演化視為與其他生物演化**截然不同**的過程（Durham 1991, p.183）。

　　現在已經來到了問題核心。對我來說，就跟道金斯和丹尼特一樣，迷因演化意味著人類**是**不同的。人類模仿的能力創造出第二種複製子，它只為自身利益著想，而且有可能產生能適應於迷因學、卻不適應於生物學的行為。

這不是基因統治之下一時的過失，而是永久的，因為迷因的力量與基因一樣強大，它們都具有複製子的能力。克洛克就跟博伊和瑞奇森一樣，同意這點看法，但其他人就不接受文化傳遞單元之中獨立複製子的能力。在這重要意義上，它們更接近傳統社會學，其座右銘有可能是「總是基因贏」。基因的皮帶有時或許可以拉很長，但是拴住的狗永遠跑不掉。

於是我們成了社會生物學的現代繼任者，這兩者在很大程度上抱持了相同觀點。演化心理學是建立這樣的觀點上：人類心智是為了解決更新世狩獵—採集生活型態中的問題而演化出來的（Barkow et al. 1992; Pinker 1997）。換句話說，我們所有的行為、信念、傾向和習俗，都是適應而來的結果。舉例而言，性嫉妒以及對我們孩子的愛，我們習得語法或調整食物攝取以應付營養不良的狀況，我們忽略蛇以及我們維持友誼的能力，似乎都是為了適應狩獵—採集生活型態而來。演化心理學家因此認定，所有行為最終都會回到生物學上的優勢。

演化心理學能讓帶著我們走很遠，但是否已經夠遠了？我說，還沒。從迷因學的觀點來看，演化心理學提供了重要的支撐。為了瞭解為何某些迷因會積極獲得選擇，有些迷因遭到排拒，我們就得瞭解天擇為了基因的利益是如何形塑我們的腦。我們喜歡甜蛋糕和充滿咖啡因的飲料，雜誌封面的裸女會讓我們多看一眼，火車就不會有同樣效果。我們會買顏色亮麗的花束，但避開發出腐敗味的甘藍菜。這些對於我們瞭解迷因的選擇都至關重要，但事情還沒結束。為了完全瞭解人類行為，我們必須同時考慮到基因和迷因的選擇。大多數演化心理學家都是徹底拒斥第二種複製子的想法。而本書任務，就是要去證明箇中原因。

———

　　我已經探究了研究文化演化的各種方法，以確認是否已經有人提出與迷因概念相同只是名稱不同的理論。答案是，除了我討論過的幾個稀有的例外，沒有。沒有現成的迷因科學等著我們接手。如果我們需要一套迷因科學，就如我深信我們確實需要，那麼我們就得從頭開始建造。

　　目前可取得的主要工具，就是演化論的基本原則，也就是道金斯、丹尼特和其他早期迷因學家的創始想法，以及上述文化人類學的相關想法。當然，我們也可以借鑑這一百多年來人們在心理學，以及數十年來在認知科學和神經科學上的研究成果。

　　我將會使用這些工具，努力為迷因科學奠定基礎。接著我還能使用這些工具為舊的問題提供新的答案，從「為何我的腦袋充滿了這麼多想法？」這類瑣碎而微不足道的問題，到「人類為何擁有這麼大的腦？」這種大哉問。對此，我的第一步就是先從迷因的觀點來看這個世界。

4.

採取迷因的觀點

經過將近一個世紀的研究，發現人類以外的動物中幾乎沒有真正模
仿的證據。鳥鳴顯然是個例外。相較而言，人類是「模仿通才的最
高典範」。跟其他動物不同，我們很容易就能模仿幾乎所有東西，
而且引以為樂。

我們現在可以採取新的觀點來看世界。我要稱這個觀點為迷因觀點，雖然迷因當然是沒有眼睛也不會有觀點的。迷因無法觀看任何東西，也無法預測任何東西。然而，這種觀點的重點與生物學中「基因的觀點」是一樣的。迷因是複製子，只要一有機會就會努力增加數量。因此，迷因的觀點就是以迷因能獲得複製機會的觀點來看世界：如何能讓迷因獲得更多複製？以及什麼會阻止迷因的複製？

我想問一個簡單的問題，這個問題我也會在幾個不同脈絡中不斷提出。想像一個充滿迷因宿主的世界（例如腦），以及數量遠多於宿主的迷因。現在我們要問，哪些迷因比較有可能找到安穩的居所，得以再次傳遞出去？

這是確認我們所居住真實世界的特徵的合理方式。我們每個人每天都會創造或是遇到無數迷因。我們的想法基本上大多是迷因，但這些想法如果沒有說出來，就會直接滅絕。每當我們說話，就是在製造迷因，但這些迷因大多在傳播過程中快速消逝，有些迷因則會持續藉由電台、電視、書籍、人們的行為，或是科技產品、影片和圖片中傳播。

想一下這十分鐘你腦袋中冒出多少思緒，至於一整天想過的事情，更是不可勝數。即使在閱讀，你也可能想到其他人，想到你打算要做的事，擬定當天的計畫，或是力行書中激發出來的想法（希望如此）。這些思緒大多不會再出現，你也不會傳遞出去，它們就這樣消逝了。

想想你想對其他人講的事情，或是你會從其他人聽到的話語。你可能在聽廣播、看電視、與他人用餐、協助孩子做功課、接聽遠處捎來的電話。你在這些處境中對話的內容大多不會再傳遞出去，不會以這種方式重現：「然後他就告訴她⋯⋯」或是「然後你知道嗎⋯⋯」，大多都是才誕生就死去。

書寫文字的情況可能也沒有好到哪裡去。這個書頁中的文字至少被你讀

到，但可能不會再進一步傳播出去。即使你真的把它傳播了出去，你可能會把內容打亂，組合成容易記憶的模樣，或者也因為我陳述得不夠清楚，因此複製品的保真度未必總是很高。我們每天印製出數百萬份報紙，但是一週之後大多數的複製品都消失了，人們大多忘記報紙上寫了什麼。書本的情況或許好一些，不過光是在美國，每年出版的新書就有十幾萬種。並非所有新書都具有影響力或是會被記得。即使有些科學論文獲得廣泛閱讀和引述，但據說那些論文大多沒有人讀過！

我們無法（即使是原則上也無法）計算潛在迷因真正傳遞出去的比例，但要表達的想法很清楚：選擇的壓力很大，因此在眾多競爭者中能存活下來的很少。只有一些迷因成功地從大腦複製到大腦、大腦複製到印刷品、印刷品複製到印刷品，或是從聲音複製到光碟。我們會定期見到的都是成功的案例，也就是從複製競爭中脫穎而出的案例。我的問題很簡單：勝出的是哪些迷因？

我要以迷因觀點來處理幾則爭議性問題。我先從簡單的開始。問題本身或許不會很深奧，卻能挑起人的興趣，並且能讓我們練習從迷因觀點來思考問題。

為何我們思緒停不下來？

你能讓思緒止息嗎？

也許你有在進行冥想或其他讓心智靜默的方法。如果有，你應該知道這不是簡單的任務。如果沒有，我建議你現在就試試，把你的心智清空一分鐘（如果你現在無法進行，就等你無事可做時來試試，例如等水燒開或是電腦

重新開機的時刻）。每當思緒一來，它也確實會來，你就承認它的存在然後放開它。不要糾結於這些思緒，也不要隨思緒飄走。看看你是否能在此之外找到其他可能的狀態。冥想的最簡單形式頂多就是這類練習，然而這真是天殺的困難。

為何？你一定會注意到思緒不知從何處就冒了出來，然後攫住你的注意力。你或許還會注意到這是哪種思緒。一般而言，這些思緒都是想像出的對話或是辯論、回想事件本身但自行發展出新的結果、想證明自己是對的、對未來的複雜計畫，或是一定得做出的困難決定。思緒很少是單純的想像、知覺或感受（這些可以毫無困擾地自由來去），而是使用從其他人那裡習得的字詞、論證及觀念。換句話說，這些無盡的思緒都是迷因。

從生物學觀點看，無盡的思緒看起來無法獲得合理化。但我是懷著戒慎的心情說的，因為我瞭解到許多事物一開始看起來對基因並沒有好處，結果卻有。無論如何，把事情思考得透澈總是有所幫助。

思考需要能量。像是正子斷層掃描這類科技的眾多益處之一，就是我們可以經由圖形，觀察當一個人在思考時的大腦狀態。即使這種掃描的解析度十分有限，仍可以顯示出不同腦區的相對血液流量。例如當此人正在進行視覺任務，視覺皮質就會呈顯出較多活動；當此人正在聽音樂，聽覺皮質就會呈顯較多活動。長期以來我們一直認為，大腦在想像某樣東西時，與真正看到或聽到該物時所使用的部位類似。較簡單和較困難視覺任務的實驗顯示，大腦在較困難的任務中會有較多活動。

比起跑上山坡，大腦在思考時所耗費的能量並不多，但也沒有少到可以完全忽略。血液流動意味著氧氣和儲存的能量正在燃燒，而氧氣和能量都是要努力得來的。如果生物可以不要一直想東想西，就可以節省不少能量，帶

來生存的優勢。

接著，假設所有這些思緒都具有某些功能。是什麼功能呢？也許我們能施行有用的技巧，或是解決問題，或是推敲著社交交換以達成更好的交易，或是籌劃未來活動。我不得不說，我們把那種愚蠢而毫無意義的想法放入腦中似乎並不合理。然而，把演化思想應用到今日處境未必合適。就像我們並未隨著書本、電話和城市而演化。

演化心理學家會建議，我們應該去考慮人類過去狩獵－採集的生活型態。但是箇中細節推敲過度會是危險的，因為我們對於遙遠過去的資訊所知甚少，不過許多作者已在可得的證據上提供了絕佳描述（Dunbar 1996; Leakey 1994; Mithen 1996; Tudge 1995）。他們傾向於認為，人類群居數量約一百至二百五十人左右，有強烈的家庭束縛和複雜的社會規則。女性會一起種植食物，男性則一起狩獵。相較於今日，他們對於生活的期待少很多。群聚的人口密度也會受限，因為這種生活型態需要廣大的土地，還要擔心掠食者及疾病的入侵。不過，張羅食物並不需要花費一整日的時間，所以閒暇時間很多。

在這種情況下，腦中一直想著事情是否合理？無盡的思緒能否合理化為獲得生存優勢所耗費的能量？或者應該節省能量，坐著就好，不要想事情，就像貓坐著曬太陽那樣？我這樣推敲著，倘若我們有時候能停止東想西想，節省一些寶貴資源，或許會對基因比較有利。那麼，為什麼我們不能？

就迷因學的答案是，要以複製子想獲得複製的角度來思考。

首先，讓我們想像一個沒有迷因的大腦。倘若大腦確實是一部達爾文式的機器，那麼腦中的思緒、感知、想法、記憶等等，必定會競爭著大腦中有限的處理資源。天擇會確保大腦的注意力機制把大多數資源集中運用在製造

處理機制的基因上。在這般限制下，所有思緒和想法都會競爭大腦的注意力以及獲得複製的機會。然而大腦有限，而且還受制於天擇壓力。

現在想像有個能模仿的大腦，也就是有迷因的大腦。有迷因的大腦不僅能儲存更多資訊，迷因本身也成了思考工具（Dennett 1991）。此外，當你學了字詞、故事、論證結構，或是思考愛、邏輯或科學的新方法，還能進行更多樣的思考。腦中還有更多思緒競爭著大腦中有限的處理能力。不僅如此，迷因還能從一個大腦複製到另一個大腦。

倘若迷因能讓自己成功複製，它就會戮力達成。其中一個方法就是，掌握某個人的大腦資源，並使其繼續演練，如此一來，這些迷因就能比未經演練的迷因更具競爭優勢。這樣的迷因不僅更能被記住，接下來當你傳述給其他人之後，還能成為「你自己的想法」。以故事為例，一個會帶來重大情感衝擊的故事，或是因為其他原因致使你腦袋不停想著的故事，這個故事因此更加固著於你的記憶之中，也因為你一直想著它，所以它更有可能傳遞給其他可能會有類似感受的人。

我們現在也許可以開始討論本章一開始所問的問題。**想像一個充滿腦的世界，以及數量遠多於宿主的迷因。哪些迷因比較有可能找到安穩的居所，得以再次傳遞出去**？

現在比較一下，那些不僅能抓住注意力，還能讓宿主不斷在腦中演練的迷因，以及那些安安靜靜埋藏在記憶中、從未進行演練的，甚至太無聊而從未讓大腦想起的迷因。

哪種迷因比較能生存？在其他條件相同的情況下，第一種迷因最能勝出。因此第一種迷因是能繼續傳遞下去的思想，其他的則會消逝。結果就是，迷因的世界（迷因庫）充滿了人們會去思考的思想。這些思想會不斷閃過我

們腦中，也因此我們的腦袋會動個不停。「我」之所以無法強迫自己停止想東想西，是因為數百萬的迷因在競爭著「我」腦中的空間。

要注意的是，這只不過是用來說明我們為何一直想個不停的一般原則。我們也應該要找出會成功的迷因是哪些。舉例而言，可能是激發某種情緒反應的迷因，或是跟性和食物等核心需求有關的迷因，演化心理學在此可以幫上忙。這些迷因也可能提供特別好用的工具來創造更多迷因，或是剛好嵌合到已內建於心智的迷因體，如政治意識型態或是占星術的信仰中。但是探索這些理由是更特定的任務，我稍後會再回來討論。此時，我只想證明迷因學的一般原理，如何幫助我們瞭解我們心智的本質。

我把這視為迷因的「雜草理論」。空白的心智有點像是我那挖空清理甚至抹平的菜園。一兩週之後，園中會冒出一些綠芽，再過一兩週之後，就會正式生長出植物，接著整座園子就會佈滿雜草、爬滿藤蔓、迸出葉片，再也看不到下方的棕色大地。原因顯然就是，如果有能長的就會長出來。土壤裡和空氣中的種子，遠多於最後可能可以順利長大的植株，只要其中任何種子找到賴以生存的空間、陽光和水，就會開始成長。這就是種子會做的事。

迷因在腦中也是這樣。只要有任何多餘的思考能力，迷因就會前來運用。即便我們已經在想著某種令人萬般著迷的事物，但隨時都還會有更令人著迷的事物前來取代，為的是增加傳遞出去的機會，如此也增加了其他人受到影響的機會。從這樣的觀點來看，冥想就是在為心智除草。

生物學的世界還有其他類比（只是我們仍須記得這些都只是類比）。例如森林。在森林中，每種樹都必須競爭陽光，因此高樹幹的基因就能搶到陽光，並且得以擴大基因庫；至於帶有短樹幹基因的樹，則因為活在高樹下方的陰影之中而逐漸死去。最後，森林中只會有能創造出高樹幹的樹。

誰獲益？不是樹。獲益者投注了大量能量讓樹幹長高，並且持續處於競爭狀態。獲益者不可能像紳士那樣達成協議不去打擾樹幹生長，因為只要打破協議就能靠作弊成功。因此，森林是有植株的共同創造。獲益者是成功的基因，而不是樹。

回到我們活動過度的可憐的腦，我們可以再問一次：是誰獲益？大腦一直動個不停，對於基因並無顯著助益，也不會令我們快樂。重點在於，一旦出現了迷因，便無可避免會帶來持續思考的壓力。當競爭繼續下去，主要的受害者就是平靜的心靈。

當然，基因或迷因都不會在乎這些，它們只是無意識的複製子。它們沒有願景，也無法根據行動結果擬定計畫，即便它們真的在意結果。我們不該期待它們會為我們帶來快樂且放鬆的生活。它們也確實不會。

我用這個簡單例子來說明，我打算用迷因理論來理解人類心智。之後，我還會用同樣方式來詢問密切相關的問題：為何人們要講這麼多話？你或許正想著答案十分明顯，但在我們探索這眾多問題的其中一個時，我要先提出一個重要提醒。

並非萬事皆迷因！

並非萬事皆迷因

一旦你掌握了迷因的基本觀念，你很容易就會一頭熱地把所有事情都想成迷因，把迷因等同於觀念、思想、信念、意識的內容，或是任何你想得到的東西。這種傾向是嚴重混淆並妨礙我們去瞭解迷因能做和不能做的事。我們需要從對迷因清晰準確的定義出發，並決定哪些算數、哪些不算。

最重要的重點就是要記得，就像道金斯原始公式所描述的，迷因是經由模仿傳遞出去。我以「執行行為、儲存於腦中（或其他物件），並經由模仿傳遞下去」來描述迷因。《牛津英語詞典》如此定義迷因這個詞條：「meme(mi:m)，生物學名詞（n. Biol.），由「模迷因」（mimeme）縮減而來……，模仿自名詞基因（GENE n.）。」文化的一種元素可能經由非基因遺傳的途徑（尤其是模仿）來傳遞。模仿是一種複製，或拷貝，迷因因此是複製子，並具備複製子的能力。你甚至可以說「迷因就是經由模仿而傳遞出去的事物」，如果這樣聽起來不會太彆扭的話。

我們或許會（也真的會）去討論究竟什麼可算作模仿，但現在我就先跟道金斯一樣，以「廣泛的定義」來使用這個詞。當我說「模仿」，我的意思就是藉由語言、閱讀、指令以及其他複雜的技術和行為來傳遞資訊。從一人到另一人的觀念和行為的複製，不論何種類型都是模仿。因此當你聽到一個故事，並且把其中的要旨傳遞給其他人，你就已經複製了一個迷因。重點在於，強調模仿讓我們能排除所有無法傳遞出去的事物，而這些事物無法被稱為迷因。

先把目光從本書移開一陣子，看看窗外、牆壁、家具或是植物。任何東西都可以，安靜地看五秒鐘，然後繼續閱讀。我假定你經驗了某些事物。風景、聲音和印象共同組成你這五秒鐘的經驗。這些事物跟迷因有關嗎？也許你會告訴自己「這株植物需要澆水」，或是「如果外面車輛不要那麼多就好了」。倘若如此，你就是在使用著字詞。你通過迷因的方式獲得這些字詞，然後再把這些字詞傳遞出去。然而，就感官知覺經驗本身而言，這不必然牽涉到迷因。

當然，你可以說我們都使用著語言，因此所有經驗都會染上迷因的色彩。

因此，讓我們想一下其他沒有語言的動物的經驗。就拿我的貓為例。她不是最聰明的動物，但她有豐富趣味的生活，也有多樣能力，即使她幾乎沒有經由模仿獲得任何東西。

首先，她能看、能聽。她可以追著蝴蝶跑，可以爬上樹。這都需要複雜的知覺和運動技巧。她能品嚐、能嗅聞味道，有偏好的飼料品牌。她對於階層和領域有很強大的感知，對某些貓會表達敵意或拔腿就逃，而跟另一些貓就會玩在一起。她顯然可以辨識出個別貓隻以及某些人類，回應他們的聲音、腳步或觸摸，並以動作、接觸及充滿力量的聲音來進行溝通。她的心智地圖十分複雜且細緻。我無從得知她的心智地圖延伸到什麼程度，但至少涵蓋了四座人類的花園、兩條道路以及許多人為小徑和貓道。她能把窗戶前的人的位置和他們所在的房間連結起來，並在飼料倒入碗中發出聲響時，找出通往廚房最直接的道路。抵達廚房後，她一聽到「上來！」便俐落地用後腳站立，再合起前掌。

她的生活中有許多經驗也是我有的：感知、記憶、學習、探索、食物偏好、溝通以及社會關係。這些都是經驗和行為的範例，但並未經由模仿而習得，因此並非迷因。請注意，我的貓一生中進行了大量學習，有些來自於我，但這些習得的事物卻無法「經由模仿而傳播」。

如果我們要確認迷因的意思，就必須小心區分經由模仿而來的學習，以及其他種類的學習。心理學傳統上針對個別學習（如個別動物或人的學習）主要區分了兩種類型：古典制約以及操作制約。在古典制約中，最開始是巴夫洛夫對流涎的狗的研究，兩種刺激源會經由重複配對出現而產生連結。我的貓或許習得把特定聲音連結到用餐時間，把某些貓隻的影像連結到害怕，把雨聲連結到「不適合外出」等等。就像我習得聽到牙醫的鑽牙聲就全身僵

硬（而且至今仍舊如此，即使這二十五年來我鑽牙都有上麻藥！），聽到冰塊落入琴湯尼的聲響就感到輕鬆愉快。你可以這麼說，在古典制約理論中，環境中的某個面向已經被複製到大腦中，但這些面向就停在腦中，不會經由模仿傳遞下去。

操作制約是在動物做出某些行為時會獲得獎賞或懲罰，因此會增加或減少這個行為的頻率。伯爾赫斯・史金納（Burrhus Skinner）就對這種試誤學習進行了一個知名研究，讓籠內的老鼠或鴿子習得壓下桿子以獲取食物。我的貓也許也是藉由操作制約學會使用貓門，並精進捕捉老鼠的技巧。她也學會了乞求。一開始，她輕輕抬起鼻子頂著我手中的盤子，接著在「行為塑造」的過程中，我逐步獎賞她，讓她做出越來越俐落的乞求動作，最後我把碟子藏在背後，直接說「上來」。如果你覺得人類這樣強大的動物這如此待弱小動物是不公平的，那我要告訴你，她也成功訓練了我，在她需要時讓我離開書桌去撫摸她。

史金納還指出操作制約和天擇之間的相似性：有些行為會被積極選入，有些則遭淘汰。在這種情況下，學習可視為演化系統，其中執行行為的指令則是複製子。人們提出了好幾種學習和大腦發展的選擇理論，但只要行為無法藉由模仿傳遞到其他人身上，就不能視為迷因，這些選擇也就不是迷因的選擇。

人類的學習許多都是史金納式的而非迷因式的。不論是有意識還是無意識，父母會經由強制的方式塑造孩子的行為。對孩子最好的獎賞就是給予關注，而獎賞比懲罰更有用。當孩子舉止良好，父母便對孩子多加關注，而當孩子尖叫或鬧脾氣，父母便顯示出毫不關心的樣子，那麼舉止良好便會符合孩子利益，孩子也會願意遵守。為孩子做牛做馬的父母，最後會養出依賴的

孩子。父母若想養出自立自主的孩子，就讓他們自行面對上學遲到時老師的怒氣，這樣的孩子最後就能為自己的行為負責。你可能認為是自己教會女兒騎自行車的，但其實你很可能只是買了自行車，鼓勵她，然後剩下的交由試誤學習來進行。我們的學習很多時候只能自己進行，因此無法傳遞出去。

在進行時，我們很可能永遠無法把那些經由模仿而親身習得的東西，與以其他方式習得的東西梳理開來，但這兩種東西原則上是不同的。我們知道很多不是迷因的東西。然而，有些作者暗示著，我們所知道的所有事物都是迷因（如 Brodie 1996; Gabora 1997）。布羅迪把操作制約納入迷因——事實上，他把所有制約都納入了。加博拉甚至更進一步把迷因視為「任何能成為轉瞬經驗之主體的事物」。這令人極度困惑。這種看法抽走了把迷因視為複製子這個想法的能力，對於如何處理意識這種萬分困難的問題則毫無助益。如果我們要有任何進展，就需牢牢固著於原本清晰又簡單的定義。

那麼情緒呢？情緒與人類生活密不可分，甚至在理性思考和做決定下判斷時扮演了關鍵角色。神經學家安東尼奧・達瑪西奧（Antonio Damasio 1994）對許多腦傷病患（傷部通常是額葉，因而導致他們失去正常的情緒反應，成為沒有情緒的人）進行研究。這些患者並沒有因此擺脫不必要的情緒所帶來的惱人分心，而變成超級理性的決策者。相反地，他們幾乎因為猶豫不決而動彈不得。就連要在醃菜和南瓜脆片、乳酪和洋蔥之間做出選擇，對他們而言都是筋疲力竭的困境，得經過冗長和審慎的思考才能下決定。他們變得無法過著正常生活。我們大多數人大概就想「嗯，我今天想要乳酪和洋蔥」，卻未瞭解到情緒已在背後進行了複雜的任務，判斷了可能的結果、權衡了過去的經驗，投入對特定物種的偏好，產生某種粗略且準備充足的身體反應，而讓我們腦中那微小的語言區說出「如果可以，我想要乳酪和洋蔥。

謝謝！」《銀河飛龍》中的百科先生簡直令人難以置信。如果他真的沒有情緒，他就無法決定早上要不要起床、何時要跟畢凱艦長通話，或是否要喝茶或咖啡。

情緒和思想也以其他方式緊密相連。還有一些激素，像是腎上腺素和正腎上腺素能夠控制情緒狀態，但我們可以根據自己如何詮釋和標誌我們的生理反應，去經驗到大量不同的情緒。就這種情況而言，你可以說迷因涉入了我們的情緒。但情緒是否就是迷因？答案是，只有當情緒能藉由模仿而傳遞給其他人的時候才是。

那麼，「你不可能知道我的感受」這句話，幾乎就解釋了一切。情緒是私密且難以傳達的。我們寫詩、送花、作畫，為的就是盡可能去傳遞私密的感受。當然，我們也許會從他人那裡習得某種情緒，而這看起來確實像是模仿，例如當你看到他人悲痛而落下難過的眼淚。這種行為上的傳染性傳播看起來像是模仿，因為確實有人做了某些行為，而另一個人也做了同樣的事。但嚴格來說，這並不是模仿。要瞭解原因，我們必須先定義模仿。

模仿、傳染和社會學習

心理學家愛德華・桑代克（Edward Lee Thorndike 1898）或許是對模仿提出清晰定義的第一人，他認為模仿是「經由觀看某個動作而習得同樣動作」。桑代克的定義（雖然局限於視覺資訊）捕捉到模仿這個概念的本質，那就是新行為是複製其他人而習得。一百年後，我們可以發現這個觀點的重要性，那就是區分出「傳染」、「社會學習」以及「真正的模仿」。

「傳染」一詞用在許多不同地方。我們可能會認為觀念是具傳染性的，

並且比較迷因和傳染病的傳播狀況（Lynch 1996）。此外，「社會傳染」一詞也用來描述行為的傳播，例如經由社會傳播的狂熱，甚至自殺潮（Levy and Neil 1993; Marsden 1998）等等。然而，這種傳染並非我想拿來與模仿對照的類型。我所指的是各種被稱為本能的模仿、行為的傳染、社會便利、共同行動，或就只是傳染（Whiten and Ham 1992）。不幸的是，社會心理學家經常混淆模仿和傳染，不然就是視之為同一物（Grosser et al. 1951; Levi and Nail 1993）。然而，比較心理學家（比較動物和人類行為）近來則清楚表明了一個有用的區別。

打哈欠、咳嗽和大笑在人類之中都是極具傳染力的。確實，要是你周遭的每個人都在大笑，你很難不跟著笑。我們會認為這種傳染有賴於特定的刺激特徵偵測器，這能偵測到他人的大笑或呵欠，接著啟動同樣的天生行為來回應。在其他動物身上，警示性的嚎叫以及其他聲響都可以具傳染性，唯獨笑聲的傳染性乃人類所獨有（Provine 1996）。其他例子還有經由群眾傳播心情和情緒，以及當人們發現某人正瞪視著某樣東西，就會停止看東西。

這種傳染並非真正的模仿。經由桑代克的簡單定義，我們可以瞭解到原因。我們會開始笑，是因為大家都在笑，我們並非從中習得「如何做這個動作」。我們已經知道該怎麼笑，而我們的笑並非由我們所聽到的笑所形塑。因此，這種傳染並非模仿而來，因此不該視為迷因。

還有社會學習（相對於個體學習），就是透過觀察或人際互動（或是動物和動物間的互動）的影響來學習。模仿是社會學習的其中一種形式，但有的並非透過真正的模仿。動物研究員近來有了重大進展，能從這些學習方式區別出差異，並找出哪些動物有能力進行真正的模仿（Heyes and Galef 1996）。結果令人驚訝。

在 1921 年的英國南部，人們發現山雀（一種小巧的花園鳥）會撬開留在門口的牛奶瓶蠟封蓋。結果，這種行徑廣傳整個英格蘭以及部分蘇格蘭和威爾斯，甚至其他種類的鳥也加入這個行列，就連鋁箔封膜也能啄開。這些山雀彼此學習的技巧，應該是從村落間逐漸傳開的，然後橫跨各個區域。雖然這顯然是各自多次重新發明出來的（Fisher and Hinde 1949）。在超市和紙板紙箱出現之後，就很少有送奶人送至門前的牛奶瓶了，但即便到了今日，你還是不時會發現牛奶瓶的鋁箔封膜遭到刺破。

啄開牛奶瓶技術之傳播，乃是簡單的文化現象。但有潔癖的人會認為，這個行為並非經由模仿散播，而是經由社會學習中更簡單的方式所散播。想像有隻鳥經由試誤學到了這個技巧，只要啄開瓶口就可以喝到牛奶。另一隻鳥剛好經過、看到牠啄瓶口的動作。啄這個動作對山雀來說是天生的，現在第二隻山雀的注意力也被吸引到瓶子上，這讓牠也很想站上去啄一啄。美味的牛奶強化了這個行為，使得山雀重複這個動作，其他山雀又看到這個過程，於是不斷地傳遞下去。山雀使用各種不同方式開啟瓶子，也表示牠們並非經由直接模仿而學習。

這種社會學習就是所謂的「刺激物增強」。在這個例子中，刺激物就是瓶蓋，而且變得越發受到關注。同樣地，「區域性增強」就是讓注意力導向特定區域。動物也會經由彼此學習，而對某些對象或地方感到懼怕或避開。舉例來說，年輕的恆河猴看到父母對蛇表現出懼怕之後，便學會避開蛇；而章魚看到其他章魚進行攻擊則會跟著攻擊。鳥和兔子也是跟著同伴而學會不必害怕火車，因此在巨響中處變不驚。蠣鴴能隨著傳統運用戳刺或敲打的技巧撬開貽貝，鳥兒也從其他鳥隻習得遷徙途徑和築巢地點（Bonner 1980，書中還列出許多有趣的案例）。但是這些過程都不是真正的模仿，因為並沒有

新的行為從一隻動物傳遞到另一隻動物（Heyes and Galef 1996、Whiten and Ham 1992、Zentall and Galef 1988，關於社會學習和模仿的評論）。

其他看來像是真正以模仿為基礎的文化學習知名範例，還包括日本猴群學會清洗甘薯，以及黑猩猩學會把棍子插進蟻丘釣食白蟻。但在進一步研究這些技術的傳播與動物的學習能力之後，都認為這些傳統有賴於個體學習與上述的社會學習，而非真正的模仿（Galef 1992）。因此，若要真正精準的區分，你就得說，啄開瓶口、釣食白蟻以及清洗甘薯雖然都很接近迷因，卻都不是真正的迷因。

如果是你鄰居的烏鶇呢？牠能鳴叫出你鬧鐘的聲響，或是模仿出汽車喇叭聲。鳥類會出現真正的模仿，只不過模仿能力局限於聲音，甚至是特定種類的聲音（鸚鵡可能是例外，牠甚至能模仿簡單的手勢）。正因如此，鳥鳴長期以來一直被視為特殊例子（Bonner 1980; Delius 1989; Thorndike 1898; Whiten and Ham 1992）。許多鳥鳴都有很綿長的傳統，年輕鳥隻會模仿雙親或鄰居，而習得要唱的歌。像是蒼頭燕雀，雛鳥在能自行鳴叫之前，有可能已經聽過公鳥鳴唱了一段時間。幾個月之後，小鳥開始能鳴唱出各式各樣的聲響，然後逐漸限縮到雛鳥時期聽過的歌曲。實驗顯示，鳥兒學習有個關鍵時期，必須在這段期間聽到自己的歌聲，並與所模仿的記憶中的歌聲相符。自幼便由人類飼養的鳥，可從錄音中學習歌聲；長大後才被人類豢養的鳥所唱的歌曲，則更接近收養者而非生物上的親鳥。有些種類的鳥會從鄰居學到許多種歌聲，有幾種鳥（像是鸚鵡和八哥）則能模方人類講話。因此我們能把鳥鳴視為迷因。確實，蒼頭燕雀歌聲的文化演化，就是從鳥鳴迷因的變異、流動和漂移來進行研究的（Lynch et al. 1989）；而吸蜜鳥的歌聲研究顯示，牠們在澳洲本島的歌曲迷因庫，比在鄰近小島的更多樣（Baker 1996）。因

此，鳥鳴並不像是我們先前所討論的社會學習的範例。

　　箇中差異可以如此解釋：模仿是經由觀察他者，而學習到與外顯行為相關的事物；而社會學習則是經由觀察他者，學習到與環境相關的事物（Heyes 1993）。山鳥早就知道怎麼啄，因此牠們要學的只是**啄什麼**。猴子早就知道如何害怕，因此牠們要學的只是**怕什麼**。

　　經過將近一個世紀的研究，發現人類以外的動物中幾乎沒有真正模仿的證據。鳥鳴顯然是個例外，而且我們對於水底世界中海豚的模仿所知甚少。從小由人類養大的黑猩猩和大猩猩，也偶爾會做出野外同類無法達成的模仿方式（Tomasello *et al.* 1993）。然而，當猿（ape）和人的孩子分別遭遇同樣的問題時，只有能輕易運用模仿的孩子可以解決問題（Call and Tomasello 1995）。看來我們都錯誤使用動詞「to ape」來意指模仿，因為猿很少模仿。

　　相較而言，人類是「模仿通才的最高典範」（Meltzoff 1988, p.59）。人類嬰孩能夠模仿的範圍很廣，包括聲音、肢體動作、對物體的動作，甚至完全隨性的動作，如彎腰讓頭碰觸到塑膠板上。十四個月大時，他們的模仿甚至可以延遲一週以上（Meltzoff 1988），而且似乎也知道大人在模仿他們（Meltzoff 1996）。我們跟其他動物不同，我們很容易就能模仿幾乎所有東西，而且引以為樂。

　　如果我們把迷因定義為經由模仿來傳遞，那麼我們一定會得到這樣的結論，就是只有人類有能耐大量傳遞迷因。其他有些理論學家已將社會學習的所有形式納入他們文化演化的定義（如 Boyd and Richerson 1985; Delius 1989）。他們的數學模型通常可以應用到所有案例上。不過，我認為讓迷因理論維持原來的定義較好，理由是社會學習的其他形式，並不支持具有真正遺傳的複製系統，因為行為並不真的是複製而來。

　　我們可以這麼想。在社會理論中，一隻動物有可能在個體學習時發明了新的行為，接著由於某些原因，引導第二隻動物進入會想學習同樣新行為的處境。或者因為第一隻動物的行為得以改變第二隻動物在學習上的偶然性，因而學到了同樣（或類似）的新行為。結果看起來像是複製，但其實不然。因為行為必定是第二位學習者所創造的。社會處境及另一隻動物的行為都扮演了重要角色，但是第一隻動物的行為並未傳遞下去，因此也無法由更進一步的選擇性複製來建立並重新定義。那麼，在這種意義下，就沒有真正的遺傳。這表示沒有新的複製子，沒有真正的演化，因此這個過程無法被視為是迷因的。

　　相較之下，普遍模仿的技巧意味著，人類幾乎可以發明所有類型的新行為，並且互相複製。如果我們把迷因定義為經由模仿來傳遞，那麼不論何物，只要經由複製的過程傳遞下去，那就是迷因。迷因滿足了複製子的角色，因為它展現出所有的三種必要條件：遺傳（行為的形式和細節都複製了）、變異（複製中帶有錯誤、修飾或其他變化）以及選擇（只有某些行為成功複製下來）。這是真正的演化過程。

———

　　我們現在可以確知，模仿十分罕見且特殊，但模仿的動作隱含著什麼？科學家對於嬰孩和孩童的模仿進行了大量研究（Meltzoff and Moore 1977; Whiten et al. 1996; Yando et al. 1978），有些針對運動，有些針對社會從眾，有些則針對暴力的電視節目是否引發假冒的暴力（Bandura and Walters 1963），以及是否自殺、交通事故甚至謀殺，都可經由模仿而傳播出去

（Marsden 1998b; Phillips 1980）。然而，卻幾乎沒有針對模仿背後運作機制的研究，因此我在此要稍微推論一下。

我們或許會認為這個過程很像是「逆向工程」，是現代產業中竊取想法的一般方式。如果一家缺乏誠信的製造商想要製造最新高科技光碟播放機的廉價版本，於是受到專門訓練的工程師逐一拆下零件，嘗試要弄清楚所有零件的功能及製造方式。他們運氣很好，建造出擁有同樣性能的自家版本，因此無需支付版稅。但這個過程並不容易。

現在想像你要複製一個簡單動作。假設我把雙手放到嘴邊，圈出喇叭般的形狀，並且朝上哼唱「de-tum-de-tum」。我打賭，除非你是物理上無法達到，否則你應該可以毫無困難地複製我的動作，而看到的人也能判斷你是否做得好。那麼，複製到底難在哪裡？

所有部分都很難。首先，你（或是某些無意識的大腦機制）得去判斷要複製哪個面向的動作。腿的角度重要嗎？還是腳的位置？重點是要把手圈成喇叭的形狀，還是要盡可能接近我的手所擺出的姿勢？你哼唱的音高得跟我一樣，還是只要旋律相同就好？我很確定你可以問出屬於你的問題。在確定要複製哪個重要面向之後，接下來要進行一系列非常困難的轉換。假設你從旁邊看著我，當你進行這些動作時，你所看到的動作與從你的角度觀看這個動作的方式並不會相互符應。你只會從靠近你那側的「喇叭」看到你的手。然而，你的大腦必須轉換我所做的動作，才能指示你的肌肉去做該做的事情，好讓你的動作在旁人看來跟我的一樣。事情似乎越來越複雜了。

這聽起來很複雜，因為這真的很複雜。其中必然牽涉到模仿：(a) 要確定該模仿什麼，或是怎麼樣叫做「一樣」或「類似」；(b) 從一個觀點到另一個觀點都牽涉到複雜的轉換；以及 (c) 製造出符合的肢體動作。

　　當你瞭解到這個看來再自然不過的動作有多麼困難時，就會忍不住想著我們大概無法達成——但顯然我們確實做到了。或是迷因理論的科學無法建立在如此奇特的事物上。我只是提醒自己，人類的生活真的就是如此，以此讓自己感到安心。我們確實一直複製著彼此，我們也低估了其中牽涉到的事物，因為模仿對我們來說太容易了。當我們彼此複製，某種事物就此傳遞了下去，不論它有多麼無形無體。這個事物就是迷因。以迷因觀點來看待，就是迷因學的基礎。

5.

迷因的三大問題

貝多芬《第五號交響曲》是迷因嗎？沒錯，那前四個音正是無比成功的迷因！為什麼這段旋律有辦法不斷在我們腦中盤旋而無法停止？為什麼我們會有這樣的大腦？這段旋律到底對我有什麼用？迷因理論給出的答案是：這對你完全沒用，但是對迷因本身有用。

貝多芬《第五號交響曲》是迷因嗎？（或是，該曲的前四個音是迷因嗎？）

這是迷因學中的重要提問，而且十分值得探究，但我不認為這會造成問題。針對迷因學有好幾個這類的反對意見，並且值得嘗試去解決。我要探討其中三個意見，並且證明這些問題是可解決的，或是與迷因無關的。

我們無法指明迷因的單位

不論是因為巧合還是迷因傳遞，貝多芬正是闡明這問題的最佳範例。布羅迪（1996）使用貝多芬第五號交響曲為例，道金斯（1976）使用貝多芬九號交響曲作為說明案例，而丹尼特（1995）使用第五和第七號交響曲。丹尼特還提到，貝多芬第五號交響曲的前四個音正是無比成功的迷因，在貝多芬的作品還未成名時，便能靠著自己成功複製。那麼，作為迷因的是這四個音，還是整部交響曲？

如果我們無法回答這個問題，就無法辨識出迷因的單位，而有些人顯然認為這是迷因理論中的重大問題。舉例來說，許多年前雅可布·布羅諾斯基（Jacob Bronowski）就想知道，何以我們對於社會變遷沒有更多瞭解，並質疑我們未能確認社會變遷的單位（Hull 1982）。我聽聞有人拒斥迷因理論的整套想法，只因為「無法說出迷因的單位」。這倒是真的，我說不出來，而我也不認為有此必要。複製子並不需要連同單位整套運送。既然我們對於基因最熟悉，就來看看基因有沒有類似問題。

定義基因並不容易，而且事實上這個名詞在繁殖者、遺傳學家和分子生物學家會有不同用法，因為他們有興趣的部分不同。在分子層次，基因是由

核苷酸序列及一個 DNA 分子所組成。不同片段的 DNA 有不同名稱，例如密碼子就是三個核苷酸序列，而順反子就是長度足以提供指令來建造蛋白質的核苷酸序列，並含有起始和終止標誌。這些在經由有性生殖傳遞時都未必要保持完整，也未必符應我們所認為的基因。DNA 提供蛋白質合成的指令，再通過綿長的過程產生藍色或棕色眼睛、覺得男性比女性更性感，或是擁有音樂天賦。然而，正是這些基因的影響使得天擇能夠運作。那麼，基因的單位是什麼？

這或許沒有最終答案。有個有用的建議是，基因是長到足以服從於相關選擇壓力的遺傳訊息。太短的 DNA 序列毫無意義，因為序列不但能無限延長且完全一樣地代代相傳，又能參與無數不同類型的蛋白質合成工作。不過，太長的 DNA 序列無法在歷經夠多的世代後存活下來，繼續面對被選擇或被拒斥的情況。因此長度適中的序列會被選中，甚至也隨著選擇壓力的力量而改變（參見 Dawkins 1976; Williams 1966）。

究竟怎樣算是一個基因？這答案內在的不確定性並未阻礙遺傳學和生物學的進展。人們不會說，「我們無法決定基因的單位，所以就放棄遺傳學、生物學和演化吧！」這些科學都是以使用當下所能找到最好用的單位來運作。同樣的邏輯也能應用在迷因理論。丹尼特（1995）以此定義迷因的單位為：能可靠且豐沛地自我複製的最小元素。一滴粉紅色顏料太小，不足以成為迷因選擇壓力所能應用的單位，也還不足以被喜歡或被討厭、被拍攝保存或是遭丟棄。而整間畫廊又太大。單一幅繪畫是適合我們大多數人的單位，因此我們會記得梵谷的《向日葵》或是會購買孟克的《吶喊》明信片。繪畫的風格，像是印象派或立體派，都可以複製，因此也能算是迷因，卻很難區分出其中的單位。一個字太短，不足以註冊版權，而整座圖書館中的字又太

長。但是一句巧妙的廣告文案或一本十萬字的書都能註冊版權，可視為迷因。因此，「迷因的單位**究竟**是什麼？」恐怕沒有正確答案。

我原本很可能會說，四個音太短，無法成為迷因，但這個知名範例證明我錯了。如果音樂天才選擇了四個對的音作為一首偉大交響曲的開頭，並且有幸讓他的作品存活至大眾傳播時代，那麼這四個音就會被數十億人聽見且記住。如果你也是其中一員，而且這四音旋律一直在你腦海中揮之不去，我只能說深感抱歉了。

但為什麼這段旋律一直揮之不去？這問題提供了迷因運作的良好範例，而我要用這來證明單位的大小不會帶來差異。

為什麼這段旋律有時就是不斷地在我腦海中盤旋而且無法停止？為什麼我們會有這樣的大腦？我成天不斷唱著「綠油精，綠油精，爸爸愛用綠油精……」或是原曲「This Old Man」的旋律，對我有什麼用？迷因理論給出的答案是：這對你完全沒用，但是對迷因本身有用。

迷因是複製子，如果它們可以讓自身被複製，它們就會這麼做。大腦的模仿機制是複製旋律的的絕佳環境。因此，一段旋律如果足以讓人難以忘懷到入駐你的大腦並傳遞下去，它就會這麼做；而如果這段旋律真的夠好記誦、唱誦或彈奏，那麼它就會進入很多大腦。如果它又剛好成為電視劇的片頭曲，那就會深入家戶更多大腦之中，而只要你開始哼唱，很有可能旁邊的人聽到之後也跟著哼唱。此時，人們可能就聽不進其他許多旋律了。結果就是，勝利的迷因取代了迷因庫中其他迷因的位置而增長。我們都受到影響，這些旋律就儲存在我們的記憶中，等待時機來臨，便會在受到驅動之後再傳遞到其他沒有這種迷因的人身上。腦中不斷出現這些旋律，不是為了我們好。成天被這些旋律轟炸，是大腦能夠模仿旋律的必然結果。

你會發現，不論一首曲子能讓人琅琅上口或喜愛的確切理由為何，這個論點都是有效的：像是對特定聲響的先天偏好、在聲響的可預測性和不可與預測性中發現的樂趣，或是整體的複雜度。加德勒（Derek Gatherer 1997）從爵士樂的各個組成部分的適應性探討了爵士樂的發展，研究爵士樂的複雜性、易記性以及不同時期可用技術的影響。簡單的旋律容易記憶，但是趣味性不足以讓人去傳遞。複雜的即興樂曲會演進變化，但可能只會在專業樂手和聆賞者的圈子內繁衍，而更複雜的樂曲則有可能因為太困難而無法被記憶而未能成功複製，即使它其實非常好聽。未來迷因理論或許會發現音樂得以成功複製的原因，找出不同類型的音樂如何滿足不同需求，像是在小眾團體之間的特定複製，或是短暫的大眾流行。請注意，這些都與我要論證的內容不相干。也就是說，任何能讓你在腦中反覆播放的洗腦旋律，都能自行傳遞出去。也因此，我們都會遇上這些旋律，因而處於被「洗腦」的危險。

因此，迷因學對這類盤據在人腦中的惱人旋律提供了簡單且顯著的解釋，就跟我們思緒停不下來的原因大致相同。這些旋律像是雜草，會逕自長大。不管在哪個例子中，我們用什麼作為迷因的單位會有關係嗎？我認為沒有。迷因會不斷競爭腦中的剩餘空間，不論我們決定用什麼方式來區隔相互競爭的指令。迷因就是「凡是能經由模仿而傳遞下去的事物」。如果你的惱人旋律讓你把威廉・布雷克（William Blake）的詩句傳遞給整個辦公室，那麼這首振奮人心的曲子就是迷因。如果你只受到貝多芬第五號交響曲前四個音的洗腦，那麼這四個古老音符就是迷因。

我們對於複製和儲存迷因的機制一無所知

我們確實對此一無所知。我們現在對於 DNA 的運作所知甚多，使得我們很容易以為迷因學也要達到相同程度才行。但我不這麼認為。別忘了演化論在 DNA 發現之前就達到了何種成就。達爾文的《物種源始》於 1859 年出版，遺傳學和天擇理論在是在 1930 年代之後才共同出現（Fisher 1930），科學其他學門則要到 1940 年代才被帶入所謂的現代演化綜論，並因此邁向了新達爾文理論。至於 DNA 結構，人們要到 1950 年代才終於發現（Watson 1968）。在達爾文主義出現的第一個世紀中，人類對演化的瞭解有了長足進展，而這都是在人們對於化學複製、控制蛋白質合成或是 DNA 的功能一無所知的情況下達成的。

我們在 20 世紀末建立的迷因學，必定無法繼續在下一個世紀大顯神威，但這並非裹足不前的理由。如果不瞭解迷因所倚賴的大腦機制，我們可能要花很多時間才能找出迷因選擇的普遍原則。但我們仍然可以根據有限的知識對這些機制進行一些有根據的猜測。

首先，我們或許會假設，迷因至少在複製的某些階段，會確實儲存在大腦中。就儲存方面而言，神經科學已有長足的進展，找出了記憶的生物性基礎。人工神經網絡已經證明，人類記憶中有許多特徵能以電腦模擬。經由對突觸傳遞、長期增益以及神經傳遞物的研究，找出真正的腦是否進行類似工作。如果是，我們或許會猜測人類的記憶可能就是這樣運作的（範例可參見 Churchland and Sejnowski 1992）。

腦神經網絡是由一大團個別細胞所組成，其中有一層細胞專事接收輸入

的訊息（如從眼睛或其他網絡輸入），還有一層專事輸出（如輸出到肌肉、聲音或其他網絡），其間還許多層。每個神經元都能連結到其他許多神經元，而這些連結的強度會隨著連結的經歷而變化。在任何給定的網絡狀態下，某種類型的輸入就會產生某種類型的輸出，但這種關係並非固定不變。神經元的網絡是可以訓練的，例如持續進行某種輸入，而這種經驗會改變大腦對於新輸入的反應。換句話說，這能夠記憶。

這種記憶跟數位電腦有固定區位的記憶完全不同，也跟忠於輸入訊息而複製的錄音帶記憶不同。在大腦中，所有輸入訊號都建構在過去的經歷上。在終生難忘的複雜經歷中，我們不會把所有事情儲存在黑盒子裡，等稍後需要時再取出，而是讓所有經歷進入複雜的大腦，然後讓其中某些經歷產生或大或小的影響。有些東西實際上並未帶來影響，因此完全沒有被記憶下來（因此我們無法發揮作用）。有些發揮的影響足以短暫儲存於短期記憶中，但不久之後就消失了；有些則帶來劇烈改變，因此能確切重建出整個事件、吟唱整首詩，或是永遠記得某張特別的臉龐。

所謂有效的迷因，是那些能提高複製保真度以及長期記憶的迷因。迷因能成功地大幅傳播，是因為它們容易記憶，而不是因為重要或有用。錯誤的科學理論可能會只因為好理解又容易與現有理論相容而獲得傳遞。爛書也可能只因為書名好記而賣得更好，雖然我們確實也有策略來克服這些偏見。迷因理論的一項重要任務，就是整合記憶的心理學和迷因選擇的理解。

有些人認為，迷因無法數位化（Maynard Smith 1996），而只有數位化系統能支持演化。基因確實是數位化的，而數位化的儲存遠勝於類比式的。我們都知道，數位化影音錄製看起來聽起來都優於類比式影音。數位化系統讓資訊在儲存和傳遞時大幅降低遺失程度，即使是在充滿雜訊的頻道上。不

過，沒有明文規定演化必須以數位化為基礎，問題其實在於複製的品質。

那麼，怎樣是品質優良的複製子？道金斯（1976）歸納出三個詞：保真、豐饒和持久。這意味著複製子的複製必須正確、大量，複製品也得維持得夠久。當然，三者之間必然會相互消長。基因在這三方面都做得很好，而數位化的特性使得複製的保真度很高。那麼，大腦呢？

我們的記憶顯然好到足以讓我們學習好幾種語言，能一次辨識出數千幅圖片，以及記得人生數十年來中的重大事件。這樣足以支持迷因演化嗎？我想這是可驗證的經驗性問題。在未來，迷因學家也許可以發展出數學模型，判定出記憶的保真度要高到何種程度才足以支持迷因演化，並與已知的人類記憶表現做比較。我的猜測是，我們會發現，不論人類記憶是否是數位化的，表現都滿好的。

其次，根據定義，迷因要經由模仿，從一人傳遞到另一人。我們已經討論過，我們對於模仿機制的認識有多麼不足，但我們至少可以做出簡單預測。易於模仿的動作能造就出成功的迷因，不易模仿的則難以成功。

除此之外，迷因的有效傳遞嚴格取決於偏好、注意力、情緒和慾望。換句話說，就是跟演化心理學的東西。基於遺傳學上的因素，我們會受性慾、異性、食物、更好的食物、避凶，以及刺激和權力所驅動。演化心理學已提供我們許多資訊，能夠解釋為何有些迷因會不斷流傳使用，有些則毫無影響。我們要使用這些資訊用並來建構迷因學。

總而言之，我們確實不瞭解迷因儲存和傳遞的細節，但是我們已經擁有許多線索，而這已足以作為迷因理論的起步。

迷因演化是「拉馬克式遺傳」

就我聽過的說法，生物演化並非拉馬克式的遺傳，但文化演化是。這種明顯的差異常被人提及，很多人也認為這是個問題（Boyd and Richerson 1985; Dennett 1991; Gould 1979, 1991; Hull 1982; Wispe and Thompson 1976）。在近期對人造生命的討論中，英國生物學家約翰‧梅納德‧史密斯（John Maynard Smith）探討了自然或人為演化系統的必要特徵，並認為是「數位編碼及非拉馬克式遺傳」（Maynard Smith 1996, p.177）。那麼，迷因演化真的是拉馬克式的遺傳嗎？如果是，這對迷因學來說為何重要？

首先，「拉馬克式遺傳」一詞只是用來指稱尚—巴蒂斯特‧拉馬克演化理論的一個面向。拉馬克相信的東西現已遭到駁斥，其中包括演化中進步的必然性，以及生物奮力求進步的重要性。然而，這裡所指稱的是「拉馬克主義」生物獲致特徵的遺傳原則。也就是說，如果你在一生中習得或是經歷了某些改變，你就能把這些改變傳遞給後代。

這個意義下的拉馬克主義，至少就有性生殖的物種來說並非真正的生物演化。拉馬克主義就遺傳的運作方式而言完全不可行，只是人們在達爾文或拉馬克時代尚未理解。這道「魏斯曼屏障」是以 19 世紀末的奧古斯特‧魏斯曼（August Weismann）來命名，他提出了所謂的「生殖質的連續性」。我們就從現代觀點來審視有性生殖和人類。

基因編碼在 DNA 內，並儲存在身體所有細胞的染色體對中。不同人身上染色體的任一位置或許會有相同基因的不同版本（對偶基因），而每個人身上的基因總和構成就是他的基因型。相應地，最終這個人的各種特徵被稱

為表現型。基因並非未來表現型的藍圖或地圖，它們是建造蛋白質的指令。這些指令會在胚胎及成人於獨特環境中成長時控制其發育。結果所產生的表現型，會大幅取決於其所起始的基因型，卻完全不是基因型的副本，也並非完全受制於此。

　　現在，想像一下你藉由學語言、練鋼琴或是練肌肉而擁有某些新的特徵，也就是說，你的表現型有所改變了。你身體發生的改變，不可能影響你傳遞出的基因，頂多是影響你是否能順利傳遞出基因。你的孩子承繼的基因直接來自你承繼的基因，而這條連續的血脈就是所謂的「生殖細胞系」。可以想見，如果基因如藍圖或是地圖般運作，那麼表現型的改變就會反饋，從而改變了地圖，但情況並非如此。可以想見，減數分裂（細胞分裂製造出卵子和精子）的過程，會因為表現型的改變而受到影響，但這並未發生；而且不論如何，女性卵巢內的卵子在她出生時就已存在。我們一定要想像生殖細胞系會持續發展，而基因在每一代都會洗牌並重組。這些基因會指導表現型，讓表現型自行啟動，或成功或失敗，但總之表現型不會指導基因。

　　即便拉馬克式遺傳不會發生在這樣的系統中，卻已有許多實驗奮力找尋這個現象。魏斯曼剪掉了好幾代老鼠的尾巴，卻未對後代老鼠的尾巴造成顯著影響。然而，這並非對該理論的嚴格測試，因為拉馬克認為生物必定會奮力前行，如長頸鹿會伸長脖子，或鳥兒練習飛翔，而魏斯曼的老鼠應該沒有奮力去追求尾巴被減短。在俄羅斯，特羅菲姆‧李森科（Trofim Lysenko）的官方科學就是基於拉馬克主義，卻未在生物學帶來進展，並且因為植物繁殖計畫失敗而對蘇聯農業帶來災難性影響。

　　拉馬克的想法仍然非常普及並且換以不同面貌呈現，包括把已逝生命的記憶歸於「基因記憶」，把精神力解釋為「精神演化」。這種想法之所以能

流行，或許是因為這意味著如果我們努力改善自己，那麼我們所有的辛勤工作都有點意義，或對我們的孩子有所好處。但從純粹基因的角度而言，是沒有獲得任何益處的。這種想法或許受到歡迎，內容卻不真實。

　　至少，拉馬克主義對於有性生殖的物種來說不是真的，而對其他種類的生物則不適用。地球上最普遍的生物是單細胞生物，如細菌這種以細胞分裂來繁殖的生物。對於這種無處不在的生物而言，基因型和表現型就沒有明確分別，基因資訊透過各種方式交換，並且沒有清晰的生殖細胞系。因此，拉馬克式遺傳的整體概念與生物演化毫不相干。

　　那麼文化演化呢？答案主要取決於你如何類比基因和迷因，並且就如我先前所強調，使用類比時必須非常小心。

　　要進行類比，其中一個方式就是固著於人類基因型、表現型以及世代的概念。在這個例子中，獲取的特徵必定會傳遞下去，一如宗教會從親代傳遞到子代，並且代代相傳下去。然而，迷因並不固著於生物的世代，並且可以四處亂跳。如果我發明了厲害的南瓜湯食譜，我可以傳遞給你，你再傳遞給你的祖母，然後她再傳遞她的朋友。同樣地，這並非生物意義上的繼承，基因並未受到影響。因此這不是拉馬克式的遺傳。

　　運用類比有個更有趣的方式，就是忘記表現型以及生物性的世代，而關注著迷因以及迷因性的世代。在南瓜湯的例子中，我和你祖母的朋友之間跨越了三個世代。在每個世代之中，食譜從大腦跳到廚房中的行為再到另一個大腦（也就是你看著我製作南瓜湯）。獲得的特徵是否有遺傳？可以這麼說，我腦中的迷因等同於基因型，我在廚房中的行為等同於表現型。那麼，確實這是拉馬克式的遺傳，因為此時我若加入太多鹽，或是你忘記我使用的其中一種特殊香料，或是沒按照我的方式切蒜頭，那麼你祖母看到的就是你傳遞

下去的新版本，因此新的表現型就會跟著獲得新的特徵。

　　但如果你不是看著我做湯呢？要是我把食譜寄給你，你再把食譜直接傳遞給祖母，而她再複印給她朋友呢？情況就大不相同。這種方式也許可以拿來進行生物學的類比。寫下來的食譜就像是基因型，裡面有製作南瓜湯的指示。製作出的湯品是表現型，湯的美味是食譜被複製的原因——你祖母跟你要了食譜的複本，因為她喜歡這碗湯。在這種情況下，如果她沒有正確依循食譜的指示，她的改變有可能影響他人想要這份食譜的機率，但她的變動不會跟著傳遞下去，因為變動的只有湯本身（表現型），而不是寫下的食譜（基因型）。在這種情況下，食譜傳遞的過程能完美類比於生物性的情況，而這並**不是**拉馬克式遺傳。

　　這兩種不同的傳遞模式可稱為「產品複製」以及「指令複製」。也可拿音樂作為範例，雖然稍有不同。讓我們假設這種情況：我女兒艾蜜莉在朋友面前彈奏了一首優美的樂曲，其中一位聽了之後也想學。艾蜜莉可以彈很多遍，直到朋友正確複製出來（產品複製）為止，或是可以直接給她樂譜（指令複製）。在第一種情況中，艾蜜莉改變的彈奏都會傳遞下去，而要是後續有一連串的鋼琴家彼此複製，整首樂曲就有可能逐漸變化，加入每位彈奏者的錯誤或裝飾音。在第二種情況，個別彈奏者的彈奏風格不會有任何影響，因為傳遞下去的是沒有裝飾音和錯誤的樂譜。在第一種情況中，複製的過程看起來是拉馬克式的，第二種情況則否。

　　在生物學的世界，有性生殖的物種是藉由指令複製來運作的。基因是複製的指令，表現型是結果，而非複製的產品。在迷因世界裡，兩種過程都會用上，你可以主張把「指令複製」視為達爾文主義，把「產品複製」視為拉馬克主義，但我認為這只會帶來更多混淆。我刻意舉湯品及音樂的例子，以

區別兩種複製模式，然而在真實世界裡，這兩種模式其實相互交纏、密不可分。從我傳遞到你祖母朋友的煮湯指令，可能是從大腦跳到紙張，再到行為，再到另一個腦，再到電腦硬碟，再到另一張紙，再到另一個腦，而這一路上就會製造出許多不同風味的湯。那麼在每個步驟中，哪個是基因型，哪個是表現型呢？我們只把迷因視為存在於大腦的指令，還是寫在紙張上的也算？行為本身算嗎？或只能算是表現型的迷因？倘若行為是表現型，那湯品是什麼？迷因演化之中有太多可能性，因為迷因並未受限於 DNA 的剛性結構之中。迷因是成群傳播的。然而，我們必須回答這些問題，才能判斷迷因演化是否真的是拉馬克式遺傳。我們似乎陷入了僵局。

還好，我們不需要擔心。這些問題都來自於不必要的期待，也就是認為迷因和基因之間要有相近的類比性。我們要記得坎貝爾規則，以及迷因理論的基本原則，也就是基因和迷因都是複製子，除此之外都不同。我們不需要也不能去期待把生物演化的概念全數轉化為迷因演化，否則就會遇到剛剛的問題。

我對拉馬克結論是，其實最好不要問「文化演化是拉馬克式遺傳嗎？」唯有基因和迷因之間有精確嚴格的類比關係，這樣的問題才是合理的，而這兩者之間的類比性卻很難證成。我們最好能把「拉馬克式」一詞局限在有性生殖物種的生物演化的討論中。倘若要討論其他種類的演化，以「指令複製」和「產品複製」這兩種機制來區分會較有幫助。

迷因相關術語

那麼，湯品本身可以怎麼稱呼？討論拉馬克式遺傳的意義，在於讓我們

正視關於專有名詞等真正棘手的問題。前述某些作者避開了這些問題，這我們能理解。而有些作者則著手面對並做出區別，只可惜這樣的區別並未被證成。事實上，迷因理論中的專有名詞可謂一團混亂且有待釐清。我要來討論這三個專有名詞該如何使用：迷因、迷因表現型，以及迷因載子。

首先，哪些算是迷因？在南瓜湯的案例中，迷因是儲存在我大腦中的指令？是湯本身？是我在廚房中的行為？是紙張上的字？還是以上皆是或是以上皆非？我們也許會懷疑湯品本身能否算做迷因，因為不論湯有多美味，你不太容易直接從味道推敲出製作方法——當然專業大廚也許可以，就像音樂家應該聽了曲子就能重新彈奏一般。因此，我們是否需要不同的架構來區分可複製和不可複製的迷因產品？我這是在自找麻煩，因為這目前尚未達成共識，而倘若迷因理論要有進展，就必須對基本原則有所共識。讓我們來看看是否能找到有助於解決問題的定義。

道金斯（1976）一開始並未深入這個問題，只把「迷因」用在行為、腦中的物理性結構，以及以其他方式儲存的迷因資訊上。請記住，他最初的例子是曲調、想法、流行用語、時尚以及製作鍋子或拱門的技術。後來他認為「迷因應該被視為留駐於大腦的資訊單位」（克洛克的 i- 文化，Dawkins 1982, p.109）。這表示，時尚或拱門中的資訊不能算是迷因。但後來他仍然認為迷因「可以從人腦到人腦、從人腦到書本、從書本到人腦、從人腦到電腦、從電腦到電腦來自行傳播」（Dawkins 1986, p.158）。表示這些儲存形式的資訊也都算為迷因，並不是儲存在人腦中的才算數。

丹尼特（1991, 1995）把迷因視為有傳遞出去的想法，不論這些想法是在腦中、書中或在其他物理結構之中。總之，要是經歷了演化演算法的資訊。他指出，每個大腦中的迷因結構都不同，但要是有人做出了行為，某種類型

的指令就會儲存在他們的大腦中；而要是有其他人複製並記住了這個舉動，他們必定也會創造出神經上的某種改變。杜漢（1991）也把迷因視為資訊，不論其儲存形式為何。

相對而言，狄里厄斯（1989）就把迷因描述為「神經記憶網絡中激發及未激發的眾多突觸」（p.45）或是「更動的突觸陣列」（p.54）。林區（1991）把迷因定義為「記憶抽取物」，葛蘭·葛蘭特（Glenn Grant 1990）則在他的迷因辭典中，把迷因定義為影響人類心智的資訊模式。在後面這個定義中，迷因想必無法經由書本或建物來承載，因此必須賦予書本和建物其他角色。這項任務已由進一步的區隔而完成。

當然，區隔的方式通常是與基因類比。一個常見的類比就是使用表現型的概念。克洛克（1975）是第一位這麼做的人，並對兩者的區隔十分清楚。他把 i- 文化定義為人們大腦中的指令，m- 文化定義為人們行為、科技以及社會組織的特徵。他明確地將 i- 文化比擬為基因型，m- 文化則為表現型。一如我們所見，道金斯一開始並未進行這個區隔，但是在《擴展的表現型》一書中，他說：「不幸的是，我與克洛克不同……我對於身為複製子的迷因本身，及其『表現型效應』或『迷因產品』之間，並未做出夠清楚的區隔（Dawkins 1982, p.109）。」於是他繼續將迷因描述為具體成形於大腦中的結構。

丹尼特（1995）也以不同方式談論到迷因及其表現型的影響。迷因是內在的（雖然不會只限於大腦），而它呈現給世界的樣貌（也就是「它影響周遭事物的方式」，p.349）則是表現型。威廉·班松（William Benzon 1996）的看法則幾乎完全反轉，他把鍋子、刀具和書寫文字（克洛克的 m- 文化）比擬為基因，而想法、慾望和情緒（i- 文化）比擬為表現型。加博拉（1997）

把基因型比擬為迷因的心智表徵，表現型則為心智的實現。狄里厄斯（1989）認為迷因存在於大腦中，而行為則是迷因的表現型呈現，但對於所討論的時尚角色則含糊不清。葛蘭特（1990）把「迷因型」定義為迷因真正的資訊內容，而與「社會型」（也就是社會表現）區分開來。他顯然把他對迷因型／社會型的區分建立在表現型／基因型的區分上。

　　即使這些想法有共同之處，卻也不盡相同，而且很難判定孰優孰劣（至少就我而言）。總體而言，我認為這些區隔效用都不大，因為這些詞彙無法鑑別出產品複製和指令複製之間的差異。表現型的概念能夠很容易地應用在一個地方，卻無法同時應用在另一個地方，而且可能還會有其他的傳遞模式。因此，我不會使用迷因表現型的概念，因為我無法給予它清楚明晰的意義。

　　另一個類比是運用載子的概念。道金斯（1982）最開始是在基因選擇的脈絡下引入了複製子以及載子兩種不同概念，以闡明基因是自私的複製子，而不管那些遠大得多的單位（通常是但不必然是整個生物體）是死是活。他把生物描繪為基因的載子，用處在於承載並保護基因。道金斯把載子定義為「小塊到仍足以命名的所有單位，能用以保存和傳播裡面所容納的整群複製子」。（p.114）

　　依照這種概念，丹尼特把迷因視為想法，而攜帶這些想法的實體則是迷因載子。因此，舉例來說，「一輛有輪輻的馬車不僅可以把穀物或貨物從一地載到另一地，也把輪輻馬車的聰明想法從一個心智載運到另一個心智。」（Dennett 1995, p.348、1991, p.204）。圖片、書本、工具和建物，對丹尼特而言都是迷因的載子，而他也直截地將之與基因載子相比。布羅迪（1996）跟其他人一樣追隨丹尼特，以「載子」一詞指稱迷因的實體表現。然而，這

樣的類比是有問題的（Speel 1995）。一輛馬車或許確實會載運著輪輻的想法到處跑，但是這輛馬車是否入駐著整群複製子？一本書或許看來很像這種意義下的載子，但我的南瓜湯並不像，而我不確定兩者之間的分界在哪裡。

我們不能假設一定有載子，然後強迫迷因套入這樣的設定。道金斯說，他創造出「載子」一詞，不是為了頌讚它，而是為了掩埋它。迷因未必要有載子，而在眾多演化類型中也未必有載子。我們不應該問：「這個情況中的載子為何？」而要問：「這個情況中有載子嗎？如果有，原因何在？」（Dawkins, 1994, p.617）因此，我們或許會問，迷因是否真的聚集在一起，以形成「保存和傳播這些複製子的單位」，而如果是的話，這些真正的迷因載子看起來是什麼樣子？宗教、科學理論或政治意識型態等大型的自我保存迷因體，或許會比馬車和食譜等更適合這個類比，但顯然「載子」一詞在此是完全不同的意義。最後，「載子」一詞能以一般常識的意義來使用，也就是人們同時承載著基因和迷因，因此展現出「載子」的行為。

我已經對這些區別進行了漫長而艱辛的思考。我嘗試去分辨何種定義能順利運作，來決定要採用哪套版本。我也嘗試創造出自己的新定義，但後來拋棄。最後，我回到前述迷因理論的最基本原則，也就是基因跟迷因都是複製子，除此之外都不相同。基因和迷因之間的類比，讓許多人迷了路，而且或許還會持續好一段時間。這兩者之間確實可以類比，但只因為兩者都是複製子。超過這個範圍的類比強度都會減弱，表現型或載子不需要確切的迷因等效物，而對偶基因、基因座、有絲分裂和減數分裂等嚴格遺傳學概念的等效物也不需要。在生物演化中，基因會經由生殖細胞系進行自我複製，建造出自己的表現型。但在迷因演化之中，複製的路線會更崎嶇，因為迷因要從人腦跳到紙張、再到電腦、然後再回到人腦。

　　我從以上得到的結論就是：盡量讓事情保持簡單。我會中立地使用「迷因」一詞，來指涉各種形式的迷因資訊，包括想法、讓這些想法得以實現的大腦結構、經由大腦結構製造出來的行為，以及書本、食譜、地圖以及樂譜上的各種版本。只要資訊能經由我們一般所說的「模仿」程序進行複製，就能算是迷因。我使用的「載子」只是一般意義的名詞，意思是承載著某樣東西移動，而且完全不使用「社會型」或「迷因─表現型」之類的詞彙。日後若發現需要動用更多詞彙做出更多區分，我相信會有人主動提出。新增必要的詞彙來區分，比拆除多餘無用的概念容易多了。

　　著手解決這些（當然不是全部）迷因學的問題是一場漫長的奮鬥，但我認為這會使我們獲益匪淺。運用我們目前已經建造好的簡單架構，並時時警戒潛伏的危險，我們便可探索迷因理論的科學能做什麼，像是解釋為何我們人類會有這麼大的腦子。

6.

擴增的腦

人類演化史的轉捩點在於我們互相模仿，一旦模仿力增強，就會發明更多新技能並且傳播開來，而這會回頭創造共多壓力來複製新技能，然後一直循環下去。在數百萬年之內，迷因不但改變了所有人的認知，基因也被迫創造出能傳播迷因的大腦，也就是大容量的腦。

人腦很大。為何這麼大？沒人能給出確切答案。關於人類的「大」腦，解釋其起源的理論有很多，但沒有獲得公認的，因此仍是奧祕。理論學者大多假設大腦一定是天擇演化而來，像是美國神經科學家暨人類學家泰倫斯‧迪肯（Terrence Deacon 1997）就表示：「毫無疑問，大腦結構革命中強大而持久的趨勢反應出天擇的力量。」（p.344）但倘若如此，我們就一定要辨識出參與其中的選擇壓力。那麼，這些壓力是什麼？答案並沒有那麼顯著，而要執行的解釋性任務很大。基本上就是如此。

人腦的起源

今日人腦能處理的內容之多，大幅超越地球上其他物種的能力所及。我們不僅擁有語言，還發明電冰箱、內燃機以及火箭科技。我們會下棋（好吧，不是所有人）、打網球、玩電動，我們會聽音樂、跳舞和唱歌，我們還創造出民主制度、社會安全系統和期貨市場。這些在演化上可能有什麼優勢？更確切來說，大腦創造出這些事物能帶來何種選擇優勢？我們似乎擁有一個「需求過剩、適性需求過剩」的大腦（Cronin 1991, p.355）。

在達爾文時期，這個問題深深困擾著華萊士，即使他獨力發現天擇原理，仍然認為天擇無法解釋人類的高度能力。他推論，原始狩獵—採集者不太可能擁有這般大腦，因此必定有某種超自然力量介入。華萊士支持那些宣稱能與死人靈魂溝通的靈媒，但達爾文卻力抗此道。華萊士相信，人類的智性和靈性天性都超越動物，因此我們與動物是不同種類。即使我們的身體是從先祖動物連續修改發展而成，仍需某些不同的中介來解釋人類的意識、道德和靈性天性、「純粹道德的更高感受」、犧牲小我的勇氣、藝術、數學和哲學。

　　訴諸於神或靈無助於解釋奧祕。就算有，也很少科學家會青睞華萊士的「解方」。無論如何，這套陳舊的論證呈顯出真正的問題，其他生物的能力與人類是無法相提並論的，而這些能力看來顯然並非為了生存而設計。

　　兩者的隔閡是純物理性的（Jerison），現代人類的腦容量大約有 1350cm³（大約是現今同身形猿類的三倍）。通常我們會用「腦化指數」（encephalization quotient）來較量腦容量，這是拿單一動物的腦─身比率來比較整群動物的平均值。任何一群相關動物的腦大小與身體大小的比率，都可得出大約直線的對數關係圖。唯獨人類和關係最親近的物種不符合這種直線的對數關係。我們對其他靈長類動物的腦化指數是 3。人腦對於人的身體來說大太多了。

　　當然，腦化指數不過是粗略的測量，無法呈現出身體對大腦大小不同比率背後的原因。例如，吉娃娃相對於大丹犬就有非常高的腦化指數，但這是因為吉娃娃刻意被育種為小軀體，而不是膨大的腦或卓越的智力。那麼，人類也可能經由選擇而出現小巧的身體而非膨大的大腦嗎？迪肯（1997）就以「吉娃娃的謬誤」來解釋靈長類對其他動物有較高的腦化指數，是由於靈長類身體較小、成長較慢。然而，當你比較人類和其他靈長類，情況就大不相同。人類和其他靈長類的胚胎最初的成長方式都相同，但接著我們的腦生長期較長。人腦的額外生長似乎是選擇來的。我們的高腦化指數首先來自長得較慢的身體，接著來自額外擴增的大腦。

　　那麼，大腦是在演化的哪個時期開始成長的？約五百萬年前，現代人從今日人亞科的演化分支中岔出（Leakey 1994; Wills 1993）。在這之後，我們早期人科動物祖先便出現了各種種類的南方古猿，接著出現各種人屬，包括人屬巧手種（巧人）、人屬巧手種（巧人），以及最後的人屬巧手種（巧人）。

　　知名的骸骨露西就屬於南方古猿，是莫里斯‧塔伊布（Maurice Taieb）
和唐納‧約翰森（Donald Johansen）在衣索比亞挖掘到的阿法南方古猿，以
披頭四的歌曲「露西戴著鑽石在天空」來命名。阿法南方古猿的遺骸，年代
從四百萬年前至不到兩百五十萬年前。露西生存的年代應該是三百多萬年
前，身長不到一公尺，外型如猿，腦容量約 400~500cm^3，比現代黑猩猩沒
大多少。從化石腳印及參照化石骨頭由電腦模擬出的行走，我們能清楚得知
阿法南方古猿必定已能直立行走，但可能還不能跑。因此我們知道，雙足行
走在人科動物的大腦開始極速增長前就發生了。

　　大腦變大或許是在兩百五十萬年前開始，從考古學的角度來說，就是大
約在石器時代初期，從南方古猿轉變成人屬之時。在這時期，全球寒化使得
非洲鬱鬱蔥蔥的森林轉變成林地，接著再轉變成如茵的大草原。為了適應
這樣的新環境，導致古猿發生一些改變成為人屬。第一種人數是人屬巧手
種，又稱「巧人」，因為他們製造出原始的石製工具。南方古猿有可能會
使用手邊的棍子或石頭作為工具，一如今日的猿類，但巧人首度把石頭切
割成特定形狀，製成刀、斧、鏟。他們的腦比南方古猿大得多，腦容量約
600~700cm^3。

　　大約一百八十萬年前，人屬直立種（直立人）首度現身，這是在肯亞的
化石中發現的。直立人身形較高大，腦子也較大，約 800~900cm^3。他們是
首批走出非洲的人科動物，首度學會駕馭並使用火，並在這個世界的某個角
落生存到距今十萬年前。接下來的化石紀錄就更豐富，但是關於現代人類起
源的理論也很多。所謂的古老智人分布極廣，腦容量則來到約 1100cm^3，五
官立體，眉脊清晰，並且分成兩種主要類型。一種是現代智人的先祖，出現
在十二萬年前的非洲；另一種也生存於同一時期，最後消逝於三萬五千年前，

是出現在尼安德塔的尼安德塔人。他們有高聳的眉脊，立體的五官。他們的大腦有可能比我們還大，而且越來越多證據顯示，他們會用火、有文化活動，很可能也有語言。現代人究竟是從人科動物哪條系譜演化而來，以及尼安德塔人究竟發生了什麼事，目前仍未有定論。不過，粒線體 DNA 序列表明，他們並非我們祖先（Krings et al. 1997）；他們是被我們殺光，一如許多其他被我們殺光的物種那樣？還是因為其他原因而滅絕？

實情是，在過去五百萬年來，很多種的人科動物大多生活在同一時期，就像現在也有許多種靈長類存在。但現今，全世界只有一種人，即使之間有頗細微的差異。那其他的人科動物哪裡去了？

這些都是令人著迷的問題，但我們一定要先回到我們的主要論點。最相關的是，腦容量在兩百五十萬年這段相對來說較短的時間內劇增，遠遠拉開了現代人與最後一批南方古猿的距離。在大約十萬年前，所有活的人科動物都有可能是智人，腦容量可能跟我們現在一樣大。

這樣大幅增加在能量方面的代價必定十分高昂。首先，腦要運作就十分耗能。我們常說，腦的重量僅占全身的 2%，但能量消耗卻占了 20%。不過這樣的數據稍有誤導之嫌，因為這指的是身體不動的情況下。當火車鳴笛，你身上的大肌肉拖著你和你的行李在月台上卯盡全力奔跑時，大腦此時所耗費的能量相較而言可說是微乎其微。然而，你的肌肉經常是不動的，大腦則否，即使在睡眠中仍在活動。大腦的耗能程度，大約相當於一顆燈泡。

大腦主要由神經元組成，神經元能沿著軸突傳導脈衝。這些脈衝是去極化的波所組成，當帶電離子的浪潮漫過軸突的膜，脈衝波便會沿著軸突橫掃而過。大腦耗費的能量許多都用來維持這些細胞膜之間的化學差異，如此神經元才能隨時處於準備發射脈衝波的狀態。此外，許多神經元在低頻狀態時

會持續發射脈衝波，如此輸入的訊號便能藉由增加或減少靜息頻率來傳遞訊息。身體的能量預算必須要有龐大的剩餘，才能維持所有的運作。較小的大腦確實能省下許多能量，但演化也不會無端浪費能量。平克（1994, p.363）說：「為什麼演化會單單選擇增加大腦這種代謝量龐大的球狀器官？……針對腦容量的選擇，一定會偏好針頭大小的。」

其次，大腦的建造十分費能。神經元會因為帶脂的髓鞘包圍而遭到隔絕，如此增加脈衝波行進速度。髓鞘化發生於胎兒發育時期及童年早期，並且會用盡嬰孩的成長資源。直立人開始比南方古猿攝取更多肉類（並且製造出切割肉類的工具），可能為的是提供不斷索求的貪婪的大腦。

大腦也是會帶來危險的器官。增大的腦部是已有雙足動物之後才出現的，這有可能只是巧合，但也意味著我們在生產頭部變大的嬰孩時，會讓自己處於不利的境地。人類做出了各種適應，才可能擁有如此大的腦。例如，相較於大多數其他動物來說，人類嬰孩都過早產下。這些嬰孩既無助又毫無抵禦能力，頭骨還是軟的，要再過一陣子才會變硬。人類嬰孩的腦容量剛出生時大約 385cm^3，數年內便會增加到三倍以上。即使做了這麼多改變來適應，現代人類的生產過程仍是充滿艱辛。許多嬰孩和母親死於嬰孩頭骨過大而無法順產。這些事實在在表明，更大的大腦具有強大且一致的選擇壓力在運作，只是我們不知道是什麼。

目前為止，我們所談論腦容量增加一事，彷彿大腦就是單純增大，但實情複雜得多。一般而言，較高等的脊椎動物，大腦皮質會比其他動物更多；至於原本控制呼吸、進食、睡眠週期以及情緒反應的腦，則跟其他動物差不多。然而，最有趣之處在於，去比較真正的人腦以及同尺寸猿類應有的腦容量——即使我們是高度倚賴視覺的動物，我們的視覺皮質（在腦的最後方）

卻較小，而在最前方的前額葉皮質則最為膨大。這樣的差異很可能是因為我們的眼睛是一般大小，而任何猿類在處理複雜的視覺資訊時所需的皮質數量則相對恆定。相對而言，前額葉皮質並不會直接處理感知的訊息，而是經由神經元接收其他部分的腦所傳遞的訊息。

前額葉皮質本身就是個謎。我們無法明確回答「前額葉的工作是什麼」，這令人格外感到沮喪，因為如果可以知道這部分大腦精確的工作內容，或許就能更瞭解造成大腦擴增的選擇壓力。然而，我們並不知道。前額葉皮質遭受巨大傷害的人，仍然可以驚人地維持良好的生活運作，1848 年的知名案例費尼斯・蓋吉（Phineas Gage）就是如此。他是建造鐵路工程的領班，爆炸噴飛出來的鐵條直直貫穿他的前額葉。他的性格自此大變，他的生活以及維持這份工作的能力也遭到摧毀，但他仍然能夠行走、交談，並維持某種程度的正常表現。同樣情況也發生在前額葉切除術的受害者身上，這是破壞前額葉皮質的殘忍手術，一度用來控制嚴重的精神疾病患者。他們再也無法「做自己」，然而考慮到這種恐怖的「治療」對大腦損傷的程度之大，患者能獲得的改善其實很少。對於前額葉的功能有許多理論，但沒有一個達到共識。我們無法找出為何我們的大腦因為增大最多的那部分所具有的功能而演化。

除了前額葉大幅增加，大腦也以其他方式重組。例如，人腦中有兩個主要的皮質區對語言功能至關重要，布羅卡區主責說話，維尼克區主責語言理解。有趣的是，這兩個區域分別從運動皮質和聽覺皮質演化而來，由其他動物製造出來的聲響，包括咕噥聲、喊叫到鳥鳴大多都是中腦製造而出，而該區域鄰近控制情緒反應和一般喚起程度的腦區。人類的某些聲響，像是喊叫和大笑，都是由中腦所製造，但說話是由皮質所控制。大多數人的主要語言區使用左半腦控制，因此人腦的左右兩半並不相同。我們大多數人都是慣用

右手者，表示是由左半腦所控制。有些猿類會表現出慣用手，但大多數則無，而其他靈長類的腦也完全沒有像人類這種不對稱的結構。顯然，我們的大腦不只是尺寸變大，還有其他方面的改變。

我已經簡要描述所有需要解釋的部分，也就是在這兩百五十萬年來，人科動物的大腦穩定增大，這個過程要付出顯著代價，而且必然由強大的選擇壓力所驅動。只是我們不知道這個壓力是什麼。

大腦理論

大腦理論之多，如百花齊放。最早的大腦理論認為，製作工具以及技術上的進展，驅使人類需要更大的腦。根據這類理論，選擇壓力來自於物理環境以及其他動物。人需要智取其獵物，因此需要用到腦。工具提供顯著的優勢，而較大的腦能製造更好的工具。這類理論的問題是，大腦增加的幅度似乎與努力的規模不成比例。由於大腦十分耗能，因此只要比獵物稍微聰明一點而捕捉到獵物，就擁有了優勢。以人類標準來看，許多駄獸（例如馬）的腦都很小，卻能進行極有效的狩獵。看來直立人確實是為了供應日漸增大的腦才開始攝取更多肉類，而不是因為吃了更多肉，腦部才變大的。腦部擴增必定另有驅力。

早先的人科動物經由覓食來獲取食物，或許因此需要較大的腦來汲取較難獲得的食物，或是需要空間能力和認知地圖，在不連續且難預料的環境中尋找食物。然而，只擁有小腦袋的動物在大量分散的地點儲存並找尋食物，而松鼠、陰溝裡的老鼠等許多動物，仍能製作出大片區域的認知地圖。擁有如此優良空間技巧的物種，確實展現出大腦結構的差異，但牠們的腦容量並

沒有特別大。此外，關於腦容量大小和覓食範圍的預測，並未支持這樣的理論（Barton and Dunbar 1997; Harvey and Krebs 1990）。

其他理論強調的是社會環境。劍橋心理學家尼可拉斯・漢弗萊（Nicholas Humphrey 1986）認為，早期人科動物開始運用他們的心智來預測其他動物的行為，這是超越他們祖先的重要一步。舉例來說，如果你想知道，要是你意圖跟雄性大猩猩的美麗伴侶交配，這隻巨大的動物會不會攻擊你，你就應該假想一下，要是你會怎麼做。這種內觀是漢弗萊所稱「心理人」的起源，也是人類能夠瞭解到其他動物心智的起源，最後更是自我意識的起源。

意識本身是我們高度推崇的東西，並被認為是人類獨有的，但意識是否提供任何選擇性的優勢，則是激烈辯論的問題（如 Blackmore and Greenfield 1987; Chalmers 1996; Dennett 1991）。有些人認為，除非意識有功能，否則是不會演化的；還有人則認為，意識並不是那種能具備功能的東西。例如，倘若意識是注意力或語言或智力的附屬現象，那麼選擇優勢就會是為了成就這些能力，而非為了意識本身。更激進來說，有人相信意識不過是幻覺，也就是說意識的整體概念最終都可被丟棄，一如「生命原力」這種概念，在我們瞭解生命的運作機制後就被丟棄了。顯然，意識無助於我們解釋大腦，你不能用一個奧祕來解決另一個奧祕。

有個極具影響力的社會理論版本是「馬基維利智力」假說（Byrne and Whiten 1988; Whiten and Byrne 1997）。社交及感情連結不僅錯綜複雜，而且還持續變化，因此需要快速的平行處理程序（Barton and Dunbar 1997）。尼可洛・馬基維利（Niccolo Machiavelli, 1469~1527）是 16 世紀義大利王子的謀臣，也有類似看法。他認為社交生活關乎的不外是智取他人、謀劃和算計，不斷地與他人結盟再斷交。這些需要耗費大量腦力，去記憶誰是誰、誰

對誰做了什麼事，構思出越發狡猾的詭計，再把自己狡猾的詭計拿來對敵人虛張聲勢一番，造就出一場越演越烈的軍備競賽。

「軍備競賽」在生物學中十分常見，獵食者會演化，越跑越快，以獵捕跑得更快的獵物；寄生蟲會演化，以擊敗宿主的免疫系統。這種會越演越烈、自我催化的過程，涉及的概念絕對符合克里斯多福・威爾斯（Christopher Wills）所謂的「失控的大腦」，而這個想法在語言演化到腦容量相關的理論之中十分常見。這把大腦的社交功能再往前推展一步，不過這部分我會留待下一章來處理。一般而言，智力演化的社交理論在過去十年來十分成功，他們把平衡從男性掌控的技術性解釋，轉移到對複雜社交生活的欣賞。這個主題的研究方興未艾，但問題還很多。怎麼說呢？例如，社交技巧的大幅進展是否來自某種壓力？這意味著物種內部的競爭，但為何這條昂貴的道路只有我們這個物種在使用？我也想知道，我們能夠算數學、寫程式、畫圖或建造大教堂的特有能力，跟社交技巧究竟有多大關係？許多人認為，社交理論是我們目前的最佳理論，但腦容量的問題仍然懸而未決。沒有人確切知道，我們是如何獲得這顆大腦袋的？又為什麼能獲得？

迷因驅動腦容量增加嗎？

簡而言之，我要提出全新的迷因學理論。人類演化史的轉捩點在於我們開始互相模仿。自此之後，第二種複製子，也就是迷因，加入了賽局。迷因改變了環境，基因在這環境中被選擇，而環境改變的方向則由迷因選擇的結果所決定。因此導致腦容量大幅增加的選擇壓力，是由迷因起始並驅動的。

我要以兩種方式來探討這個新理論。首先，是經由比較推論的方式再次

審視我們的起源，接著更細緻地檢驗迷因驅動的過程。

　　轉捩點出現在早期人科動物開始彼此模仿之時。模仿本身的源頭早就遺失在我們遙遠的過去，但是模仿的天擇基因優勢並非奧祕。模仿或許不容易，但如果你擁有這項能力，確實就擁有「好招數」。比如說，你的鄰人習得某種真正有用的知識，像是哪些食物可吃，哪些要避開，或是知道如何剖開多刺的松果，你若想靠自己取得這些知識，可能要付出代價（生物學意義上的代價），所以你最好省去親嚐百物這個漫長且具潛在危險的過程。但這只在環境變化不快的情況下才值得如此做，這是可用數學建模的因素。瑞奇森和博伊（1992）證實了在何種條件下，天擇會青睞於倚賴社會學習（包括模仿）而非個人學習。經濟學家設計了最佳化者（承擔決策成本的人）與模仿者（免除成本但做出較差決定的人）共存的模型，並且研究倘若大多數人都互相模仿，會為流行與時尚帶來何種結果（Bikhchandani et al. 1992; Conlisk 1980）。確實，自查爾斯・麥凱（Charles Mackay 1841）譴責「南海泡沫事件」[1] 以及荷蘭 17 世紀的「鬱金香狂熱」等「非凡的普遍幻覺」根本為「大眾一窩蜂地模仿」之後，時尚與流行便與模仿就脫不了關係。

　　但是一般性的模仿為何只演化了這一次？我們從前述其他動物的研究瞭解到，社會學習在動物王國之中很常見到，但真正的模仿卻很罕見。為何模仿會發生在早期的人科動物身上，卻未發生在其他動物身上？

　　我認為，模仿需要三項技能：決定要模仿什麼、經過複雜程序從某種觀點轉換成另一種觀點，以及做出相應的肢體動作。這些基本技能（至少是初

1　英國在 1720 年發生的經濟泡沫事件。專營英國和南美洲貿易的南海公司，誇大業務前景、賄賂政府，以股票換取國債，使得股價在短時間內暴起暴落。在政治上帶來的影響就是政府誠信破產，政權易手。

階技能）許多靈長類動物都會，也許我們五百萬年前的祖先也會。靈長類善於控制運動和手部協調，平均智商也高，因此能對各種動作進行分類，並決定模仿的對象。他們有些可以運用心智對事件進行想像和操縱，即前面所說的使用洞察力來解決問題，像是使用棍子或堆疊箱子來取得食物。此外，他們還擁有馬基維利智力，以及心智理論的起始條件。進階的社會技能（或是馬基維利智力）及模仿之間的連結為必備條件。要耽溺於欺瞞、假裝和社會操縱，就必須能設身處地以他人的觀點來設想，必須去想像另一種情況會是什麼結果。這正是你模仿他人時所需的技能。不論是哪一種情況，你一定有辦法把在其他人身上所見到的轉換成你自己的動作，以達成同樣目的，反之亦然。最後，我們的祖先還使用了互惠的利他主義（也就是幫助他人，他人之後也會幫助你）。我們之後會看到（第 12 章）互惠的最常見的策略，就是複製他人的行為。只要事先具備了所有這些技能，模仿對演化來說就不會是難以企及的大跳躍。

我認為，這些被挑選出來的社交技能，對人類腦容量擴增有直接影響，且實際上也是獲致模仿能力的前置步驟。一旦人類的祖先跨越了門檻、進入真實的模仿，第二個複製子就會在不知不覺中開始運作。迷因的壓力要到此時才會對增加腦容量產生作用。

何時是轉捩點？模仿的第一個顯著徵兆，是兩百五十萬年前巧人製造的石器。現代人並不是生來就會製作石器，而經由實驗探索過去石器的製造方式後發現，製作石器是一門精細技藝，不是經由試誤法就能輕易習得。幾乎可以確定的是，早先人類製作石器的技術是透過模仿傳開的。這種情況在稍後的考古紀錄中都大幅增加了。工具、鍋盆、首飾等文化製品的樣式，會在不同時期擴散到不同文化之中。

　　模仿有可能起始於更早些時候。也許人們開始模仿各種方法，來製作籃子、木製刮片或木刀、嬰兒背帶，或其他與石器完全不同的好用人造器物。因此，讓我們想像有個非常早期的巧人文化，他們使用石器來切割獸皮或削尖木頭，並發明並複製了其他的簡單人造器物。

　　一旦新技能開始傳播，能夠獲取新技能就變得越發重要。要如何獲取？當然就是藉由模仿。因此，成為好的模仿者也越來越重要。不僅如此，模仿正確的對象和事項也很重要。要做出正確決定，就要有簡單的教戰守則（或是經驗法則）能運用。其中一個可能是「模仿最成功的人」，但現在迷因也出現了，因為這並不意味著你模仿的對象，是那些擁有最多食物或是最強壯肌肉的人，而是擁有最強大工具、最明亮布料或是最新穎技能的人。總而言之，就是「模仿最佳的模仿者」。最後的結果就是：被認為最好的，傳播得最快。

　　另一個重要的決定，就是要與誰成為配偶，答案依舊是最佳模仿者。獲取更佳模仿的壓力，創造出更多精熟於傳播迷因的人──不論這些迷因是製造工具、儀式、布料或任何東西的方法。一旦模仿力增強，就會發明更多新技能並且傳播開來，而這會回頭創造出更多壓力來複製新技能，然後一直循環下去。在數百萬年之內，迷因不僅改變了所有人的認知，基因也被迫創造出能傳播迷因的大腦，也就是大容量的腦。

　　這就是整件事的梗概，但我現在想要一步步檢視，更仔細查看牽涉其中的機制。

　　第一步我們或許會稱之為「模仿的選擇」。為了呼應達爾文的原始論點，讓我們假設人類模仿的能力發生了一些基因變異。有些人能夠快速習得製作石器的新技術，有些人卻不行。誰會做得比較好？當然就是較好的模仿者。

倘若石器有助於食物加工，那麼較好的工具製造者及他們的孩子，就能吃得較好。目前為止，同樣的論點也可以應用在擁有強壯雙手來製造工具的人，但差別在於：模仿是一般技能。優秀的模仿者也能跟著製造出好的木製刮片、籃子，或是編出美麗的辮子，或是為果實搬運成堆的葉子，或是製造保暖的衣服，或是任何有助於生存而且還會被其他人偷走的技能。優良模仿者的基因會開始散播到基因庫之中。現在，讓某些基因被選擇而出的環境開始改變，此時如果你完全沒有模仿能力，你還有你的後代就會處於數千年之前不會有的劣勢。新的選擇壓力就從這一步開始。

下一步或可稱為「模仿模仿者的選擇」。那要模仿的對象為何？當然是好的模仿者。想像有個女性，她能夠複製最新的特殊技能，能摘到原本無法摘到的水果，或是把這些水果帶回家；或是有個男性，他專精於模仿最優良的工具製造者。倘若你是較差的模仿者，你仍會付出心力去複模仿最佳模仿者。他們會獲得最有用的技能，而你現在需要這些技能。在過去這一千年來，你並不需要這些技能，但現在這些技能已經發明出來了，因此你可能會比那些擁有這些技能的人不具生存優勢，更容易受傷受凍。現在，既然已經有人發明出攜帶用的籃子，若你不自製一個，你能拿到的好水果就會比別人少。因此，基因庫中模仿最佳模仿者的基因也會隨之增加。

要留意這是個不斷晉級的過程。公的知更鳥能否占據更大的地盤乃命中注定，要看誰唱歌唱得好聽，而知更鳥歌聲的精彩程度也有受到基因限制。但男性直立人卻有可能藉由穿著更引人注目的衣服、升起更旺的火堆來烹煮肉類（或是用火來阻嚇還不會用火的人類）、獲取更鋒利的工具等等，來獲得能力和影響力，並遭其他人模仿。這樣上升的過程或發展方向，理論上並沒有極限。基因的選擇壓力有可能會受到剛好擴散出去的迷因之影響。當迷

因建構於迷因之上時會開始演變——出現新工具；製作出新衣服；發明出做事的新方法。當這些迷因傳播出去，能夠獲得當前最重要迷因的人，就成了最成功的人。能夠複製最佳迷因的基因，以及能夠複製擁有最佳迷因者的基因，就會比其他基因更成功。

　　但哪些是最佳的迷因？「最佳」意味著至少一開始是「對基因最好的」。複製與生存休戚相關迷因的人，會比複製跟生存無關迷因的人表現更佳。但是究竟是哪些迷因才跟生存有關？則未必那麼明顯。這些基因會以對其有利的方式來設定我們的偏好。因此，我們會喜愛冰涼的飲料、喜歡甜食、享受性愛，諸如此類。我們覺得這些東西對我們「最好」，是因為這些東西對於我們祖先的基因最好。但迷因的改變會比人類基因還要快速，因此基因無法有效地追蹤。整個系統能做到的最佳狀態也許就是繼續發展教戰守則，像是「複製最明顯的迷因」，或是「複製最受歡迎的迷因」，或是「複製跟食物、性愛和打贏戰爭相關的迷因」。我們稍後會來看現代社會中這類教戰守則的效果。在古代人科動物的社會中，這類教戰守則一開始有助於個體存活並散播基因，但接下來會逐漸讓迷因勝過基因。任何看起來受歡迎、引人垂涎或非常突出的迷因，都會在迷因庫中散播，進而改變對基因的選擇壓力。

　　第三步可稱為「與模仿者成為配偶的選擇」。在我們想像中的社會中，你為了爭取跟最佳模仿者成為配偶要付出代價。如果你跟最佳模仿者配成一對，你的後代就更有可能成為好的模仿者，也因此能獲得在這新興文化中變得重要的事物。正是這樣的關聯驅動了這個過程：先是戮力效仿最佳模仿者，因為他們擁有最有用的技能；再來就是戮力與他們配對，如此你的孩子也能擁有這些技能。但是對於要模仿什麼樣的教戰守則，卻僅是急就章的粗陋指引，迷因則在此時發展出超越僅僅關注於生存的技能。舉例來說，一旦出現

唱歌的迷因，最佳模仿者就會開始唱出最美妙的樂音，此時唱歌就會被視為最重要的，而仿效唱歌就會具有生存價值。在這種情況下，當下特定的迷因本質會決定哪種基因更能獲得成功。迷因開始成為推動基因的手。

　　還有第四步，也就是最後一步，這可能會再次加速這個過程，只不過無需多做解釋。我們可稱之為「模仿的性擇」。性擇首度由達爾文所提出，之後更受到廣泛討論。就算有所爭議，性擇仍是生物學中一個容易辨識的過程（參見 Fisher 1930 以及 Cronin 1991 的評論）。有個特別有趣的例子跟失控的性擇有關，那就是公孔雀絢麗的尾巴，其中的結構精巧無比卻毫無用處，是一代代母孔雀以絢麗尾巴來擇偶導致的結果。性擇過程一旦展開，就會為公孔雀招致龐大的代價，但這個過程是有用的——因為母孔雀選擇與擁有美麗尾巴的公孔雀配對，生下的二代子孔雀也會有美麗的尾巴，而吸引到條件跟一代母孔雀不相上下的配偶。因此，一代母孔雀會擁有更多三代孫孔雀。之所以是由母孔雀做選擇，是因為兩性在教養上的投資不平衡。公鳥基本上能擁有很多子代，母鳥卻受限於每年只能產下幾顆蛋，甚至在人類案例中，女性一生只能生養幾個孩子。因此女性無法大幅增加子代的數量。然而，她們卻可以藉由擇偶，來增加未來後代的數量。選擇性感的配偶，可以讓她們擁有「性感的子代」，進而擁有更多的後代。由於許多女性都想追求同一個男性，導致這過程的走勢迅速攀升，最後付出十分龐大的代價。

　　擴增的大腦看來就像是失控的現象，而我也不是第一個提出腦容量增加在性擇上角色的人。但先前的理論都未解釋為何性擇會選擇比較大的腦（如 Deacon 1997; Miller 1993）。我的答案則指出，這直接來自迷因的力量。

　　迷因使用性擇的方式十分特殊。只要被認為是「酷」的，就會隨著迷因的改變而快速改變，而這比基因能製造出更長的尾巴或是能築出更美的巢這

種天生能力，應變的速度更快。如果你依從「與擁有最多迷因的男人成為配偶」這樣的教戰守則，你很快就會發現自己與髮型最帥或是唱歌最好聽（以及模仿力最強）的人在一起。如果另一個女性也開始尋找最會唱歌的男性來作配偶，那麼妳就會因為擁有很快就能跟著哼出曲調的子代而具優勢。或是倘若有女性（不論基於何種理由）開始找尋會跳儀式性狩獵舞蹈的人來作配偶，那麼妳也會因為擁有能仿效舞蹈的子代而具優勢。現在，基因承受的選擇壓力，在迷因改變的後續影響中也跟著改變了。性擇的過程就與生物演化的例子一模一樣，只不過所選擇的事物能以迷因演化的速度來傳播。迷因驅動的性擇會讓女性傾向與這樣的男性成為配偶：不僅擅長一般的模仿，更擅長於模仿任何時下恰巧最受歡迎的迷因。在這種情況下，迷因就會帶著基因前進。基因的皮帶反轉了，狗成了主人。

　　不過，請注意，性擇並非腦容量迷因理論的必要因素，而其角色在未來必定是個實證問題。單是前三種過程，就能產生失控的腦容量增長所須的選擇壓力——只要再多加一個小假設，那就是：要精於模仿，需要一個大的腦。有趣的是，模仿一直不曾受到足夠的關注，幾乎沒有相關的資訊來支撐。然而，這個理論認為，我們更大的腦之首要任務，是進行一般的模仿，再來則是模仿曾經有助於我們這物種繁衍的迷因之特殊能力。

　　這個理論可以測試嗎？這就跟許多生物學理論一樣，很難設計出特殊的實驗測試。不過，這個理論仍可進行某些預測。舉例來說，在相關的任一物種中，我會預測模仿能力與腦容量呈正相關。也就是說，最佳模仿者會擁有最大的腦。由於其他動物中很少出現模仿行為，能使用的數據不多，因此要得出適當的腦化指數也有困難。但這項研究應該要能應用在各種鳥類和鯨豚類的族群中。

　　這個理論若應用在人類身上，應該去比較表現出同樣行動的兩個人，只是其中一人是發起者，另一人是模仿者。可使用各種測試來確認因模仿而創造出多少的額外需求。例如，認知研究應該可顯示出模仿需要大量程序，為此我們已發展出專門的機制。至於大腦掃描研究，則能顯示出模仿需要大量能量，而出現額外活動的部位主要是較新演化出來的腦區，也就是讓人類有別於其他物種的部分。倘若我們發現特定神經元專事模仿某些基本任務，像是把觀察到的面部表情或動作連結到某些神經元，我也不會覺得訝異。但要猜測該去觀察去哪些部分，得先知道更多模仿的相關知識。

　　倘若預測結果是正確的，他們就能確認模仿確實是項要求極高的任務，而這得要有顆很大的腦才能達成。我會進一步預測，語言和思想的許多面向，其實應該要理解成我們大腦想要去模仿世界某個面向的副產品。不過，還是要等到更多關於模仿的研究出爐之後，我才能做出如此的推測和主張——如果擅於模仿的能力需要較大的腦，那麼上述過程便能加以解釋。這些研究包括：模仿的選擇、模仿最佳模仿者的選擇、與最佳模仿者成為配偶的選擇，以及（很可能）迷因的性擇。一旦早期人科動物達成了模仿，第二種複製子便應運而生，而這些過程也會開始促使腦容量的增加。巨大的人腦由迷因創生。

7.

語言的來源

一個人每天平均耗費多少時間和能量在說話？答案一定是好幾個小時。人類典型的娛樂方式是坐著用餐或是喝個幾杯，然後跟很多人說話。然而，說話如此耗費能量，我們為什麼要說話？而語言是如何演化的，又為何要演化。

為何我們這麼愛說話？

　　這或許沒讓你感到困擾，但是當我思考這個問題時，卻覺得越想越有趣。一個人每天平均耗費多少時間和能量在說話？我不確定有沒有人測量過，但答案一定是好幾個小時。人類典型的娛樂方式是坐著用餐或是喝個幾杯，然後跟很多人說話。說什麼？嗯，聊聊足球、性愛或是誰跟誰怎麼樣了，或是他跟她說了什麼、她又跟他說了什麼，或是工作上最近遭遇的問題，或是政府最新提出的健康照護方案有何不公，等等之類的。根據某些估計，人們大約三分之二的對話都是用在社交（Dunbar 1996）。一群人坐著靜默不語的情況十分罕見。

　　還有工作。某些工作是可以不必開口的，但大部分不是。在商店和辦公室裡，在公車、火車和餐廳裡，人們都會說話。但如果他們不說話，通常也會開著收音機，讓聲音和音樂流瀉出來。還有其他會使用到語言的溝通形式：送到家門口的書信和報章雜誌，湧入家門的電話、傳真、電子郵件。這耗費驚人的時間和能量，究竟是為了什麼？

　　這其中至少牽涉到三個問題。第一是，我們為什麼要說話？也就是說，為何人類最初會需要語言？第二是，我們如何習得語言？人腦是如何形成目前這樣的構造？第三是，人類在習得語言之後為何要如此大量使用語言？我要先處理第三個問題，部分原因是這比較簡單，其他原因則是答案有助於我們討論更具爭議性的問題，也就是語言是如何演化的，又為何要演化。

為何我們這麼愛說話？

　　一直說話一定會耗費能量，而且會耗掉非常多的能量。思考會用掉一些

能量，但說話耗費得更多。腦區不僅在說話時會變得活躍，聆聽和理解說話的內容時也會。倘若你生過重病，你就會知道說話是一件多麼費力的事。你躺在病床上或許還能想事情，但是當護理師來到床前，你可能連一聲虛弱的「謝謝你」都說不出來。但幾天之後，你卻能笑談醫院伙食的品質，或是開心問道何時能出院，臉上還同時掛著笑容，滔滔不絕地開懷暢談。

或許你還是個音響控。倘若如此，你應該會知道驅動一對大喇叭需要多少能量，以及要播放出大聲量、高品質聲音的音響系統有多貴。或者，倘若你喜好的是低科技，你或許有個發條收音機。在這種情況下，你還能透過你的手臂，感受到這個收音機要發出聲音得用掉多少能量，以及把聲量轉小時，發條可以少轉多少圈。

需大量使用能量，呈現出一個難題。生物得歷經千辛萬苦才能贏得消耗所需的所有能量，而有效率的能源使用則是生存的關鍵因素。如果你能使用的能量比鄰人少，你就有可能過得更艱困：你會更難找到稀有食物，更難贏得最好的配偶，也更難傳遞你的基因。那麼，為何演化會產生這種只要有機會就講個不停的生物？

我腦中冒出好幾個答案。首先，可能在生物學上有個完備的解釋，或許說話提供了某種我忽略的重要功能，像是強化社交連結或是交換有用資訊。稍後我會討論這類理論。

其次，社會生物學家可能會認為，隨著語言的演化，文化也會暫時失控；而話語中的文化特徵則伸長了皮帶，掌控大局。然而，倘若說話真的會浪費珍貴能量，那麼帶有最會說話的基因的人就會過得較差，此時基因就會重掌大局。

第三，演化心理學家可能認為，說話一度對我們祖先有利，因此我們承

襲了這種情況直到如今，即便現在說話對我們的基因不再有利。依照這個觀點，我們應該要能找出說這麼多話在早期狩獵—採集生活中發揮了什麼功能。

上述想法都有個共同點，就是傾向用基因優勢來解釋。迷因理論提供了完全不同的方法。我們問的不是說話對基因提供了哪些優勢，而是對迷因提供了哪些優勢。現在答案很明顯。說話會傳播迷因。換句話說，我們之所以講這麼多話，並不是對基因有利，而是對迷因有利。

有幾種方式能瞭解迷因如何施加壓力、使我們不斷說話，我會更深入討論其中三種。

首先，既然說話是傳播迷因的有效方式，能讓自己說話的迷因將會（一般來說）比不能說話的迷因更常被複製。因此，這種迷因會在迷因庫中擴散，最後我們就變得很多話。

這個論點與先前我對於人類的思緒為何停不下來的解釋十分類似，也就是迷因「雜草理論」的另一案例（p.41）：靜默像是一畝除過草的美麗田地，等著你去種植喜愛的植物，但這種狀態無法維持很久。靜默的人是待機狀態的影印機，等待著被使用。你的腦中塞滿了許多亟待分享的想法、記憶和思緒，以及有待付諸實現的行動。社交世界充滿了被創造、被擴散以及爭奪你青睞並再次傳遞出去的迷因，只是你不太可能把它們全都說出。要掌控你聲音的競爭很激烈，就跟花園裡爭相冒出的植物一樣激烈。保持靜默就跟除草一樣辛苦。

因此，哪些迷因能在爭奪你聲音的競賽中獲勝？我們可以再問一次這個問題：**想像一個充滿腦的世界，以及數量遠多於宿主的迷因。哪些迷因比較有可能找到安穩的居所，得以再次傳遞出去？**

某些迷因特別容易被說出來，幾乎可說是迫使宿主傳遞下去，這些迷因

包括羶腥醜聞、可怕的新聞、各種撫慰人心的想法，或是有用的指引。某些迷因具備生物學和心理學上「快把我散播出去」的效用，或許碰觸到了人們對性愛、社交凝聚、興奮或避凶的需求。也許人們會傳播這些迷因，是為了順應群眾、為了更受歡迎、為了享受其他人的驚奇反應或笑聲。也許其中的資訊對其他人真正有用。我們可以確實去研究這些理由（心理學家也確實這麼做了），但就迷因的論點，我在此要提出的看法是，原因究竟為何並不重要；重要的是有些事情比較無聊，你比較不會想傳播出去，像是鄰居玫瑰花叢的健康狀況，就比鄰居躲在這些花叢後面做了哪些事情的八卦無趣多了。「跟著我說」的迷因會比其他迷因散播得還快，許多人也因此照做，原因就在這裡。

1997 年黛安娜王妃之死，在首度公布之後數分鐘內，便以光速傳遍全世界。全世界人們全都迫不及待地告訴還不知道的人。我也是。我打開收音機，聽的不是氣象預報，而是不斷放送的頭條消息，並且把其他家人都叫過來聽。接著，我覺得自己大呼小叫的舉動有點愚蠢，畢竟這件事我自認通常不會有興趣。但是黛安娜之死正是這種新聞。它傳播起來有如感染力極強的病毒，而不出數週，王妃的聲譽已如聖人般崇高，追隨者眾且狂熱不已（Marsden 1997）。而不出數月，她的紀念基金會已湧入數百萬英鎊，王妃肖像的銷售收入也達數百萬英鎊。很少有迷因能有這種力道，但原則其實很普通。某些種類的新聞散播得特別迅速，人們在聽到之後會想再傳遞下去。結果就是，大家越來越多話。

這不表示人不可能靜默，只是情況很稀少，需要以特殊規定來強壓迷因講個不停的自然傾向才行。這些規定隨處可見，在圖書館、學校、演講廳、電影院，甚至特定的火車車廂裡都有。而我們也見到，即便人們已經非常努

力，仍然會違反這些規定。要遵守不言不語的約束很難，在宗教退修會中，即便只有短短數日的時間，初級者最難守住的規定就是靜默。遵從靜默的迷因簡直違背天性。

這就帶來了第二條進路：查看和說話相關的規定或社交作法。我們還是要來比較兩種迷因。假設有許多鼓勵人們說很多話的指令，這種指令有多種形式，像是人們在一起時不講話會讓氣氛尷尬，或是應對要得體、聊天時要逗人開心等等規定。現在，假設還有其他讓人保持靜默的迷因，像是認為閒聊是無意義之事、肅靜的禮節，或是安靜具有靈性上的價值等等。那麼，哪種迷因的效果會比較好呢？我認為是第一種。擁有這些迷因的人會說更多話，因此他們的話會被更多人聽到，並有更多機會被其他人所採納。

如果這個結論仍然無法說服你，你還可以這樣想：想像有一百個人被教導要有某種行為，像是「你應該盡力與人進行禮貌性的交談」，另一百人則被教導「當你必須交談時再交談，這樣才符合禮貌」。第二群人會保持安靜。倘若會交談的人遇到會交談的人，他們彼此就會交談；倘若安靜的人遇到安靜的人，他們就不會交談。其中最有趣的組合，是當會交談的人遇到安靜的人，或許沒有人會改變他們的想法，讓他們丟棄舊迷因、採取新迷因，但若發生了這種情況，不平衡的情況就會十分明顯。會交談的人會開始講話，而這直接或間接地意味著禮貌性的交談是必須的、有趣的或者有用的。安靜類型的情況有可能會轉變，但相反的情況極不可能發生。安靜型的人有可能偶爾會說出「我想大家都安靜一下比較好」，或是「你怎麼不閉上嘴巴」之類的話，但基本上不會多說什麼，而基於這個理由，單獨的迷因不會帶來轉變。這種明確情況的單獨迷因也許不多，但仍有一些顯著例子，像是英國電信的標語「聊天真好」以及諺語「沉默是金」。迷因理論應有助於我們瞭解，為

何一般而言聊天的迷因必須傳播出去，更能解釋某些特定環境如何促使較少的保持靜默規定成功生存下來。

要觀察聊天壓力的迷因，最後一個方法就是思考迷因群體或迷因體，以及會滋養並傳播這些迷因體的那一類人。在喜好聊天群體中繁衍出（並進而強化這些健談者聊天習性）的迷因，會與安靜型群體繁衍出的迷因不同。健談型的人會講更多話，因此讓這種迷因更有機會傳播出去。另一位健談的人聽到這些想法，很快就會接受並再次傳遞出去。安靜型的人話不多，因此跟安靜型的人相容的迷因就更少有機會傳遞出去。當然，健談的人有可能極度惱人，而安靜的人深深令人著迷，但這不會改變基本的不平衡。必然的結果就是：聊天說話的迷因或是能與聊天說話迷因融洽共存的迷因，將會在迷因庫中傳播開來，並取代保持靜默的迷因。

這幾種迷因論點都圖謀著同樣效果。如果這些論點正確，表示迷因庫會逐漸塞滿鼓勵聊天說話的迷因。我們都遇過這些迷因，而這就是為何我們這麼愛說話。我們都受到迷因的驅動而說話。

迷因理論因此為這問題提供了非常簡單的答案：為何我們這麼愛說話？說話不是為我們的好處，也不是為了讓我們開心（雖然有時候你可能會滿開心的），也不是為我們基因的好處。這只是我們大腦能夠模仿說話而產生的必然結果。

這讓我們直接回到另外兩個主要問題：我們最初是如何開始說話的？又為什麼要說話？

語言的演化

　　早在 1866 年巴黎語言學禁止關於語言來源問題的推想，這問題便充滿了爭議。動物溝通和人類語言之間巨大的鴻溝亟須解釋，但由於缺乏古生物學的證據，當時的推想可說是天馬行空：人類的字詞模仿自動物或自然界的聲響，或是源自身體出力或厭惡時自然發出的聲響。這些理論都冠上嘲弄的名稱，諸如「bow-wow」、「ding-dong」、「heave-ho」以及「pooh-pooh」理論，並且完全沒有解釋語法和句法的來源。一個多世紀之後，這問題依然懸而未決，而爭論的砲火仍舊激烈。然而，我們的理論化過程仍需對語言本身有更多瞭解，以及大腦和語言如何共同演化的相關證據。

　　首先，讓我們快速瀏覽現代人類語言的本質。

　　我們的語言能力大多是天生固有的，而非智力或一般學習能力的副產品──雖然這一度是激辯的議題。事實上，人們學習語言，並不是藉由系統性地修正錯誤或專注聆聽，或是埋頭複製所聽到的東西。他們看來不過是自然地使用，以最少文字建構出含有結構豐富語法的話語。其中所謂的語法，意思是語言的自然結構，能區分出誰對誰做了什麼事，或是在何時以什麼樣的順序發生，而不是指學校所教授的那種文法規則書。

　　幾乎所有人都一樣，不論是透過教育養成或是一般智力，能夠遵循著語法運用語言。所有已知的人類社會都有語言，也都具備複雜的語法。即使語言中的詞彙數量變化很大，語法的複雜度卻不會有太大差異。狩獵─採集及遙遠的部落所使用的語言，與現代工業社會中的英語或日語一樣複雜。全世界的孩童在三四歲大的時候，都能依循語法說話，並能發明遠比口說內容更

系統性的語言。他們甚至還能運用微妙的語法原則，而這在他們聽到的話語之中是沒有相關證據的。即使是無法接觸口說語言的聾人，他們也會找到其他方式來製造語言；手語並不只是簡化版或扭曲版的口語，而是當聾人聚集起來之後出現的全新語言。這是完全獨立的語言，以手勢和面部表情來展現文字順序、結束或詞形變化的語法功能。

史蒂芬·平克（1944）所謂的「語言本能」，讓我們得以從地球上其他物種中脫穎而出。一如我們所知，其他物種都沒有任何形式具語法結構的語言，也沒有能力學習這種語言。心理學家一度嘗試教導黑猩猩語言卻失敗了，只因為黑猩猩的發聲器官無法發出必要的聲響。然而，當他們善用黑猩猩雙手天生的靈巧特性，訓練情況便有所改善。黑猩猩莎拉能在板子上使用各種形狀的塑膠片，呈現熟悉的物體和動作；而黑猩猩拉納和肯吉則可在特製鍵盤上按按鈕。不過，最受歡迎的方法則是使用手語，因為黑猩猩擁有靈活雙手，而且在野外就會使用手勢。有許多動物都被教導手語，其中黑猩猩華秀和大猩猩可可，都是人類以手語帶大的。

一開始，華秀、可可等動物看來真的會使用手語。牠們能像兩歲小孩一樣使用三個字長度的「句子」。牠們甚至還會把手勢拼在一起發明新字。但在經過心理學家、語言學家以及以手語為母語的聾人審慎的批判後，這種興奮之情以及誇張的主張便迅速消退。他們說，黑猩猩手語的豐富性和表達力都不如人類手語。這種過度的類比可能只是一廂情願的想法。目前大家的共識是，黑猩猩和大猩猩可以學習手勢或符號，並且適當地使用在短句之中，大多是用來要求東西。但牠們並未使用任何語法，而且忽略了句中小孩很容易就能掌握的微妙之處。小孩會吸收所聽到的字詞並直接轉換為語言，黑猩猩則得在威脅利誘下才學到一些微不足道的手勢。不論牠們的內心想的是什

麼（我們也不該低估這部分），牠們就是無法「掌握」真實語言的概念。但兩者之間無從比較。情況似乎是，黑猩猩必須經由一般學習的漫長緩慢路途（試誤，以及賞罰）來學習字詞，而我們似乎是直接就吸收進去了。人類的語言能力是獨一無二的。

那麼，我們如何獲得這項獨特的能力？這些能力是在某種幸運的演化大躍進時一口氣到位（Bickerton 1990），還是隨著我們緩慢增大的腦而逐漸出現的？語言是何時首度現身的？南方古猿露西是否也沉浸於早期的社交閒聊生活中？巧人是否會為手上使用和發明的工具命名？直立人是否會圍著火堆講故事？

真實情況如何，沒有人知道。文字不會留在化石中，滅絕的語言也無法重返。不過，仍有一些線索可供追查。有些考古學家相信，我們可以從人科動物的手工製品和埋葬習俗來推斷其語言能力。僅僅在十萬年前發生了舊石器時代晚期革新，當時人科動物的活動突然間（考古學意義上的突然）變得多樣。兩百多萬年以來，人科動物的製品一直是簡單的石器。石片是用來切割，巧人製作出刮片，直立人製作出手斧，但一直要到舊石器時代晚期，智人才開始留下刻意埋葬死者、簡單繪畫和身體裝飾、長距交易的證據，並開始增加墾地面積，而製作工具的材料從石頭擴大到骨頭、黏土、鹿角等。這個劇烈的改變與完全發展的語言相符，而根據理查・立基（Richard Leakey）的主張，這是考古學家普遍抱持的觀點。然而，這種觀點其實僅基於推論。當我們的想法緊扣著兒童程度的語言時，我們幾乎不可能從藝術、工具製作或交易正確推敲出哪些可以做、哪些不能做。我們需要比這更好的證據。

解剖學提供了更多扎實的證據。腦容量增加（約50%）主要發生在從南方古猿轉變到人屬的期間。在五十萬年之前，直立人的大腦就差不多跟我

們現在的一樣大了。由於腦容量跟語言之間到底有何關係還屬未知，因此無法從中得知語言何時出現，但或許我們可以找出關於早期大腦組織的相關資訊。顯然大腦並沒有化石，但大腦的形狀可以從頭骨化石推導而出。巧人的頭骨提供了腦部布羅卡區的證據，以及語言功能側化的腦的不對稱特徵，因此有人便以此推導出巧人會說話。然而，近來對活人的腦部掃描研究顯示，布羅卡區在手部執行靈巧動作時也很活躍，因此不能作為語言發展的確切證據。布羅卡區的發展或許可以更密切地聯繫到巧人的石製工具。美國印第安納大學的尼可拉斯・土斯（Nicholas Toth）針對早期石器進行了詳盡的研究，他和同事花費了數月時間學習石器製作，結果發現這不是簡單的技藝（Toth and Schick 1993）。在製作過程中，他們發現大多數的早期石器是右手慣用者製作。腦側化顯然始於人屬最早現身之際，但這並非使用語言的證據。

　　腦並非身體為了發展說話而唯一改變的部位。由於需要精準地控制呼吸，意味著橫隔膜和胸腔的肌肉會有所改變。我們必須能夠自主呼吸，一如陸地上的所有哺乳動物，並且要能在講話時凌駕該機制，這就需要以皮質來控制肌肉。人類喉部位置也比其他靈長類低得多，因而能發出更多樣的聲響，顱底的形狀也不同。

　　這些變化是何時發生的？既沒有喉部化石，也沒有肌肉化石，但還有其他線索。其中一項是顱骨底部的形狀，這會影響可發出聲響的範圍。南方古猿的顱底平直，直立人的顱底則稍微下彎，一直要到現代人類（也就是早期智人）才擁有完全下彎的顱底。這意味著，只有現代人可以發出我們現在所使用的所有聲響。另一個線索來自脊髓的厚度；現代人胸腔的脊髓遠比猿類或早期人科動物的大得多，想必是因為說話需要皮質能精準地控制呼吸。古生物學家艾倫・沃克（Alan Walker）對一具一百五十萬年前的直立人骸骨「圖

爾卡納男孩」（Nariokotome Boy）進行詳盡的研究，它在非洲肯亞圖爾卡納湖附近挖掘而出。這具骸骨的骨髓保存得很完整，其胸椎沒有擴大的跡象。就這方面而言，圖爾卡納男孩更接近猿而非現代人。沃克經由男孩的骸骨越發瞭解這男孩之後，深信直立人不會說話。與其說圖爾卡納男孩是困在猿體之中的人類，不如說是困在人體之中的猿類。沃克總結道：「他有可能是我們的祖先，但在這具人體之中並沒有人類的意識。他跟我們不同。」（Walker and Shipman 1996, p.235）

　　這些線索並沒有提供最終答案。即使我們徹底瞭解到身體結構上的改變會牽涉到發聲，卻不必然瞭解到心理上的改變。一如心理學家梅林‧唐納德（Merlin Donald）所指出，這跟現代象徵文化的牽連遠多於語言本身，也多於讓我們得以跟人類祖先和其他靈長類區別開來的語言。語言演化需要在與其他認知演化的關係中來理解。

　　也許我們當前可以得到的最佳結論是，一如某些語言學家所認為的，語言並非突然出現。看來，讓現代語言得以實現的演化改變，是在漫長的人科動物歷史中浮現的。我們幾乎可以確定，古猿露西是不會說話的，而直立人圍坐在火堆旁時也沒有很多交談。能精準控制地說話和完全的現代語言，至少要到早期智人時才出現，亦即在僅僅十萬多年前。也就是說，更大的問題依舊沒有解答。我們無法確認，是較大的腦讓語言得以逐漸出現，還是語言的出現迫使腦部逐漸增加容量。我們只知道，這兩者是共同演化而來的。

　　如果我們能知道語言出現的目的是什麼，或許會有所幫助。

　　答案並不那麼顯而易見，即使通常是如此描繪的。初級心理學教科書會提出「顯而易見」的陳述，頂多是「進行言語行為的能力賦予我們物種決定性的優勢」。（Carlson 1993, p.271）生物學家梅納德‧史密斯（Maynard

Smith）和艾如斯・史扎梅利（Eörs Szathmáry, 1995, p.290）開宗明義便以此來解釋語言的演化：「假設天擇是適應性設計的唯一合理解釋。還會有其他解釋嗎？」語言學家通常假設語言「擁有明顯的選擇性價值」，或是「語言必定授予莫大的選擇優勢」（Otero 1990），或是談論關於語言適應（也就是溝通重要的選擇優勢），或是使用象徵的選擇壓力（Deacon 1997）。

　　他們以選擇優勢的角度來思考當然是對的。當我們問及生物學中「為什麼」的問題，我們通常要找的是功能方面的答案。蝙蝠有聲納系統，因此能在昏暗中捕捉到蟲子。蜘蛛能織出精美的網，製造出幾近隱形又輕盈的陷阱。皮毛能絕緣。眼睛是用來尋找的（雖然我們要找的答案從不會只限於眼睛所見）。根據現代達爾文主義者的想法，這些東西會逐漸演化而出，是因為個體攜帶了會產生這些東西的基因，而這些個體在生存和繁衍的表現上更為成功。如果人類的語言能力是像脊椎動物的眼睛或是蝙蝠的聲納等生物學系統，我們一定能說出它提供了哪種功能，以及為何個體攜帶這種能增強語言能力的基因，其生存和繁衍的機會比語言較弱的鄰人還大。一如我們所見，語言的代價可不低，不僅要有好幾個專事理解和產生話語的腦區，我們整個發聲裝置也要一同演進。這意味著頸部、口部和喉部所發生的複雜改變會犧牲掉其他功能。像是喝水和呼吸就無法同時間進行，因而增加了嗆到的風險。為何會出現這些代價高昂且潛藏危險的變化？這到底值不值得？

　　這問題迫使我們進入困難的處境。一如好幾位作者所指出（Deacon 1997; Dunbar 1996; Pinker 1994），看來我們必須瞭解語言給予早期人科動物哪些選擇優勢，不然就得放棄有個達爾文主義式解釋的期待。這不是令人開心的選擇，但確實是個選擇。

8.

迷因—基因的共同演化

迷因—基因共同演化的理論假設：人類語言功能主要是為迷因而非基因提供選擇優勢。迷因改變了基因篩選的環境，迫使它們去建立更好的迷因散播工具。換句話說，語言的功能就是傳播迷因。

語言來源之謎對我們來說顯然不是令人愉快的選擇，必須放棄達爾文式的解釋，或是放棄尋找語言的功能。不過除非這些是基因的功能，否則就僅是被迫的選擇。若有所謂的第二複製子，就不會是唯一的選項了。我認為，一旦演化出模仿，迷因就現身了，那麼迷因就會改變篩選出基因的環境，進而迫使基因提供能更有效傳播迷因的器官。換句話說，人類的語言能力是受到迷因所驅使，而語言的功能是為了傳播迷因。

語言的目的是什麼？

如果我們想瞭解語言的演化，達爾文式的解釋會是個顯而易見的起始點。不過，早有人主張語言並未顯示出基因變異，無法以過渡形式存在，因此基因組需要更長的演化時間和空間，才有可能現身，更何況語言的選擇優勢並不明顯（Pinker and Bloom 1990）。這些主張都已受到強烈反對。即便如此，這些主張依舊不斷以各種面目重現。

奇怪的是，關於傳統達爾文主義對於語言起源的解釋，最主要的兩大反對者，分別是世界最知名的演化理論學家史蒂芬·傑·古爾德，以及世界最知名的語言學家諾姆·喬姆斯基（Noam Chomsky）。

在 1950 年代，普及的行為主義範式把語言視為人類學習的一般能力之另一面向。它拒絕承認可學習的事物有先天上的限制，也否認語言結構中有任何普遍性質。喬姆斯基則直接挑戰這觀點，指出語言的邏輯結構遠比過去任何人所想的還複雜，雖然未經明確訓練的孩子也能輕易習得語言，但這些差異極大的語言其實共享著一個共同的「深層結構」。他提出了「先天普遍語法」這個現今大家都已熟悉的觀念。然而，他隨後卻主張天擇無法

解釋這種普遍語法的起源，也無法解釋語言的演化（參見 Pinker and Bloom 1990）。根據喬姆斯基，我們確實擁有先天的語言結構，卻不是經由天擇得到的。這一定純屬偶然，就像是某種東西的副產品，一如在智力或腦容量上的一般性增大，或是經由我們尚未瞭解的其他過程而來。就這樣的觀點而言，語言本身並沒有選擇壓力。

古爾德長期以來皆反對一般演化中有選擇和適應的力量（Gould and Lewontin）。他的主張是，許多生物學上的特徵是其他東西演化出的副產品，或是自然物理過程的結果，並有結構和形式上的限制。他說，在語言的範例中，語言必定是其他演化變遷的副產品，像是腦容量的整體增加（即便如我們所見，這也是無法解釋的），或是由於某些尚不明確的物理限制。

我並不認為這樣的進路可行。的確，簡單的物理過程能產生精緻的設計，像是雪花、光線的干涉圖樣，或是沙灘上的漣漪。的確，物理限制是重要的；空氣的特性約束了翅膀和尾巴的形狀，重力則限制了高度和大小。當設計改變，副產品便因應而生，而結果證明某些副產品很有用，會受到演化的運用。但是單靠這些過程並無法說明演化的進步（雖然我們知道古爾德也不相信進步），也無法說明複雜的功能性設計。這種設計建基於舊事物，並有進一步的發展，而唯一能生產出這種新設計的過程，就是演化演算法（p.11）。有了遺傳、變異和選擇，你就能解釋眼、耳、鰭、尾這些令人難以相信的神奇事物是如何逐漸出現的。語言是令人難以置相的神奇事物，明顯呈現出精巧設計的表徵。說語言是其他東西演化的副產品，或是完全受限於物理限制，根本什麼也沒有解釋。

喬姆斯基、古爾德等人這種無選擇主義的論點，已遭到平克和保羅·布魯姆（Paul Bloom）全面性的批評，還有許多其他人則在同儕審查的期刊《行

為與腦科學》之中進行激烈辯論。平克和布魯姆主張,語言是為了某些功能而顯示出的複雜設計表徵,而會出現複雜設計的器官唯一的解釋就是天擇的過程。因此他們總結道,「語法的特化是通過常規的新達爾文主義過程演化而來」(Pinker and Bloom 1990, p.707)。

但這些功能是什麼?「常規的新達爾文主義」的解釋假定了語言具有選擇優勢。而我要問的是,**為何**我們擁有的語言,現在會演變成「擁有語言具有哪些選擇優勢」這問題?若不知道答案,人類語言的存在就仍舊是個謎。

平克和布魯姆的答案是,語言是「在串列通道上的命題式結構的溝通」(1990, p.712)。但是,「串列通道上的命題式結構的溝通」具有哪些選擇優勢?他們表示,語言能讓我們的祖先獲取資訊,而傳遞資訊的速度遠快於生物演化所能達成,使得人類具備決定性優勢來與其他物種競爭。但是這個論證要完善,我們必須知道要傳遞哪些生物學相關的資訊,以及為何使用命題式結構會有所助益。這個部分他們並沒有解釋。

在平克和布魯姆之前的人也提出了許多解答,但都未獲得普遍接受。某些早期理論圍繞著狩獵打轉。原始人被視為厲害的獵人,他們需要討論計畫,來追趕整群獵物或是把獵物困在特定地點。換句話說,人類需要交談以提升狩獵成效。古生物學家艾倫‧沃克(Alan Walker)和派特‧史普曼(Pat Shipman)提出了更現代的版本。他們認為,語言的功能在於溝通「狩獵地點、新式陷阱、水源地、舒適的洞穴……製造工具的技術……或是維持火堆的種種方法」。還有的理論著重於採集——也許早期人類需要傳達食物的採集地點、營養價值或安全性。這些理論沒說清楚的是,為何人類,而且唯獨人類,需要發展出如此複雜且神經學上付出昂貴代價的方式,來解決狩獵或採集問題。舉例來說,狼和獅不需要語法語言,就能發展出聰明的集體狩獵

策略；而蜜蜂能以特化的舞蹈來傳達食物的來源和價值。黑長尾猴能針對至少五種不同獵食者，包括豹、鷹和蛇（Cheney and Seyfarth 1990），發出不同的警示呼叫聲，但不需要使用語法或命題式結構的語言。想必，我們先天的普遍語法具備這些較簡單的溝通系統優勢，但即使如此還是有個問題：為何「我們能傳達誰對誰做了什麼、為何你無法參加聚會」具備了莫大優勢？又為何大霹靂理論比穩態的宇宙論更具優勢？

　　也許答案（一如把腦容量連結到馬基維利智力的理論，p.74）就在於我們社交生活的複雜性。我們人科動物的祖先想必跟他們的靈長類前輩及現代猴子一樣是社交動物，我們或許會假定他們不需要「朋友」或「姐妹」這種口說語言的標籤，便能分辨並比較不同的社交關係並以予適當回應。社交靈長類需要去瞭解結盟、家庭關係、宰制階級及群體中個別成員間的可信賴度，他們還需要溝通。如果你要維持複雜的宰制階級，就需要能顯現（或隱藏，或假裝顯現出）恐懼、侵略、服從和愉悅、渴望親暱行為和願意發生性關係。但是眾所皆知，想要談論情感非常困難。現代靈長類藉由面部表情、呼喊、手勢及其他行為，能充分達成這些複雜任務，而我們的語言似乎並非為了更充分達成這些任務而設計。

　　英國心理學家羅賓・鄧巴（Robin Dunbar 1996）認為，語言的功能就是閒聊，而閒聊的功能是用來替代親暱行為。他也問了跟我一樣的問題，只不過更根本：「究竟為什麼這麼多人要花這麼多時間來討論這麼微不足道的事？」他和利物浦大學的同事經由許多研究顯示，我們說話大多用來閒聊。我們會互相討論，誰和誰因為怎樣所以有了什麼樣的關係，我們會認同和否定，會選邊站，也會聊聊所處的社交世界。為什麼會如此？

　　鄧巴認為，親暱行為和閒聊的真正功能是凝聚社交群體，而當群體越來

越大，凝聚就越來越困難。許多其他靈長類也處在社交群體中，並且花很多時間在維持這群體。此時，誰跟誰結盟就很重要。你會趕走敵人，與朋友耳鬢廝磨。你會與結盟對象分享食物，並期望在你遇到麻煩時對方也能幫助你。你成為朋友的援助（或是相反），並且承擔對方令你失望的風險。這樣的社交互動需要大容量的腦，因為要記得的事情太多了。你需要記得誰對誰在何時做了什麼，以及每個結盟者當時的態度有多麼堅定或動搖。你不會想去偷取較強結盟者的食物，即使該成員只是隸屬其中的低階男性；你也不會想冒險與某個容易接受的女性發生性行為，如果另一位更強壯的男性具有優先權。此外，當群體擴大，白吃白喝者和騙子就更容易避開偵測。

這些複雜的關係要如何維持？對許多靈長類來說，答案就是親暱行為，但這有自然的限度。當群體越來越大，對於親暱行為的需求就高到不可思議，甚至可以把每日的時間撐滿。狒狒和黑猩猩的群聚數量，大約五十到五十五個成員，牠們花大約五分之一的時間從事親暱行為，但人類群聚的人數更大。我們可以認得好幾千人。但鄧巴說，若是更重要的群體（不論是在社交生活、軍隊或企業中），成員數量大約是一百五十人。從猴和猿的行為來推論，人類會花費大約 40% 驚人的時間進行親暱行為，以維持如此龐大的群體。

鄧巴說，這就是為何我們需要語言。語言是「廉價且超有效率的親暱形式」（1996, p.79）。我們可以同時跟多人聊天，傳遞騙子惡棍的相關訊息，或是講述誰交了一位可靠的朋友的故事。因此，鄧巴否定了語言主要是為了狩獵或攻擊上的策略這種男性宰制功能的想法，反而認為語言是為了鞏固並維持人際關係。

但現在明顯的問題是，為何較大的群體會有選擇壓力出現？鄧巴的回答

是，我們的祖先在遷徙出非洲叢林、踏入草原之時，要面對更多的獵食者。穩定維持群體的數量會是有價值的生存策略，而他們的群體成員數量已大到難以再進行親暱行為。許多其他物種也找出在草原上生存的其他辦法，有些是大規模的群聚，有些則是小規模。那麼，較大群體的壓力是否真的足以解釋所有劇烈且代價高昂的變動？鄧巴的理論便是以此為樞紐。

有的理論著重於使用象徵的演化（如 Deacon 1997; Donald 1991）。哈佛神經科學家泰倫斯・迪肯（Terrence Deacon）宣告人類是「象徵的物種」。他主張，象徵的指涉僅僅為人腦的演化提供可以想到的選擇壓力。其中「象徵的指涉」意指，使用隨意的象徵來支持其他東西。象徵溝通的優勢包含了母嬰交流、傳遞採集技巧、操控競爭者、集體戰事和防禦、傳遞製造工具的技巧，以及分享過往經驗等等──「有太多引人注目的選項可供選擇」（p.377）──但他也主張，這些選項只有在跨越了「象徵門檻」之後才能發揮作用。一旦真正的象徵性溝通成了可能的較簡單語言（現已滅絕），便會創造出選擇壓力，需要更大更好的腦來瞭解和擴展這些語言，最後導致了我們這種現代語言的出現。但首先，我們得要跨越這道「象徵門檻」。

那麼，這件事是怎麼發生又為何發生？他表示，是為了婚姻。根據迪肯的說法，早期人科動物唯有藉由象徵性的方式控管繁殖上的關係，如此才能在提供狩獵的生存策略上占優勢。「象徵文化是為了回應唯有象徵，才能解決的繁殖問題：代表社會契約的強制命令」。因此，就這個理論而言，象徵性的溝通交流是為了控管婚姻，並且能為其他形式的溝通提供各種優勢而逐漸改進。

如果我的理解無誤，迪肯的想法有時還滿接近迷因理論的。舉例來說，他發現語言本身就是第一因，而語言演化則是某種自助方式。他甚至把一個

人自己的語言比擬成個人的共生生物。但他並未考慮第二複製子的可能。對他而言，「基因的傳播就是底線」（p.380）。因此，他堅持要尋找使用象徵的〔基因〕的選擇優勢。

　　加拿大心理學家唐納德同樣以象徵表現作為理論核心（1991, 1993）。他認為，人腦、文化和認知是共同演化，並經歷三個主要轉變：模擬技巧、詞彙發明（如創造字詞、口說語言和講述故事），以及最後的記憶之外部化（象徵藝術和書寫技術容許人類克服記憶的生物學限制）。他的第一項轉變「發展模擬技巧」，聽起來就跟迷因理論很相像，其實不然（這或許更接近「模仿」而非「迷因」）。唐納德清楚地把模擬跟模仿區分開來，強調模擬還包含對自己展現事件，未必要連結到外部溝通交流。他解釋說，「模擬仰賴產生意識的能力、自發，以及具備意向卻尚未語言化的表現性行動。」（1991, p.168）

　　唐納德的演化理論跟其他許多理論不同，強調人類特殊的認知發展、人類文化的重要性，以及其創造力的成果，卻未徵用第二複製子的概念。對他而言，語言的功能是象徵表現更寬廣功能的一部分，其優勢最終在於基因。

　　我已考慮過好幾個關於語言功能的流行理論。這些理論的作者都瞭解到其中有些重大問題，也嘗試去解釋為何語言能賦予早期人科動物選擇上的優勢。我並不覺得這些理論真正解決了人類語言起源的奧祕。這些理論必須解釋為何只出現一種能用複雜的語法語言進行溝通的物種，且為何這種物種的腦容量遠大於其近親，以及為何這種物種不僅會談論性、食物和戰鬥，也會談論數學、麥金塔優於微軟視窗作業系統，以及演化生物學？能夠溝通複雜事物，顯然具備某些優勢。當環境改變，能說話、能傳遞新的複製方式之物種，適應會比只能藉由基因改變來適應環境的物種還迅速。這是否足以說

明，演化為了讓我們說話，所帶來的所有代價高昂的改變？我不知道。我只能說，必須經由快速回顧現有的理論，才能知道大家對這個議題並沒有真正共識。

目前的結論可以是：達爾文主義對人類語言演化的說明，假定了語言提供基因選擇優勢，即使許多人認為，大家對於這個選擇優勢究竟為何並未達成共識。然而，這個論證假設，達爾文式的解釋必定完全建立在基因優勢之上。但如果我們加入第二個複製子，這個論證就會徹底改變。

語言傳播迷因

迷因理論提供語言演化研究的新進路，也就是把達爾文的思想應用到兩個複製子身上。就這個理論而言，迷因選擇以及基因選擇進行了語言創造的工作。總之，這理論是這樣的：人類語言功能主要是為迷因而非基因提供選擇優勢。迷因改變了基因篩選的環境，迫使它們去建立更好的迷因散播工具。換句話說，語言的功能就是傳播迷因。

這是個強烈的主張，因此我要放慢腳步，逐步建構我們對於共同演化的理解。

我已經解釋，迷因—基因的共同演化如何製造出大容量的腦。總而言之，一旦模仿的行為演化而出，第二種複製子就會進場，此時傳播的速度就會遠快於第一種複製子。由於最初被複製的技術在生物學上是有用的，這使得個體可以複製最佳的複製者，並與之成為配偶。這種結合意味著成功的迷因會開始主宰哪種基因才是最成功的，並能夠促進這種迷因傳播的基因。基因無法預測創造出第二種複製子會帶來什麼效應，也無法讓事情回頭。基因現在

受迷因驅動，這就是腦容量劇增的起源。該理論預測，腦不僅變大，並且還設計成有利於最成功迷因的傳播。我認為，這正是我們所有的現況，而這解釋了語言的演化。

如果成功的迷因驅動了大腦的演化，那麼我們要問，這些迷因是什麼？在某種程度上，迷因的成功關乎歷史上的機緣和巧合。在我們漫長的過去中，長直髮或是捲髮、彩繪的面部或是刀疤的腿、對著太陽唱歌和崇拜，或是繪製昆蟲圖，已成了受喜愛的迷因。這會再施加壓力給基因，提供一個特別有益於複製這些特定迷因的大腦。如果巧合的力量是迷因演化的主要壓力，我們就幾乎不可能瞭解我們的過去。然而，我要假設翻覆這些機緣的力量正是演化理論的基本原則。也就是說，演化中具有某些基本特質，能創造出成功的複製子——在這裡指的就是迷因。

道金斯（1976）指出成功的複製子有三項判準：保真度、豐饒度、持久度。換句話說，好的複製子必須正確複製，必須大量複製，且複製出的東西要維持得夠久，這三者之間也會互有消長。我們必須時時小心不要拿基因來比迷因，但我們可以思考迷因是否符合這三項判準。

基因在這三項判準得分都很高。基因的複製準確度很高，也就是說，在複製基因訊息的長序列上，基因很少出錯，因而具有高保真度。要是出錯了，也會有縝密的化學系統來修補。當然了，還是會一些錯誤保留下來，而這些錯誤成了對演化來說十分重要的變異，只不過錯誤非常少。此外，一如我們先前提過的，複製的過程是數位的，因此大幅提高了保真度。

基因豐饒度非常高（至少部分是如此），複製的數量也很多，即便豐饒度會隨著該物種所居住的環境而有所改變。生物學家在連續的極端中區分出兩種選擇：r選擇和K選擇理論。r選擇應用在不穩定且無法預期的環境中，

因此當資源足夠，基因便會付出代價，以求迅速且機會主義式地繁殖。這種選擇喜愛高豐饒度、小尺寸且能長距離分散移動的後代，像是青蛙、蒼蠅和兔子的繁殖。K選擇應用在穩定、可預期的環境中，必須高度競爭有限的資源。這樣的環境偏好大尺寸、長壽且少量但受到良好照顧的後代。應用K選擇理論的物種有大象和人類。這些都是極端的類別，但即使是在最極端的K選擇物種之中，依舊複製了許多基因。

最後，基因很長命。細胞中個別DNA分子受到良好的保護，而那些經由生殖細胞系傳遞下去的DNA，有時活得跟生物本身一樣久。基因的壽命取決於你算做基因的單位大小，但在某種意義上，基因是不滅的，因為基因是代代相傳的。這是極度高品質的複製子。

基因一直都是如此嗎？雖然我們對DNA的早期歷史所知不多，但想必不是一直如此。然而，假設最早期的複製子是比現今DNA簡單得多的化學物質，且染色體並未有效地包裹在細胞核中，也未具備複雜的細胞機制來維持和複製自身，這依然是合理的推論。例如，它們可能是簡單的自催化系統，可產生兩個相同的分子，隨後則是類似多核苷酸的分子，再來是RNA（Maynard Smith and Szathmary 1995）。但為何這些化學物質會演化出我們今日所見的高品質複製系統？

想像原湯之中各種形式的早期複製子在相互競爭。倘若低保真度和高保真度的複製子同時存在，高保真度的必會勝出。一如丹尼特（1995）所說，成功的演化全在於發現「好伎倆」。複製過程中製造出過多錯誤的複製子，很快就會失去其偶然獲得的好伎倆。高保真度的複製子不會更早發現這些伎倆（甚至可以說會更晚），但至少會把所獲得的伎倆保留下來，因而在競爭中脫穎而出。同樣高豐饒度的複製子，能僅僅藉由人海戰術就擊敗對手。最

後，持久的複製子會在其對手逐漸凋零後仍舊活著。這顯然是真的。在這早期環境中，會有選擇壓力去尋找更好的複製子，最後造就出能複製 DNA 的精巧細胞機制。

同樣原則也能應用在迷因上。想像早期人科動物發現了生物學上模仿的「好伎倆」。一開始，這個好伎倆能讓某些個體藉由偷取他人的發現而受益，這些個體因而能把讓他們成為模仿者的基因傳遞下去，直到模仿普及開來。

新的複製子於焉誕生，使用大腦這具複製機器開始進行複製：複製行動、複製行為、複製手勢和表情，複製聲音。早期的迷因世界就是一鍋迷因原湯。這些基本上可複製的行動中，哪些會較為成功成為複製子？答案就是那些高保真、高豐饒又持久的複製子。

現在我們可以看語言的相關性。語言確實能增進迷因的豐饒度。你一次可以為一個行動散播多少個副本？有多少人觀看，就有多少副本。但並不是每個人都能同時觀看某個人的表現，而即使就在旁邊也可能沒在看，或是看了覺得無聊而轉看他處。另一方面，如果你發出聲響，有可能會有許多人同時聽到，他們不需要觀看，甚至可以在黑暗中聽到。這種優勢在手語和口語的差異上更為顯著。這種優勢在私密交談中也是有效的，但你不可能用手語對著群眾大喊：「嘿，你一定要聽聽這個！」群眾還是得先用眼睛看。此外，聲音可以傳得很遠，繞過角落。經由喊叫製造而出的副本，遠多於用手語、面部表情、肢體動作或任何其他可用訊號展現所製造出的數量。

這意味著，聲音乃是增加豐饒度的良好候選者，因此能贏得競爭成為較佳的複製子。那麼，要如何增進聲音副本的保真度？有個顯而易見的策略，就是讓聲音數位化。一如我們所見，數位複製的準確度遠高於類比複製，而基因也確實採用了「數位化」策略。我認為語言也是同樣情況。語言製造出

離散的字詞，而非連續的聲音，複製因而變得更為準確。

我們或許能想像，當人類開始互相模仿時，會有許多早期口說語言的版本同時在進行。會把話語切割成離散且易於複製的聲音，便能擁有較高的保真度，因而在複製比賽中脫穎而出。跟複製有關的問題，總是在於去決定刺激物的哪個面向是要複製的重要面向。語言這個系統把聲音切割開來，採用發音規則，忽略整體音高，讓這個決定變得清晰。請注意，其他的溝通形式，像是猴子的警示性呼喊，也可以藉由基因選擇而逐漸變得更獨特，但是在此描述的過程會運作得更快，因為這會在一個世代之內就以個體傳遞到個體。由於更高的保真度的副本傳播效率更高，也就會占主導地位，語言於是有了進展。

持久度呢？個別的行為本身無法持久，但持久度在大腦中就變得重要。某些動作很難記得，因此也很難複製，尤其是在延遲之後。我們會認為成功的迷因仰賴於易被記憶的行為，因此即便經過長時間的延遲仍可重製。語言大幅提高了記憶力。要記得舞步可能困難重重，但要記得「慢慢快快慢」的口訣則容易得多。我們發現，要重製一長串無意義的聲響是不可能的，但要重製好幾十個字的句子卻很簡單。我們可以重述整個故事和對話，而不會覺得太困難。確實，許多文化完全仰賴死記硬背冗長的故事和神話。語言則是把聲音的意義加以結構化，讓聲音變得更好記憶。

我們可以看看另一種增進持久度的科技：鍋盆的發明，創造出新鍋盆的耐用模型，以及更多製造鍋盆的行為。或是橋梁的建造，對所有過橋的人散播了橋梁的觀念。書寫的發明（把字詞寫在黏土、蒲草紙或磁碟中）為語言的持久度帶來了劇烈轉變。不過，我要稍後再來討論關於持久度的下一步。

我先前提過字詞的出現是數位化的過程，而瞭解語言起源的真正問題並

不在於字詞。原則上，字詞至少能透過簡單的聯想學習而非語法學習而習得。然而，語法也能增進複製。你可以用一組字詞表達出多少東西？不會很多，除非你以不同方式組合字詞，並以某種方式指出不同的意義。為字詞加上字首、字尾，以不同方式進行詞形變化，並指明字詞和順序，都能增加表達意義的數量。就這意義而言，語法可視為增加豐饒度和保真度的新方法，複製的精確性越高，複製就越有效率。隨後，當可表達的內容越來越多，能創造出驅動過程的迷因就越多。

切記，此處發生一切都是選擇。不論是對迷因本身，或是對於複製這些迷因的人來說，這個過程不需要有意識的目光或是刻意的設計。我們只需想像一群人，他們都想互相複製，其中某些聲音被複製得更多。不論某個特定的聲音是因為易於記憶、易於製造、能傳達愉悅情感，或是提供有用訊息，它與一般原則無關。當許多聲音爭相要獲得複製，勝出的會是高保真、高豐饒以及能持久的聲音。這就是製造語法語言的選擇壓力。

語言的發展因此就如其他演化過程，顯然是從無到有，創造出複雜的設計。人類聲音的早期產物改變了迷因選擇的環境，因此更複雜的聲音也能找到安身之所。只有當單細胞生物開始普及，多細胞生物才會出現；只有當植物已能製造氧氣，動物才會現身；只有當小型獵物數量夠多，大型獵食者才能演化而出。複雜的語法結構表達也是如此，要待更簡單表達方式變得普及，才能登場。有很多字的語言，以及定義良好的結構，似乎便是迷因選擇的自然結果。

下一步便是去瞭解語言本身如何重塑人腦及發聲系統，來增進其傳播。這又是一次迷因─基因的共同演化，運作方式如下：我假定人們會喜歡複製，也喜歡與擁有最佳迷因的人成為配偶（在這種情況中，最佳迷因就是語言）。

這些人會因為大腦讓他們擅長複製這些特別成功的聲音，因而得以傳遞其基因。就此而言，大腦逐漸變得越來越能製造出這些聲音。語法語言並非任何生物必然性的直接結果，而是來自迷因改變基因選擇環境的方式，也就是增加其保真度、豐饒度和持久度。

　　要注意的是，這整個過程是自給自足的。一旦語言開始演化，語言自身以及讓其運作的大腦，就會在迷因和基因選擇的合併壓力下繼續演化。這不是唯一一個把語言當做「自身的原動者」或是「自給自足過程」的理論，只是因為其他理論都無法順利解釋語言最初如何開始，或是何以會採取現有形式。例如，迪肯首先必須為跨越「象徵門檻」找到個理由。語言起源的迷因理論就沒有這樣的問題。關鍵性的步驟就是模仿的起始點，而為何天擇會喜愛模仿並不是什麼奧祕。即使不易發現，模仿顯然是個「好伎倆」，尤其會在已有好記憶和解題技巧、交互利他行為、馬基維利智力和複雜社交生活的物種中出現。一旦模仿這個伎倆，便會驅動新複製子的演化，以及與舊複製子的共同演化。

　　在此我已完成許多推敲與想像。我會不會也只是提出一套相當於「bow-wow」或「heave-ho」的理論？我是否該被提醒巴黎語言學會的禁令？

　　我希望不要。這裡的不同之處在於，我並不認為字詞源自於人們在舉起（heave on）大石時發出「heave-ho」的聲音，人類便開始說話（不過我猜想一些怪字或許是這樣來的）。我認為口說語言幾乎可說是迷因選擇無可避免的結果。首先，聲音是行為高豐饒度傳送的優良候選者。其次，字詞是聲音數位化過程一種顯而易見的方式，因此也增加了保真度。再來，語法是增加保真度和豐饒度的下一步，但這一切也會增加記憶力，因而增加了持久度。一旦第二複製子出現，語言就多少成了無可避免的結果。

　　這個理論仰賴於一些基本假設，而這些都是可以測試的。其一是人們會優先複製發音最清晰的人。社會心理學實驗顯示，人們較易被「口齒伶俐」和「能言善道」的人所說服，不過這需要以模仿的測試進行更多系統性的研究。

　　迷因—基因共同演化的理論假設，人們會優先與最佳的迷因傳播者成為配偶，而在這種情況下，那就是口齒最清晰的人。我們應該記住，過去對於「口齒伶俐」者的選擇，可能用盡了大多數的原始變異，使得我們今日大多成為口齒清晰的人。然而，優先性也許仍在，因此口齒清晰會讓人更性感。從情詩和情歌的歷史來看便是如此，從政客、作家和電視明星的性行為表現來看也是如此（Miller 1993）。

　　倘若這個理論是對的，那麼人類語法就應該顯示出為了傳遞具有高保真度、豐饒度和持久度的迷因而設計的表徵，而非用來傳達某些特定主題如狩獵、採集或是社交契約的象徵表達。這就是生物學上適應主義式思考的迷因版本，而我或許會因為假設迷因演化必定都會找到最佳解方而陷入某種循環論證而受到批評。即便如此，適應主義式的思考在生物學中確實十分有效，因而可能可以在迷因學中證明這點。

　　語言繼續演化，而新的字詞或表達則競相要獲得採用，或是從其他語言中被選用。同樣地，我們應該要期待勝出者會是那些具高保真度、豐饒度和持久度的字詞。大衛·萊特（David Wright, 1998）使用迷因學來研究化學詞彙的翻譯，像是酸、酒精或是各種元素名稱如何翻譯成中文，研究顯示還有其他詞彙歷經了強烈的生存競爭，勝出者端賴詞彙本身特性，以及當時早已存在的迷因產物。

　　整個語言也會與其他語言競爭。我們預期在過去多種語言共存之時，勝

出者會是較佳的複製子，而複製品質特別低劣的語言則最容易遭到摧毀。現在，許多語言正面臨滅絕的威脅，而迷因學的進路或許有助於我們瞭解背後究竟的原因。世界主要語言之間，為了控制（或僅求生存）工業、金融業、運輸業以及資訊科技業，也發動了戰爭。歷史上的偶然事件造就出某些語言占據較佳位置，但我們或許可以牢記這三項事物，來觀看語言的演化、競爭和滅絕：語言可傳達迷因的保真度、豐饒度和持久度。

最後，我們應該要能預測人工語言的興起。人們已多方嘗試去製造出機器人（或虛擬機器人）來使用語言。通常最開始都是教導人工系統許多自然語言，或是讓人工系統去連結聲音和物件。而我提出的理論則建議一個完全不同的進路，也就是不去採用任何預設語言的知識，也不採用符號參照的概念。

讓我們想像一群簡單的機器人，緩步於某種較有趣且變動的環境之中，我們可以稱為複製機器人。每一個複製機器人都有一套感知系統，一套用來製造各種聲音的系統（或許視其所在位置或所輸入感知訊號的某個面向），並用來記憶所聽到的聲音。最重要的是，它能模仿（即使不完美）所聽到的聲音。現在，想像所有的複製機器人都出發漫遊，並發出嘎吱和嗶嗶的聲響，且複製著彼此的嘎吱和嗶嗶聲。

很快地，整個環境就會充斥著嘈雜聲，使得機器人無法複製每個所聽到的聲音。依據機器人知覺和模仿系統的運作方式，無可避免會模仿某些聲音而忽略另一些聲音。一切會就定位，以供遺傳、變異和選擇這套演化演算法去運作，而聲音（或製造聲音的儲存指令）是這個過程中的複製子。現在，會發生什麼事？會只有可怕的刺耳聲音，還是會出現一些有趣事物？如果理論是正確的，那麼某些聲音的保真度、豐饒度和持久度就會更高（視複製機

器人的特徵而定），而這些聲音的複製就會越發準確，模式也隨之浮現。有些聲音會較常出現，端視環境中的事件和複製機器人自身的位置而定。我認為這就可稱為語言。若是如此，這和我們現今任何用在自然或人工系統中的語言並不相同。

如果這行得通，就會出現有趣的問題：複製機器人是真能溝通嗎？它們是在談論著某些事情嗎？如果是，象徵指涉早就會在機器人僅具備模仿能力時出現。換句話說，一如我所預期，最根本的是模仿能力，而非象徵指涉。最後的問題是：我們能瞭解它們嗎？

總之，人類語言起源之奧祕有個迷因學上的解答，一旦模仿開始演化，在兩百五十到三百萬年前，第二複製子迷因便應運而生。一旦人類開始相互模仿，最高品質的迷因便能達到最佳成效，也就是具有高保真度、豐饒度和持久度的迷因。具備高保真度、豐饒度和持久度的可複製聲音會獲致成功，因而導致口說的語法語言。早期操持這種語言的人，不僅會複製社會中最佳的語言操持者，還會與之成為配偶，創造基因的天擇壓力，產生出越來越能傳播新迷因的大腦。在這情況下，迷因和基因共同演化，產生僅此一種擁有大容量的腦和語言等超凡特性的物種。啟動這個過程唯一重要的一步，就是開始模仿。其餘的，演化的一般原則就足以解釋。

因此，針對這兩個難題，答案現已十分明顯，而且答案是一樣的。為什麼會出現大容量的腦？語言的功能是什麼？答案是：傳播迷因。

9.
社會生物學的限制

大容量的腦對基因帶來巨大勝利，而人類也幾乎占據了整個地球，但迷因也可能藉由越來越大的腦而迫使基因滅絕。大容量的腦、智力以及伴隨這些而來的一切，不必然對基因是好事。因此，我們要問：「文化到底是什麼，以致只有一種物種能讓文化耀眼？」

　　我已提出了兩個迷因理論，來解釋人腦容量以及語言的起源。這兩個理論都仰賴迷因複製子的力量，為迷因和基因的交互作用方式導入某些新原則。這個作用過程我稱為「迷因—基因共同演化」以及「迷因驅動」。我現在要把迷因方法放到脈絡中，去看迷因如何與其他理論比較，並解釋為何單單建立在生物學優勢的理論必定失敗。探索迷因和基因交互作用的不同方式，會遇到社會生物學的極限。

　　首先，「共同演化」並不是什麼新理論。一如我在第 3 章所解釋的，這種理論已有很多，包括博伊和瑞奇森（1985）、迪肯（1997）、唐納德（1991）、杜漢（1991）以及朗斯登和威爾森（1981）。現今迷因—基因共同演化的理論不同之處，在於兩邊（迷因和基因）都是獨立、具有等效狀態的複製子。當然了，這兩種複製子是不同的。它們在運作方式、複製方式以及運作的時間幅度上都不相同。兩者之間也有重要的不對稱，那就是迷因可以僅藉由基因所創造出的大腦來運作，而基因可以（且確實）在沒有迷因的情況下完美運作。無論如何，迷因和基因都擁有複製子的力量。它們基本上只為自身而運作，並在能複製時盡量複製，其餘的就從這裡為基礎出發。

　　道金斯抱怨道，他的同事總是想把事情拉回生物學上的優勢來解釋。這個理論並不只是回到生物學上的優勢，還加入了迷因學上的優勢。兩個複製子共同運作之下，事情會變得複雜，但並非不可能達成，因此稍作簡化之後，我們可以如此排列組合這三種主要的交互作用：基因—基因交互作用、基因—迷因交互作用，以及迷因—迷因交互作用。

基因─基因交互作用

　　基因─基因交互作用屬於生物學領域。在北極，白熊比棕熊更能接近冰原上更多的海豹。因此，產生白色毛的基因便犧牲了產生棕色毛的基因以傳播出去。在這種情況下，基因與其對手（等位基因）會互相競爭。不過，基因是可以合作的，否則就不會有生物了。在我們身體上，有數千個基因互相合作，製造出肌肉和神經、肝和腦，因而產出一台能有效攜帶基因的機器。基因─基因合作，意味著消化肉類的基因與狩獵行為的基因合作，而消化草葉的基因則與啃草和反芻的基因合作。當然了，它們合作並非出於一片好意，而是合作有益於它們的自我複製。

　　但這並不視為基因─基因交互作用。一個生物的基因能影響另一生物的基因：鼠的快腿基因，能驅動貓發展出撲抓速度更快的基因；偽裝的蝴蝶基因，能驅動鳥類擁有更好的視力。在這種情況下，當各種生物卯盡全力去戰勝對方，便會展開軍備競賽。自然界許多最美的生物都是基因軍備競賽的產物。生物彼此利用，就像常春藤無需發展自己的樹幹就能爬高，或是寄生蟲寄宿於人體內可以免費吃到飽。但其他生物則以共生關係來互相合作，例如螞蟻跟蚜蟲能提供彼此保護和營養，或是人類得倚賴寄宿在腸道中的許多細菌才能消化特定食物。甚至，提供細胞能量的微小粒線體也來自共生的細菌。它們擁有各自的基因，而這些粒線體基因除了細胞核中所有更熟悉的人類基因，也從母體傳遞到孩子身上。

　　另一個觀看世界的方式，就是把整個生態系統的建構視為自私基因之間的作用。基因能有多種交互作用（一個基因只為單一作用十分罕見），並且

可能裝載於不同生物之中。道金斯（1982）提供了許多他所謂「擴充的基因型」之範例。對此，他指的是基因對世界帶來的成效，而不只是對所居住生物的成效。河狸建造水壩，這些水壩便是基因的成效，一如蜘蛛的網、蝸牛的殼或是人的骨頭。但我們此處所關注的基因，不能只是所建造結構的生物的一部分。例如蝸牛內部寄生的吸蟲，能使蝸牛增生更厚的殼。道金斯認為，蝸牛殼的厚度，乃是「蝸牛殼增厚以防鳥類攻擊」以及「節約資源以生出更多蝸牛寶寶」之間妥協的結果。吸蟲的基因不會因為更多蝸牛寶寶而得利，但會因為有個安全的蝸牛可居住而獲益。因此，用來增厚蝸牛殼的吸蟲就是好的複製子。這闡述了一個重點，那就是即使基因及其所在的生物的利益通常是一致的，卻也未必總是一致的。

這幾個例子顯示出，基因在沒有遠見、沒有意向，只因為它們的複製有可能成功也可能失敗的情況下，如何為了彼此的利益而相互競爭、互相利用；我們不僅可以瞭解到基因─基因交互作用的複雜性，也能瞭解到為何用基因觀點理解世界是有幫助的。如果你只專注於個別生物，就無法提供多少合理解釋，即使這些生物是活著或死去的載子。整個複雜系統最好被視為自私複製子之間的互動所驅動──在這裡，自私的複製子就是基因。

我也會把相同原則應用在迷因─迷因交互作用上，而這也會證明是一樣精巧複雜的系統。迷因─迷因交互作用是今日社會的產物：宗教的、政治的、性愛的迷因─迷因交互作用；大企業、全球經濟以及網際網路的迷因─迷因交互作用。但這容後再議。

首先，我們需要釐清的是基因和迷因之間的交互作用，也就是迷因─基因共同演化。

迷因—基因交互作用

　　當迷因與基因交互作用，我們或許會預期它們出現競爭和合作，以及介於兩者之間的各種層次。一如我們所見，好幾位理論學者把迷因比擬成共生體、互利互助、共生共存或是寄生。第一位就是克洛克。他說，最好的情況我們就是與我們的文化指令共生，「最糟的情況就是它們的奴隸」。狄里厄斯則（1989）認為，情況是相反過來的；迷因最開始是基因的奴隸，但就如他所說的，大家都知道奴隸已趨向獨立，而現在我們的迷因從有用的互利互助者、到破壞性的寄生蟲都有可能（可參考 Ball 1984）。眾所周知，道金斯把宗教視為心智的病毒。這些都帶來一個問題：迷因究竟是基因的朋友，還是敵人？

　　答案當然是，兩者都是。但為了整理迷因—基因交互作用，我要把這交互作用分成兩類：那些基因會驅動迷因的交互作用，以及迷因會驅動基因的交互作用。就很多方面而言，這種分類過度簡化了。你可以想像這樣的例子：兩者平等互助，驅動未真正發生。但我認為，更普遍的是兩者至少有一些失衡，由其中一個複製子來主導。

　　這個粗糙區分的理由，在於當基因進行驅動（此時狗狗安穩地被皮帶繫住），我們便能獲得社會生物學和演化心理學熟悉的結果。一切由基因的利益來主導，而人們展現出的行為則不知何故對他們（或是對他們的祖先）帶來生物學上的優勢。看起來極具生育力的女性會對男性產生性吸引力，強壯、地位高的男性則會吸引女性。我們喜歡甜的食物，討厭蛇類，諸如此類（參見 Pinker 1997 等）。這些成效在我們的生命中極具力量，我們不該低估，

但這些都是屬於生物學、倫理學、社會生物學和演化心理學上的事物，不是迷因學。

當迷因進行驅動（此時由狗來主導），力量便轉移到迷因的利益上，而成效則大不相同。這些成效不能單以生物學上的優勢來預測，因此對迷因學至關重要。這些是區分迷因理論和其他理論的關鍵，因此很可能會是迷因作為一門科學的價值和力量的主要試驗基礎。

目前我已經提出了兩個迷因驅力的例子：大容量的腦以及語言的起源。我稍後會回到這裡，然後補充更多。但首先讓我們簡短思考一下，用來解釋人類行為和文化的社會生物學及演化心理學的主張。

推翻標準的社會科學模型

美國加州大學的約翰‧托比（John Tobby）和勒達‧科斯米德斯（Leda Cosmides）演示了這個論證的例證，他們追求新的方法來探究文化的心理學基礎（Tooby and Cosmides 1992）。他們以「標準社會科學模型」（SSSM）作為舊的方法，這個模型將人類心智視為可無限拗折的空白板子，能夠學習任一種文化，並且幾乎完全獨立於生物學和基因之外。就我的觀點來看，他們及其他相關的人確實破壞了標準社會科學模型的中心假設。

首先，人類心智不是一塊白板。特別是，我們在人工智慧的成果已經證明，心智不可能是白板，因為一個全方位的一般知覺機器在世界上是不可能存在的。要好好活著、進食和繁殖，就必須能夠看到、追蹤、抓住物體，要能夠辨識個體、區辨性別等等。如果沒有能夠以相關方式來區分世界的機制，以上這些都無法進行。世界本身基本上可用無限多種方式切割，我們的

大腦必定擁有限制這些可能性的方式。大腦有物體認知模組、顏色知覺系統、語法模組等等（Pinker 1997）。我們經驗世界的方式並不是「世界真正的樣子」，而是有益於我們感知世界的天擇。

同樣地，學習並非從無到有、全方位的一般能力。即使在模仿方面，這也被證實為真。在 1940 和 1950 年代，當時學習理論正應用到行為的幾乎所有面向。心理學者假定，模仿本身必須經由獎賞來習得。他們強烈否定任何關於「模仿是本能」的主張，並且嘲笑人類本能行為的舊理論（Miller and Dollard 1941）。在某種情況下，這是可理解的。這些早期理論把許多行為都納入本能，像是女孩本能上會輕拍並整理她的頭髮；或是把球扔給坐著的女孩，她本能會張開腿用裙子接住球。無論如何，他們對於模仿的主張是錯的。近期研究顯示，嬰孩很早就開始模仿他人的面部表情和手勢，不論是否有獎賞。嬰孩在年齡尚小、還不足以經由練習或是照鏡而學習，就能模仿所看見的面部表情和所聽見的聲音（Meltzoff 1990）。成功模仿某物本身就是獎賞。我們現在可以瞭解到，為何我們有這麼多行為都是出於本能，而行為主義學者是無法瞭解的。如果我們一切的學習都是從零開始，這個世界會複雜到難以適應。確實，若無內建的能力，學習本身是無法有所進展的。我們人類的本能比其他物種更多，而非更少。平克的說法是：「複雜的心智並非來自於學習，而是學習來自於複雜的心智。」（1994, p.125）

舊的 SSSM 顯然被證據所推翻，一如某些令人愉悅的範例所顯示。其中一例就是顏色的命名。以舊的 SSSM 模式解釋的人類學家，長久以來都把顏色的命名視為文化相對論的完美範例。經研究發現，許多語言用來描述顏色的字詞變化十分廣泛。在 1950 年代末期，凡爾納‧瑞伊（Verne Ray）請六十個美國原住民部落為他所提供的顏色樣本命名。他發現，光譜沒有所謂

的「天然」分割方式，反倒是每個文化分割光譜的方式毫無規則可言。換句話說，我們稱為「綠色」的顏色，在另一個語言中有可能分割成兩種甚至更多種類，在第三種語言中可再結合其他顏色，並在第四種語言中又與其他顏色重疊，諸如此類。顏色是奇怪的概念。對我們而言，觀看紅色的經驗與觀看黃色十分不同。當我們看著光譜，我們知道黃色僅是紅色和綠色光之間狹窄的頻譜，而黃色也確實與其他顏色有所分別。很難想像另一文化能把這顯而易見的光譜以完全不同的方式來分割。然而，這就是文化相對主義假說所意指的：我們對顏色的經驗是由我們習得的語言來決定，不然就是世界上很多人對於所見顏色有截然不同的經驗，只是已習得以非常不一樣的分割方式來命名。

　　這觀點或多或少在未受質疑的情況下被接受了，但許多年後，兩位人類學者布倫特‧柏林（Brent Berlin）及保羅‧凱（Paul Kay 1969）意圖以範圍更廣的語言和更系統性的顏色樣本，來擴展並重新確認研究成果，結果卻失敗了。然而他們發現，顏色名稱是語言之間一種非常規的系統性使用，而且就顏色視覺的生理學而言也是可理解的。在視覺系統中，亮度資訊和顏色資訊是分開編碼的。來自眼睛三種受體的顏色資訊會供給到互補系統，會把顏色編碼為紅綠的維度以及黃藍的維度。柏林和凱發現，所有語言都會有黑色和白色的詞彙。如果一種語言僅僅有三個顏色詞彙，那麼第三個必定是紅色。如果有第四個，那麼第四個不是綠色就是黃色。如果有第五個，就會是綠色和黃色。如果有第六個，那麼就是藍色。如果有第七個，那就是棕色。擁有更多詞彙的語言，接下來就是紫色、粉紅、橙色、灰色等等。因此顏色名稱並非隨意和相對的，而是準確反映出我們眼睛和視覺系統演化的方式，能運用周遭世界的相關資訊。

　　顏色名稱一直是語言文化愛用的範例。你是否聽過愛斯基摩人有五十五個用來描繪雪的詞彙？你甚至或許讀過，他們有超過一百個、兩百個或是四百個雪的詞彙，但這都不是真的。確實，「偉大的愛斯基摩字彙騙局」是某種都市神話，是不斷以各種方式獲得傳頌、再傳頌、廣傳並擴散的極度成功之迷因，即使這個內容是錯誤的。顯然，1911 年人類學家法蘭茲‧鮑亞士（Franz Boas）就有紀錄，愛斯基摩人會使用四種不相干的單字來描述雪。這個想法很吸引人，於是一再經過膨脹，四種最後成了上百種。現代學者估計，愛斯基摩人用來描述雪的字詞頂多十數種，但在英語中沒有這麼多單字。這其實並不令人意外，畢竟愛斯基摩人一輩子都住在雪的世界中。即使是在英語中，也有 hail（冰雹）、sleet（霰）、slush（雪泥）以及 wintry shower（淒風苦雪），而在雪中工作的人，需用的字詞還更多，像是 corn snow（粒狀雪）、spring snow（春雪）、sugar snow（雪中白霜）、powder snow（粉雪）或 puddin snow（泥雪，我父親用來稱呼又濕又重的雪）。

　　鮑亞士的遺澤以及極度文化相對主義，過度延伸了這種結凍雨水的字詞數量。根據文化相對主義者的主張，人類習得行為的所有面向都是變動的，並且在不同文化中有可能完全不同，即便是性行為。

　　許多人似乎很不喜歡以基因優勢來解釋人類性行為的這想法。而早期的社會生物學家也因此主張而飽受嘲笑。普遍觀點一直是，習以為常的性別差異（如女性的挑剔及男性的濫交）乃是純粹的文化產物，而在另一個文化中，事情卻可能完全不同。表面上看來，在某種文化中確實會讚賞巨大的羽毛頭飾以及細條紋服飾，有些文化讚賞裸露下垂的胸部，有些則欣賞高挺的乳房。但是更基本的差異呢？所有性行為都是文化決定的，這個觀點是鮑亞士研究的中心，而在 1920 年，年輕學生瑪格麗特‧米德（Magaret Mead）前往

薩摩亞進行研究。他們認為，當地社會與他們的完全不同。米德在知名著作《薩摩亞人的成年》中，描述了一種看似理想又平靜的生活，這個社會沒有性壓抑，青少女能自由地與喜歡的人發生性關係。文化似乎成了性壓抑及兩性之間不公平差異的主因。生物本身則與此無關。

這個觀點顯然符合人們期待，想要相信他們的性天性，並被視為在其他文化幾乎都可行的有效證據。這是一整組成功的迷因，持續風行了將近六十年。但其實這說法僅建立在一名年輕學生的短暫研究之上。這個原則幾乎未受到質疑，也幾乎沒有人想費心去確認。一直到 1980 年人類學家德瑞克‧弗里曼（Derek Freeman）才痛苦地拆穿了這則故事。

相較於米德在薩摩亞只待了四個月，弗里曼（1996）在薩摩亞待了六年。他與薩摩亞人生活在一起，並學習他們的語言。他發現了薩摩亞人攻擊性的行為、頻繁的戰事、對小錯施加殘酷的懲罰、青少年的高犯罪率，以及對貞節的推崇（這是對米德理論最重要的反擊）。他們甚至有貞節測試，以及婚禮時對女孩舉行破處儀式。

米德怎麼會錯得這麼離譜？弗里曼追溯了幾位原初的資訊來源，發現了問題所在。一位八十六歲的女性解釋，米德並未瞭解到，當她們說到夜間跟男性外出，「只是在說笑而已」。另一位女性也證實了這項說法，她們杜撰了整個故事，只是為了好玩——想像一下有個無知的年輕訪客，急於抄寫你所編派、狂野又瘋狂的性生活，是多麼有趣的事。一如以往，破解神話比建造神話要花費更多時間和精力。還有，這需要很大的勇氣。弗里曼的發現遭到嘲笑，人們幾乎把米德視為精神導師。弗里曼可真是膽大妄為，竟敢說米德講的全都錯了。

回頭看看現代演化心理學的益處，我們便可瞭解到原始理論怎麼會全

錯，又為何如此？科斯米德斯和托比拒斥這項理論，這麼做是對的。不過，他們演化心理學的版本，就我來看往反方向走得太遠。他們未能為真正文化的演化保留空間。就他們而言，「人類心智、行為、人造物以及文化，都是生物學現象」（Tooby & Cosmides 1992, p.21）。換句話說，觀念、科技與玩具、哲學與科學的世界，都要解釋為生物學的產物，是由基因天擇演化而來。

　　我無意摧毀社會學與演化心理學的重要性。下一章我會探討這兩門學科在解釋人類性行為上的某些偉大成就，但它們未能窺見全貌。確實，我們很多行為被選擇而出，是因為它有效傳播了其所仰賴的基因。然而，行為也會經由迷因選擇而驅動，而且也是因為它有效傳播了其所仰賴的迷因。

　　這是我抱持的態度。驅動演化，設計我們身體、大腦和行為的有兩個複製子。對於我們生命和基因的某些面向而言，基因貢獻了最多驅力，而迷因的角色則可安全忽略。在這些例子之中，以基因為本的社會生物學和演化心理學是最好的近似（但也僅限於近似），但在其他例子中，必須同時引入兩個複製子才能見識到全貌。我現在就要探討幾個這些例子。

迷因驅力及丹尼特之塔

　　上述提到的兩個例子，對於瞭解人類行為至關重要。那就是大容量的腦，以及語言的演化。我的主張是，這兩者都仰賴迷因驅力，而我現在要來進一步解釋這個過程，並且放入脈絡之中。最重要的步驟就是證明，如何以及為何迷因驅力，並不是為了服務基因而存在的另一種演化形式。除非迷因真的是為了服務基因而存在，那麼迷因就能化約為社會生物學。

　　迷因驅力就像是這樣運作的。一旦開始模仿，就會產生三種新程序。首

先是迷因選擇（也就是犧牲某些迷因來換取另一些迷因的生存），再來是為了能模仿新迷因而出現的基因選擇（去模仿最佳模仿者在繁殖上擁有更多勝算）。第三，是為了與最佳模仿者成為配偶的基因選擇。

第一步意味著，新的想法和行為開始以迷因的方式來傳播，從製作工具和鍋盆，到跳舞、唱歌和演說。第二步意味著，那些最能習得新迷因的人，會有更多能習得新迷因的後代。第三步意味著，擇偶也是受到當時最流行的迷因所驅動。這些過程共同運作的結果，就是迷因演化所引導的方向，會影響基因演化所引導的方向。這就是迷因驅力。

乍看之下，迷因驅力看起來就跟所謂的「鮑德溫效應」（Baldwin effect）一樣。但其實不然，而我必須解釋原因。

「鮑德溫效應」首先是由心理學家詹姆斯・鮑德溫所提出，他指稱這是「演化中的新因子」（Baldwin 1896）。這解釋了智力行為、模仿和學習會影響基因的選擇壓力。一如我們所見，沒有所謂拉馬克式遺傳而獲得的特徵，也就是藉由基因把學習的結果傳遞給下一代。不過，行為確實會對天擇產生效果。

例如，想像一隻類似蠑螈的生物會吃蒼蠅。哪隻蠑螈能搆到最高，就能吃到最多蒼蠅。現在，想像其中一隻開始跳躍。牠吃到較多的蒼蠅，而牠們的配偶要是完全無法跳躍，就得挨餓。因此，會跳躍或是強壯後腿的基因會傳播到基因庫。跳躍會繼續進步，而選擇壓力現在偏好更高的跳躍。行為完全符合達爾文式的方式影響天擇。

現在，想像蒼蠅的好吃程度會隨著蒼蠅的外型變化。讓我們假設條紋蒼蠅是無法食用的，而斑點蒼蠅則美味無比。喜歡斑點蒼蠅的蠑螈便具優勢，喜好斑點蒼蠅的必要機制也會傳播開來，像是視覺系統中敏銳的斑點偵測

器。不過，這種情況也可能發生，那就是蒼蠅身上的圖樣變化得比青蛙演化能跟上的步伐還快。在這種情況下，小蠑螈就得付出努力來習得哪些蒼蠅可吃。無法學習的蠑螈就會居於劣勢，因此一般學習能力的基因就會散播開來。這就是鮑德溫效應。

根據鮑德溫自己的說法——智力的最高表現，包括了意識、愉悅和痛苦的教誨、母親的指導和模仿、人類意志和發明的精熟表現登峰造極。「這些範例都連結到更高等生物，並且結合在一起讓生物得以存活……就這點而言，這意味著這些先天或系統發育的變異被保留下來，從而使得擁有它們的生物之生命週期中，具有智力、模仿、適應和機械改變的能力。其他的先天變異則並未因此被保留下來。」（Baldwin 1896, p.445）。以更現代的詞彙來說，學習和模仿的基因會受天擇青睞。

鮑德溫因此發現天擇能說明學習能力的演化，而且並不需要繼承所獲得的特徵。鮑德溫效應創造出新類型的生物，改變的速度遠快於獵食者。但這不是這個演化方向的唯一步驟。丹尼特解釋，若使用他這座「產生並測試之塔」的比喻，在這座想像之塔中，每層樓都有生物，這些生物都能找到更好、更聰明的一步，找到的速度也越來越快、越來越有效率（Dennett 1995）。

在丹尼特之塔的一樓，這些生物經由天擇演化，其行為建立在基因之上。出錯的代價很大（不成功的生物會死），且進展緩慢（每次都要重建新生物）。

第二層住著「史金納生物」，以史金納（1953）為名。他顯然是把操作條件（經由試誤法習得）視為一種達爾文式的選擇。史金納生物能學習，因此削除的是牠們的行為，而非生命。如果所做出的行為獲得獎賞，牠們會再做一次；倘若沒有，就不會再做。這種生物進展較快，因為一種生物終其一

生能夠嘗試很多不同的行為。

第三層樓是「波普生物」，牠們的演化速度更快，因為牠們能直接在腦中想像出結果，並藉由思考解決問題。牠們以卡爾‧波普（Karl Pepper）來命名，他解釋這種藉由想像得到結果的能力「能讓我們的理論替我們死」（Dennett 1995, p.375）。許多哺乳動物及鳥類都登上第三層樓。

最後，在第四層樓是「格雷戈里生物」，以英國心理學家理查‧格雷戈里（Richard Gregory 1981）命名。他首度指出，文化工藝品一開始需要智力來製造，但也會反過來增進其智力。人有剪刀能做的事比沒有剪刀多得多，有筆的人能展現的智力也比沒有筆的人還多。

換句話說，迷因能推展智力。在這些迷因之中，還有丹尼特所謂的「心智工具」，而最重要的心智工具就是文字。格雷戈里生物身處的環境，充滿由他人所製造的工具，以及豐富又富有表達力的語言，因此尋找好的下一步以及演化新行為的速度，遠快於缺乏上述條件的環境。就我們所知，這座產生並測試之塔的頂層，就只有我們人類。

鮑德溫效應的重要性現在應該很清楚了。鮑德溫效應就像是升降梯，把生物從一樓提升到二樓。如果因為演化而偶然發現必要的好伎倆，而代價也不會太高昂，那麼擁有這些伎倆的生物就更能存活。他們在每一步都會改變身處的環境，環境對於生物或等等其他的學習能力，也因而更加重要。每走一步，學習能力較強的生物就越能獲取基因上的優勢。即便鮑德溫效應通常是放在學習的脈絡下來討論（踏上二樓），這也能同樣應用到想像的演化（前往三樓）以及模仿的演化（前往四樓）。確實，鮑德溫顯然把模仿納入有助於生物生存的能力之列。

但這些都是為了基因服務，因為所習得的行為以及藉由想像問題所找出

的解答，都是為了幫助生存和繁衍。鮑德溫效應基本上就是達爾文演化的一種形式，為了生存和基因複製的利益而行為。好幾種共同演化的理論都使用了鮑德溫效應（像是迪肯的理論），但我在此處所提的基因—迷因共同演化理論，增加了迷因驅力的進一步過程。重點在於，當你抵達了頂層，一切都變了。而且變化十分劇烈。

這是因為模仿創造出第二個複製子。先前的步驟沒有一個創造出第二個複製子，至少不是會超越個體限制而運作的複製子。舉例來說，史金納學習和波普問題—解答模式，可被視為選擇性過程，但這些都是在動物的大腦中進行的。行為的模式以及被選擇結果的假設或許可視為複製子，但這些複製子並未被釋放出來，除非它們經由模仿而複製，也就是成為迷因。

進入四樓意味著，釋放出的複製子會從生物傳播到生物，並且會有自己的運作時程。當然，基因不會預視。它們不會知道模仿的選擇會釋放出第二個複製子，但結果就是如此。因此，我們便進入基因—迷因共同演化的階段。在這種共同演化中，有時候不論有沒有傳播基因，都會傳播迷因。此時狗兒掙開皮帶，奴隸起身對抗先前的主人。這就是這個理論跟先前不同之處，並且提供了另一種預測。我認為，人腦就是個範例，驅動基因建造出越來越好的迷因傳播裝置。腦部被迫越長越大，也越長越快，付出的代價遠多於僅建立在生物優勢上。這就是為何人腦在腦化的比較之中會如此顯著。僅僅建立在生物優勢上的理論，無法解釋為何基因會被驅動去付出如此高昂的代價——能量的消耗以及生產的危險（參見第 6 章）。建立在迷因優勢上的理論就能解釋。

你或許還會認為，就純粹的腦容量而言，結果跟建立在鮑德溫效應的論證並無太大不同。然而，理論之間的巨大差異，應該要用腦部演化的特定方

向來看，而不該只看容量。如果迷因具有複製子的能力，便會驅使基因製造出特別適合用來複製迷因的大腦，而不是為複製某些特殊基因。我們應該以新的複製子為需求來做預測，看看真正的人腦是否符合所需。這就是我在語言演化的論證中嘗試要達成的。我們的大腦是為了提高保真度、豐饒度及持久度的方式，來傳播迷因而設計腦部。

　　結果就是，大容量的腦對基因帶來巨大勝利，而人類也幾乎占據了整個地球。但這種情況是必須的嗎？這些迷因難道不是藉由越來越大的大腦、並索求過高的代價，而迫使基因滅絕的嗎？我們無法得知。即使真實情況很怪異，但我們是唯一存活的人科動物。其他生物會因為這樣而滅絕嗎？畢竟，運氣不佳的尼安德塔人的大腦確實比現代人類更大。這確實是狂野的推測，但是更嚴肅的重點是，在這個理論中，我們不能把這視為理所當然，也就是不能認為大容量的腦、智力及伴隨這些而來的一切，對於基因必然是好事。我們可以追隨瑞奇森和博伊（1992, p.70）問道：「文化到底有什麼問題，以至於只有一種物種才真正讓文化變得耀眼？」

　　也許基因嘗試也曾經想負擔這項重任，並且奮力去製造出一種努力讓兩種複製子維持共生關係的物種。也許我們不該假定當具備智力、使用迷因的物種演化出來時，必然先擁有長壽命。

10.

「性高潮救了我的命」

H. G. 威爾斯醜得有名，聲音又粗啞難聽，卻是一夜色誘好幾名女性的能手。卓別林又矮又醜，卻擁有無數風流韻事。為什麼如此？迷因理論提供了理由，那就是創造力及藝術表現乃傳播迷因的方式，是優秀模仿者的表徵。而女性擇偶會選擇好的迷因傳播者，而非有錢男性。

性愛、性愛、性愛、性愛、性愛、性愛、性愛、性愛。

你「性奮」了嗎？這章的開頭是否讓你更想看下去？或許不會。我想你已經築起許多道防禦對付性愛迷因。不過，如果你想賣雜誌、電視節目或是書，有個顯著的策略就是把「性」放在顯著的位置。我們當地火車站的架上擺放了六十三種雜誌，其中十三本的封面都出現了「性」這個字。這還沒算入情慾圖片或是「裸體情侶全都露」、「想跟飢餓的猛男一起睡嗎？」、「性高潮救了我」諸如此類的標題。

根據美國作者布羅迪（1996）的研究，跟性愛、食物和權力有關的迷因，都觸壓到威力無窮的迷因「按鈕」，因為這些主題在我們演化史中占有舉足輕重的地位。觸動按鈕的迷因，就是成功的迷因。

還有另一個闡明的方式：基因演化創造出對於性、食物和權力特別關注的大腦，以及我們所選擇、反應這些基因所關注的迷因。除了使用「迷因」一詞，這背後的邏輯是社會生物學者或演化心理學所假定的：我們所擁有的觀念、所傳遞的故事，以及所發展出的文物和技術，最終服務的對象都是基因。根據社會生物學，文化應能反應基因的關注，畢竟文化最終是為了基因。

然而在我們社會中，依舊有許多明顯的異常。出生率現已劇烈衰退，許多夫妻都覺得兩個孩子恰恰好，有些人打定主意完全不要小孩，寧可把人生挹注在自己的生涯或其他職業上。有的人領養了血緣上跟自己毫無瓜葛的孩子，並且悉心扶養長大，視如己出。廣告、影片、電視和書籍，都一再鼓舞我們在一生當中可享有許多性伴侶，且不需懷孕生子，青少年則要隨身攜帶保險套。避孕，不只跟有效的家庭計畫有關，也跟享受性愉悅及傳播性愛迷因有關。就性愛而言，我們展現出的行為不會極大化我們的基因遺產。我們不再為了讓基因以最大數量延續到下一代而從事性行為，我們也不是為了懷

孕、生寶寶,而購買這些雜誌。我們對於性行為、性歡愉及性的行銷,已大幅脫離其生殖功能。

這種與生殖功能的斷裂有兩種主要說明方式。第一種是社會生物學上的答案:現代性行為仍受基因驅使,而我們在生育上的控制(從基因角度來看)是個錯誤。我們之所以能夠運用生育控制,是因為基因無法預期我們會如何運用我們的智力。第二種是迷因的答案:現代性行為是迷因所驅動的,即使我們的基本本能和慾望仍舊是由基因所決定。

而這些慾望會反過來影響哪些迷因會成功,而這些迷因現在正主導著我們的行為方式。

我要探索這兩個觀點,並思考其優勢和弱勢。冒著過度簡化的風險,從社會生物學出發,我把關於性行為的許多工作都歸結為生物學、社會生物學和演化心理學。即使仍有些許差異,這些學門仍有個共同之處:性行為的基本驅力,是作用在基因之上的天擇。它們不會考慮第二個複製子,而就這方面而言,顯然與迷因學十分迥異。

性和社會生物學

社會生物觀點的本質是:基因已建置了一套系統,在過去執行了一段時日,卻未必完全適用於今日的狀況。理由很簡單,因為基因沒有遠見,永遠無法精準地追蹤環境上的改變。天擇可以確保生物或多或少良好適應當時普遍的狀態,而隨著時間推移,選擇壓力也有所改變,因此適應更良好的生物便得以存活。這確保了如果環境變化緩慢,追蹤就會十分有效益;而要是追蹤失敗,生物就有可能滅絕。然而,演化過程中沒有任何東西可以預知。我

們事實上就跟其他所有生物一樣，是過去環境中天擇的產物。

在這個社會生物學的論證中，毫不意外地，我們的行為未必都導致基因適應性的最大化。過去的演化使得我們擁有一顆用來處理性、食物和權力的大腦，而這些想法在我們的社會中十分普及，就是因為這些元素在過去對於我們基因的生存有益。我們享受性愛，是因為在過去，享受性愛的動物能把自身的基因傳遞出去。但演化也給予我們智力，使得我們可以反覆操作性的功能並藉此操縱事物，因而得以享受性愛而無需付出照顧孩子的代價。基因無法預料這些，因此我們還沒找出應對方式來對付避孕。不過，倘若你贊同 E. O. 威爾森（E.O. Wilson）的看法，你應該會期待最後還是由基因重掌皮帶，讓我們免於過低的出生率。就這個論點而言，我們當今的行為可說是錯誤一場。

生命充滿了錯誤。雄蛙經常找其他雄蛙交配，有些品種的青蛙甚至會發出「放了我吧」的叫聲，以逃離不情願且歷時極長的交合。同性性行為發生在許多動物之中，即便是人類，也同樣被解釋為這僅是錯誤一場。能展現精巧求偶演出的鳥類，經過引誘之後也會對布偶鳥、甚至幾根色彩鮮豔的羽毛，展演出昂首闊步、抖動翅膀並引吭高歌的行為。公棘背魚會攻擊簡單的假魚，甚至自己的倒影，看來這些錯誤尚未嚴重到必須付出代價以創造出更正確的知覺系統。求偶儀式已證實為獲得交配機會的好方法，即便最後偶爾會對著一堆羽毛唱歌跳舞。

吃進不可食的東西是另一種常見的錯誤，但不至於得付出全數毀滅的代價。大多數的物種會依賴非常粗糙的分類系統來區分食物和非食物。小雞會啄食在牠們面前某個大小的所有東西。青蛙的舌頭會伸向所有以某種方式移動的小東西。這樣的策略一般而言都能完美地達成想要的目的，除非有些壞

心的學者故意造假。現代人類的視覺系統比以前好得多，因此鮮少出現類似的粗糙錯誤，但我們也引致一樣危險的情況。人類在狩獵—採集時期的選擇，使得我們愛上甜而富含脂肪的食物。炸魚薯條加上一坨甜甜的番茄醬，再搭配蘋果派加鮮奶油和冰淇淋，對於直立人或古智人來說，會是絕佳的體內燃料。因此我們會喜歡這些味道，愛吃巧克力、甜甜圈，以及滑潤的馬鈴薯泥搭配香腸和芥末。但這對於已吃太飽的現代智人來說並不健康。諸如此類的錯誤在動物界可說十分常見。

就這觀點而言，生育控制和享受性愛的樂趣，以及現代性生活的許多面向，都是尚未導致基因被消滅的錯誤，因為錯誤的代價還不夠高，或僅是因為無法預料這些狀況的基因沒辦法消滅這些錯誤。然而，即便這些都是錯誤，社會生物學家也主張，我們大多數的性行為並非錯誤。這些行為在過去有助於我們基因傳遞到下一代，未來也是。

我們不應低估社會生物學在處理這個主題獲致了多大成功，以及當初為了獲得被人們接受，歷經了多麼努力的抗爭。數十年來，最普及的觀點是人定勝天，人類不會受制於基因和生物學的限制。在性行為方面，一般認為只有我們能夠超越「純粹」的生物衝動，對於做愛的對象和方式做出理性的有意識選擇。即使性行為是最靠近基因傳播的行為，在 1950 和 1960 年代的理論卻完全忽略了生物學上的事實。他們把文化視為壓倒性的力量，但與迷因理論不同的是，這些理論對於文化如何施展出這般力量缺乏達爾文式的解說。1970 年，社會生物學現身，我們才得以開始理解特定性癖好存在的理由（如參見 Matt Ridley 1993; Symons 1979）。

愛、美，以及投入教養

　　想像一下擇偶。我們或許會想，我們是為了某些跟基因和生物學無關的原因而選擇所愛的人。也許我們就是單純陷入了愛河，也許我們是做出理性的選擇，因為他符合我們對於完美丈夫的想像，或是我們是基於美感因素做出選擇的——他就是這麼好看。事實是，愛情以及陷入愛河本身，是基於我們內心深處的偏好。在我們遙遠的過去，就是要選擇性感的伴侶，來增加我們把基因傳遞到下一代的機率。

　　首先，我們要問的是，你伴侶的吸引力有多少？我的猜測是，他或她的吸引力跟你差不多。為什麼呢？所謂「物以類聚」的邏輯其實十分簡單。不論你是男是女，你需要爭取你所能得到的最佳伴侶。而對方有多帥多美，取決於你所能企及的最佳對象。所有人都是一樣的。最後的結果是，就平均而言，人們搭配的對象之吸引力多少是對等的。這在實驗上已經有過證實。

　　但何謂美？是什麼讓男性女性具有吸引力？簡單的答案似乎是，當女人展現出年輕、生殖力豐沛的表徵，男人就會覺得她具有吸引力。而女人對於潛在愛人的地位，比其身體樣貌更感興趣。這其實有很好的生物學基礎，只不過是比較複雜的生物學。

　　男性和女性的基本差異在於，女性製造卵子而男性製造精子。這確實是在許多物種之間對於性的有用定義。卵子很大，裡面包含讓胚胎生長的食物，因此製造成本高昂；精子則小而廉價。因此卵子數量稀少，且需要受到良好保護，而精子則能盡情揮霍。除此之外，許多女性除了供應卵子，也提供大量養育上的照顧，而養育照顧在擇偶上確實構成要件。

養育上的投資邏輯，最早是由生物學者羅伯特・泰弗士（Robert Trivers 1972）所提出。隨後，費雪（1930）則稱之為「養育支出」。泰弗士證明了，我們可以以兩性投入多少資源在養育下一代，來解釋許多物種的性行為。這個新的理解隨後由早期社會生物學家應用到人類行為上。人類是很有趣的例子，因為人類嬰孩需要多年的密集照顧，即使是斷奶之後，仍舊需要許多年才能完全保護自己。比起其他哺乳動物，人類女性在養育上挹注的心力算是很高，因為男性會為家庭提供食物和保護。然而，不論是傳統社會或工業化社會，男性對家庭的投資仍遠少於女性。在現存的狩獵─採集社會中，女性為孩子提供的食物，遠比男性所提供的更具營養價值，並且每日投注在工作上的時間也遠多於男性。即便在今日所謂已經解放的西方社會，某些預測也認為，女性每日花費在工作上的時間是男性的兩倍，其中包括職業、家庭和照顧孩子。在養育投資上的差異，能夠充分地解釋人類的性。

生育年齡的人類女性一年頂多生一個嬰孩，一輩子生育的數量可多達二十至二十五個。最高紀錄可能是六十九個孩子，其中大多是三胞胎，由 19 世紀一名莫斯科女性所產下。然而，人類嬰孩需要大量的關照，而在傳統的狩獵─採集社會中，女性大約每三到四年產下一個孩子，一如現今的狩獵─採集社會。他們藉由禁慾、漫長的哺乳期，有時甚至殺嬰，來拉長孩子之間的年齡間距。事實很簡單：女性無法藉由更頻繁的性交或與更多男性性交，來增加她能夠成功扶養長大的孩童數量。

相較而言，男性潛在上可以製造出大量後代。他能讓多少女性懷孕，便能擁有多少孩子，而他也多少能仰賴這些孩子的母親來照顧他的孩子。即便有些孩子無法存活，他也只是折損了幾個精子，以及為了製造這些寶寶精子所付出的短暫勞力（或歡愉）。這個簡單的事實帶來的就是性別差異的世界。

　　對男性而言，傳遞最多精子的最佳策略，就是與可以性交的對象盡情地性交。一個常見又有效的方法，就是擁有一位長期伴侶，並且盡可能保護她免受其他男性染指，也保護她的孩子。在這同時，你也會盡可能地讓更多女性受孕，前提是你沒被發現。

　　女性能傳遞最多基因的方式則是，以足夠的資源來養育幾個高品質的孩子，並悉心照顧他們長大。這可能意味著：（A）與一個高品質的男性性交（亦即擁有好基因），並且（B）找一個能提供大量養育照護的男性。而這有可能不總是同一位男性。

　　這種差異的其中一個結果是，女性對於性交對象必須多加挑剔。她們可不希望跟一個又糟又醜又衰弱又不健康的人懷孕。這樣的人基因差，也無法為她們和寶寶提供照顧和支援。這可以解釋為何女性會經常避開性愛，且男性往往必須經過一番追求或是送禮才能追求到女性。男性就無需如此挑剔，如果他們能讓幾乎所有女性受孕，那麼稍微付出微薄的心力也很值得，因為他們不需要獨自扶養孩子。這解釋了男性為何遠比女性熱烈追求性愛，而女性通常無需耗費太多力氣便能得到性愛——甚至還能以性來換取金錢。

　　許多人似乎很痛恨這樣的概念，也就是她們的性愛被降級為如此粗糙的計算。但有越來越多證據顯然反對早期人類學家的看法，顯示性行為在不同文化中有完全不同的表現。更徹底的研究還顯示，基於女性會投入更多養育工作的原則，男性和女性都會去符合這樣的期待。男性更勇於追求性愛，尤其會因為與許多不同伴侶發生性關係的想法（或做法）而感到性慾高漲。而女性比較挑剔，傾向尋找單一可靠的伴侶。整個世紀以來，賣淫服務幾乎全由女性提供，由男性支付。

　　那什麼是女性的美？即便男性跟幾乎所有女性性交，也可能不會有多大

損失，但若能讓一位年輕、健康、生殖力又強的女性受孕，他的基因才會值回最高價值。演化心理學者戴維·巴斯（David Buss）發現，在三十七種文化之中，每種文化中的男性都偏好較年輕的女性，女性則偏好較年長的男性（Buss 1994）。對年輕又能生育的渴望，也許能解釋社會學中經常受嘲弄的發現之一，那就是男性偏好腰臀比值較低的女性（Singh 1993）。不同文化對於女性的胖瘦程度有不同偏好，現今我們對於苗條纖細的著迷可說是特例，但一般顯然對於細腰寬臀的女性有持續偏好。這種現象背後的理由仍舊沒有定論，但是寬臀似乎意味著寬的產道，能安全產下大頭嬰孩（當然，這可能只是他們建議的說法，而肥胖只是個幌子）。纖腰意味著尚未受孕，而男性最不想要的就是與已受孕的女性發生性行為，因為這可能導致他必須照顧另一個男人的孩子。

大而清澈的雙眼、光滑的肌膚、一頭金髮，以及對稱等特徵，是年輕健康的良好指標。之所以要金髮，是因為對於皮膚白皙的人而言，髮色會隨著年齡而變暗；之所以要對稱，是因為疾病通常會導致不對稱的缺陷。漫長的基因史所創造的男性，會對年輕又能生育的女性產生性慾高漲的反應（Matt Ridley 1993）。

在這同時，女性對於美貌和身體外在的需求比較小。她需要的是地位高的男性，才能成為好的保護者和供應者。這符合我們經常觀察到（雖然令人沮喪）的事實，就是有錢有勢的男性搭配年輕貌美的女性。這也符合許多調查結果所顯示的，男性一直十分看重配偶的外貌，而女性較為看重財富和地位。

確實，外貌對女性來說十分重要，對男性則否。根據巴斯的研究，在所有文化之中，男性較看重女性的外貌，而女性則較重視男性的財富面向。

　　但這是事情的全貌嗎？男性對女性的吸引力究竟為何？根據演化心理學，決定女性伴侶選擇的基因，是在狩獵—採集生活中選擇而出的。在這種生活方式中，人們沒有什麼財產，因為人們一直在移動，而穩定供應肉類和有用工具應該有助於養育孩子。男性有可能經由狩獵、鬥毆、保護群體、抵禦外侮、英武的服飾或是裝飾，來贏得地位。選擇男性身上這些特質的基因，真的會在今日導致我們選擇有大量存款、跑車、高收入以及豪宅的男性嗎？是有可能，不過待會兒我們就會看到，迷因理論採取不同看法。

　　另一項重要的生物學事實是，女性可以確定寶寶是她自己的，也應該會知道孩子的父親是誰。男性則否（或是說直到基因指紋出現之後）。這種差異在人類身上尤其明顯，因為在靈長類動物之中，很少有女性會隱藏自己的排卵期。她自己或伴侶都不知道一個月中的哪段時間是能受孕的。男性無法一直守在女性身邊，因此她有辦法騙過自己的伴侶，去扶養另一個男人的孩子。確實，這可能說明了隱藏排卵為何演化而出（R.R.Baker 1996）。

　　為了確保自己所養育、所保護的孩子是自己所生，男性其實是有許多方式能增加這個機率。婚姻是其中之一，而男性堅持女性婚前守貞以及一夫一妻制，能更加鞏固這件事。人類某些卑劣作為（至少從女性觀點看）或許也有助於增加養育的確定性，像是摧毀女性生殖器、貞操帶、懲罰女性通姦（男性通姦則不必受罰），以及把女性跟世界隔絕的各種方法。我想我在1970年代初期，也受到這類不公平的處置。我在牛津大學的第一個學期，很倒楣地在早上八點被抓到跟一位男性共處一室。該名男子被罰了兩先令六便士（約相當於今日的十二便士，就算在當時也並不算多），並受到他的「道德導師」告誡以後要多加小心。至於我，我的父母被叫到學校，接下來我整個學期都不得入學。

　　如果養育的確定性如此重要，嫉妒在男性和女性身上應該會發揮不同功能。演化心理學者馬丁・戴利（Martin Daly）和瑪歌・威爾森（Margo Wilson）認為，如果男性最怕的是戴綠帽子，那麼他們最嫉妒的應該會是伴侶在性關係上的不忠；要是女性最怕的是遭到遺棄，她們最嫉妒的應該就是伴侶把時間和金錢花費在競爭者身上。許多研究顯示，事實就是如此（Wright 1994）。巴斯甚至在人們身上裝設了電極，請他們想像伴侶與其他人發生性行為的畫面，或是想像伴侶與他人建立深刻的情感連結。對男性而言，會引起他們生理上沮喪表徵的就是性愛；對女性而言，則是情感上的背叛（Buss 1994）。

　　最後，這個論點還有一個邪惡的轉折。女性當然希望盡可能獲得男性最多的挹注，但是她們很有可能無法在同一個男人身上同時尋獲好的基因和好的照顧保護。確實，擁有好基因的男性（像是高、壯、聰明）可能會發現自己很容易就獲得性愛，而且不需要付出代價去照顧孩子。斑胸草雀和燕子身上可以發現這樣的事例，比較有魅力的公鳥在扶養雛鳥上花費的心力較少，母鳥則必須格外辛苦。在「兩全其美」的理論中，女性最好的賭注也許是擄獲一個夠好但不怎麼有魅力的男性，這個男性會扶養她的孩子，而她再從其他地方獲得較好的基因。一如馬特・里德利（Matt Ridley 1993, p.216）所說，「嫁一個好男人，但跟自己的老闆外遇。」

　　我們或許能想出許多例子，但以生物學來說，這樣的行為在現代人類身上是有效的嗎？這證據來自英國生物學家羅賓・貝克（Robin Baker 1996）和馬克・貝里斯（Mark Bellis 1994）具爭議性的研究。他們在針對將近四千名英國女性的調查中發現，外遇的女性在排卵期間與外遇對象會更常做愛，而與自己丈夫則沒有這樣的表現。此外，她們發生「保留精子的性高潮」（也

就是發生在男性性高潮之前一分鐘，以及之後四十五分鐘之間的女性性高潮），在外遇對象身上比在丈夫身上還多。換句話說，如果她們沒有避孕，她們依舊更有可能從外遇對象受孕，即便與外遇對象發生性行為的次數較少。

這些僅僅是現代社會生物學以及演化心理學用來理解人類性行為和伴侶選擇的某些方式。有些細節或許最後證實是錯的，新的理論會取而代之，但這條研究進路的效用是毫無疑問的。然而，關於人類性生活還有許多事情，似乎就是無法以這種方法來解釋，也無法屈從於社會生物學的說明。

迷因與擇偶

迷因理論與純粹社會生物學對性愛的解釋，有兩個主要差異。首先，迷因已經存在了至少兩百五十萬年。迷因與基因共同演化並且影響性行為和擇偶。其次，迷因現在已經擺脫了束縛。而在上個世紀，性愛迷因已經影響了我們的生活，而且跟基因幾乎沒有牽連，甚至毫無瓜葛。

讓我們從擇偶開始。這兩個理論的主要差異就在於此。根據社會生物學，我們選擇配偶，以及我們感到有吸引力的人，最終都要回歸到基因優勢的問題。在現代生活中，事情也許十分複雜，但基本上我們應該會選擇那些在過去演化的歷史環境中，有助於增加基因傳遞的配偶。

根據我這個版本的迷因理論，擇偶不僅受到基因優勢所影響，也受到迷因優勢的影響。我的關鍵假設之一是，只要迷因來自於我們遙遠的過去，天擇就會開始偏好選擇與迷因的最佳模仿者或最佳使用者或最佳傳遞者成為配偶的人。這是我的部分論點，迷因驅動基因製造出更大容量的腦以及語言，

但迷因也自然導致某些與擇偶有關的結果。但迷因競爭起始於我們遙遠的過去，因此迷因選擇的方向必定影響了擇偶。人們必定會選擇與最佳的迷因傳遞者成為配偶，但何者構成最佳的迷因傳遞者，有賴於迷因在當時扮演的角色。迷因就是在這個意義下開始掌控一切。

讓我們思考某些例子。在早期狩獵—採集社會中，特別擅長模仿的男性必定能複製出最先進的狩獵技巧或是石製工具的技術，因此能獲得生物學上的優勢。與這個男性成為配偶的女性，更有可能產下具備這種模仿能力、因而具備同樣優勢的孩子。因此，女性要怎麼選擇正確的男性？我認為她會尋找某些表徵。不僅是擁有好工具的男性，因為這種狀況有可能會改變，而是大致上而言本身就是好的模仿者的男性。這是關鍵。在迷因的世界，成為好的模仿者的表徵會隨著迷因的改變而改變。選擇能製造並使用舊石器工具的男性的基因，有可能曾經具備優勢，然而當越來越多迷因出現並傳遞開來，這就不再是優勢。反之，選擇具備一般模仿能力、甚至創新能力的男性的基因，結果會更好。在狩獵—採集的社會這樣的表徵可能包括製造最佳工具、唱出最好聽的歌、身著最具特色的服飾或身體彩繪，或是顯示出具有魔力或醫治能力。迷因演化採取的方向必定影響了基因。

如果這個論證是正確的，我們會期待迷因驅力的遺澤，對於我們今日擇偶具有顯著作用。那就是，我們仍會選擇最佳模仿者為配偶（就某種程度而言，是我們過去環境中迷因的最佳模仿者）。在現代城市中，服裝時尚也許仍舊是一個表徵，但其他還包括對音樂的偏好、宗教和政治觀點，以及學歷。不過，更重要的會是傳遞迷因的一般能力，成為時尚引領者以及最佳追隨者。這意味著，想要的配偶應該是那些能讓他們傳播最多迷因的人，像是作家、藝術家、記者、廣播主持人、電影明星以及音樂家。

　　毫無疑問，這些職業很容易讓你遇到自己送上門的愛慕者，你幾乎可以
跟任何想要的人性交。吉米・罕醉克斯（Jimi Hendrix）顯然在二十七歲過世
之前，就在四個國家擁有好幾個孩子。H. G. 威爾斯（H.G. Wells）雖然醜得
有名，聲音又粗啞難聽，卻是一夜能色誘好幾名女性的能手。卓別林又矮又
不好看，卻擁有無數風流韻事，一如巴爾札克、魯本斯、畢卡索以及達文西。
生物學家傑弗瑞・米勒（Geoffrey Miller）認為，藝術能力和創造力是性擇，
用來展演，以吸引女性（Miller 1998; Mestel 1995），但是他並未解釋為何性
擇會揀選這些特徵。迷因理論提供了一個理由，那就是創造力及藝術表現乃
是複製、使用和傳播迷因的方式，因此是好的模仿者的表徵。我的預測是，
如果這些事理能夠梳理清楚，那麼在其他條件相同的情況下，女性選擇的會
是好的迷因傳播者，而非有錢男性。

　　要注意的是，我是以女性配偶選擇的角度來提出這論點。這具有某種意
義，因為一如先前所討論的，女性對配偶的選擇必須比男性更為挑剔，而且，
一般而言，性擇是由女性的選擇所驅動，一如孔雀尾巴及其他艷麗羽毛的例
子。然而，這種不平衡對於此處我要達成的論證並非必要，而我們可能會發
現，男性也會想找好的女性模仿者為配偶。此外，在今日科技先進的社會，
女性傳播迷因的能力跟男性一樣強。因此，我們或許會期待，當女性對於傳
播迷因的控制持續增強，性行為和配偶選擇會出現更多改變。

　　我們應該與最佳模仿者成為配偶的建議，是迷因─基因共同演化以及迷
因驅力理論的中心，因此這也是測試的明顯標準。這種預期其實十分直接：
人們應該根據複製、使用和傳播迷因的能力來選擇配偶。實驗或許是為了維
持基因因子常數而設計，並在測量所感知的吸引力時操縱迷因因子。更巧妙
的是，我們可能會探索相互的作用。我會希望，倘若一個又醜又窮的男性是

個絕佳的迷因傳播者，仍舊被視為具有吸引力。只是，一個人能擺脫多少醜陋？即便在今日迷因充斥的社會，女性依舊很少選擇比她們還矮的男性。顯然，迷因能夠推翻基因考量的幅度有個限度，而這可是絕佳的研究領域。

迷因現在傳遞的範圍遠勝於以往，而這對於我們生活中的一切都帶來強而有力的影響，包括性。迷因理論與社會生物學的第二項差異在於，迷因是如何解釋現代社會中的性。現在要回到性愛雜誌，以及獨身、領養和生育控制的困境。

11.
現代世界中的性

生養眾多的女性無暇充分參與社交生活，時間大多花費在伴侶和家庭上。即便她們接觸到其他人，可能也是少數其他帶著幼子的母親。孩子越多，在這樣的生活上花費的時間就越長。因此，她們幾乎沒有時間來傳播自身迷因，包括那些會關注家庭價值以及享受大家庭樂趣的迷因。

　　現在要來到 20 世紀。我在本書中已花費許多篇幅解釋迷因如何在人類演化中出現，以及迷因可能如何迫使基因製造出具有如此大容量的腦和語言能力的生物。在人科動物祖先漫長演化歷史中，大多數時間都有一些迷因在作用。他們住在相對簡單的社會中，相隔甚遠的群體則鮮有聯繫。但現在情況已非如此。不僅有更多迷因在流轉，迷因傳遞的方式也已經改變。

　　許多迷因是從父母傳遞到孩子身上。父母教給孩子自身社會中的許多規則，包括如何拿筷子或刀叉，在什麼場合要如何穿著，該在何時說請、謝謝、不了謝謝，以及其他無數有用的事物。孩子從父母習得母語，通常還有宗教。卡瓦利—斯弗扎和費德曼（1981）稱之為垂直傳遞，反之為水平傳遞（同儕之間），或是斜向傳遞（例如叔姪或表親之間）。傳遞的模式很重要，因為這關乎迷因和基因之間的關係。

　　當迷因垂直傳遞，就是沿著基因傳遞。一般而言，這表示對其中一個有利，就會對另一個有利。因此，例如當母親教導孩子如何尋找食物、避開危險，如何打扮吸引人等等，她不僅是協助自己的孩子生存，也有助於傳播自己的基因和迷因。確實，如果所有的傳遞都是垂直的，迷因和基因之間就不會有什麼衝突（也就不需要迷因理論了）。社會生物學家的皮帶確實綁得很緊，而所有創造出的迷因至少在原則上應該要有助於基因。事實上，這些迷因有可能以各種方式偏離這項原則，未能完美追隨基因的腳蹤，但是原則是清楚的。當你將你的想法傳遞給孩子，這是為你自身基因的利益而傳遞這個有利於孩子繁衍後代的想法。從迷因的角度而言，迷因的生存也仰賴於你的成功繁衍。

　　這意味著，共同演化和迷因驅力無法僅藉由迷因的垂直傳遞。因此我們應該注意一點，就是我在迷因驅力中所提的例子，至少牽涉到某些水平傳遞

的因素。我認為,例如人們會模仿最佳的模仿者。這表示迷因的傳遞包含了水平或斜向傳遞,就跟創造語言一樣,畢竟你無法單純擁有一個僅跟自己父母或孩子說話的語言社群。

當迷因是水平傳遞時,才能擺脫基因而自行傳遞。一個想法有可能在一代之中,從一個人傳遞到另一個人,然後再另一個人。此外,當迷因在有用、中性,甚至有積極性傷害的時候,都可能傳遞開來。例如一個不真實的解釋、令人沉迷的習慣,或是一丁點惡意的閒話。唯有當水平傳遞變得常見,迷因才能真正說是擺脫基因。

現代工業化生活是個水平傳遞的世界。我們仍然是從母親身上習得母語,習得許多習慣和觀念。人們依舊壓倒性地更傾向於追隨父母所信仰的宗教,甚至父母的投票習慣。然而,隨著我們越長越大,我們父母的立場也越來越堅定,而我們現在多少也繼續經由自己的生命習得越來越多東西。我們的主要消息來源,是我們漫長的演化史中並不存在的:學校、廣播、電視、新聞、書籍和雜誌。而越來越多朋友和熟識者廣泛散布在整個城市、國家甚至世界。

迷因傳播的途徑越多,傳遞速度就越快,而受制於基因的需求就越少。在傳統狩獵—採集的社會中,甚至簡單的農耕社會,決定迷因成功與否的標準,會與現代工業化社會的標準有莫大差異。在前一種社會中,生活方式變化緩慢,迷因大多是垂直傳遞,並且通常有益於(或至少看似有益於)載子的健康、長壽和後代繁衍。在後一種社會中,迷因若能快速且有效地從一個宿主傳遞到另一個宿主,最有可能成功。這些迷因無需理會宿主是否處於良好狀態,也就是無需理會宿主能否順利生存或繁衍後代,只要能感染更多宿主就好。我們現在生活在後一種社會,而迷因已經完全改變且持續改變我們

的生活方式。

　　我們現在可以回到性愛和性愛迷因的主題。為了簡化起見，我僅將社會區分成兩種，但也要瞭解到兩種之間其實存在許多漸進變化，很少純粹只屬於一種。在這些社會當中，迷因大多是垂直傳遞，因此會追隨基因的足跡；至於水平傳遞的迷因則不會追隨基因足跡。

　　首先，讓我們想想垂直傳遞。許多迷因是乘坐依照生物學決定的行為而遊走的。這些迷因會利用生物學所決定的傾向進行擇偶以及其他方面的性行為。從上一章提到的例子中，我們可以簡單猜到其中的許多迷因，像是擁有小蠻腰、長髮、明眸和對稱五官的美女照片；他人的性愛電影和影片，或是摻雜許多性愛畫面的故事。由於人們想看這些影像，這就成了賺錢之道。妒火中燒的丈夫以及遭到拋棄的女子，還有年輕貌美的護理師和功成名就聰明的醫師所編織的羅曼史，這樣的故事都會熱賣（這些情節太老套了嗎？去看看當地書店中愛情小說區的書吧）。

　　跟婚姻有關的迷因是另一種明顯的例子。從白色蓬裙洋裝加上幾束花，到破處儀式和通姦的可怕懲罰，我們瞭解到跟婚姻有關的許多迷因，都是立基於生物學上的優勢。美國迷因學者林區（1996）提供了婚姻傳統中許多追隨生物學優勢的事例，例如性別角色及父系繼承。其中的機制很簡單。執行某種婚姻制度的人，會比執行另一種婚姻制度的人產出更多孩子，並且把這套體系傳遞下去，因此產出更多孩子。因此，傳遞這種體系會更有效率。

　　除此之外，運作最佳的體系可能會隨著環境變化。社會生態學者提供了許多不尋常的婚姻安排，以及各種聘金和嫁妝的事例，這些事例看來確實都依循環境而出現，並能增進體系中成員的基因適應度。一夫多妻制（一個男性有好幾個妻子）就跟一夫一妻制一樣，都是常見的體系。但在極端的環境

中，其他體系也能盛行。舉例來說，在邊陲寒冷貧瘠的喜馬拉雅山谷中，是全世界少數幾個施行兄弟共妻的一妻多夫制的地區。這種制度是一個女性與兩個以上的兄弟結婚，並繼承家業。許多男性和女性保持獨身，女性通常會協助治理家產，而未婚男性則成為僧侶。英國的社會生態學者約翰‧克魯克（John Crook 1989）詳細研究了這些人，並主張他們的體系其實最大化了其基因的適應度。祖母在一妻多夫制裡所生的女兒，比在一夫一妻制中生下的女兒，後代生存下來的數量更高（Crook 1995）。

不論你是從社會生物學角度或是迷因學角度來看，結果都很相似。成功的運作方式（或是成功的迷因），是在所處環境中提供最佳基因優勢的運作方式。

某些廣為流傳的性愛禁忌也是一樣。手淫一直被視為汙穢下流噁心，會耗盡你的「生命能量」。好幾代的男孩就是在「玩雞雞會瞎掉」、「玩雞雞會長疣」、「玩雞雞手心會長毛」的教導下長大。由於年輕男性有強烈的性慾，勸阻他們手淫就比較能增加他們進行插入陰道性交的可能，進而增加其子嗣的數量，並且又把這些禁忌傳遞下去（Lynch 1996）。林區認為，割包皮的迷因之盛行也是基於相同原因，因為割包皮會阻礙手淫的進行，但無損於插入性交。

有趣的是，沒有什麼反對女性手淫的禁忌，就算有也不多。近來研究顯示，雖然女性手淫的頻率比男性低，許多成年女性大多一週手淫一次以上（R.R. Baker 1996）。缺乏相關禁忌是合理的，因為一般而言，女性無法因為增加性愛次數而增加後代數量，因此從這個觀點來看，她們是否手淫並無大礙。

反對同性性行為的禁忌也是依循同樣邏輯。大多數的同性戀都有一部分

是雙性戀，並且在背負強烈的禁忌下，被說服要進入婚姻、懷孕生子，再把禁忌傳遞下去。同樣地，反對跟受精無關的任一種性行為的禁忌，也能傳遞下去，包括反對生育控制的禁忌。反對通姦的禁忌則不太一樣。布羅迪（1996）認為，每個男性都會為了自身基因的利益，去說服其他男性不要犯下通姦罪，但自己卻又這麼做。因此，反通姦的迷因會和偽善一起傳遞。

最後，許多宗教會利用性愛去傳播。推崇大家庭的宗教在假定迷因垂直傳遞的情況下，會讓更多寶寶在這個宗教裡生長，而非在推崇小家庭的宗教中長大。因此宗教迷因成為基因成功的重要操縱者。天主教反對生育控制的禁忌，十分有效地把世界塞滿數百萬個天主教徒，這些教徒告訴孩子保險套和避孕藥是邪惡的，而天主希望他們盡可能生養眾多。

要注意的是「假定迷因垂直傳遞」的這句話。上述論點都仰賴於父母把迷因傳給孩子，因為唯有在這種情況下，你所生的孩子數量決定了你迷因成功的程度。垂直傳遞也是我們整個演化史中迷因複製的主要途徑。早期人類或許住在頂多一到兩百人的群體之中。他們可能會與群體中許多人往來交流，但不太可能大幅超出這個範圍。就我們所知，文化傳統在數千年來改變得非常緩慢，因此父母傳遞給孩子的迷因就會持續貫穿孩子的一生。在這種情況下，成功的迷因在很大的程度上也會成為生物學上的優勢。

在這種案例中，社會生物學和迷因解釋幾乎沒什麼不同。他們並不會帶來不同的預測。就迷因的觀點而言，並沒有帶來特別的優勢，我們可能仍舊緊守著社會生物學。

曾幾何時，傳遞不再以垂直途徑為主。那麼，當迷因大多以平行方式傳遞時，性愛迷因會有何改變？簡單的答案是，生物學上的優勢變得越來越不相干。讓我們採取上述第一型的性愛迷因——性感女性照片和撕心裂肺的愛

情故事——這些不會受到影響，因為它們是生物學上固有的趨勢，不會很快消失。即便我們現在大多是水平傳遞迷因，我們的大腦依舊與五百年前甚至五千年前的人差不多。我們就是喜歡高大、黝黑、壯碩的男性，以及纖細、明眸皓齒的女性。我們觀看性愛畫面會被撩起性慾，手淫時會想著理想中的對象。

　　但婚姻習俗這類社會制度的事實並非如此。現今決定婚姻習俗的迷因是否成功，並不在於生出多少孩子。水平傳遞的速度之快，超越了垂直傳遞的速度，而人們可以隨意決定要採用哪種所知的婚姻制度，甚至一個都不要。他們的父母在婚姻中生下多少孩子，現在已不重要。一夫一妻制的婚姻行之久遠，並且在科技先進的現代社會中依舊盛行。但這種制度顯然壓力很大，離婚率在許多國家高達 50%，有些年輕人則一舉拒絕整個婚姻的「理想」。

　　我提到罕見的兄弟共妻之一妻多夫制，這讓喜馬拉雅部分山區的基因獲致成功。由於接觸到越來越多城市的生活方式，以及越來越多水平傳遞的迷因，我們可能會預期這樣的制度遲早會崩毀。情況確實如此。遙遠的喜馬拉雅村落開始與世界接觸之後，越來越多年輕男子不願選擇與其兄弟共妻，而是選擇城市的生活方式（Crook 1989）。

　　禁忌的效力也不如以往。我們可以想像一個「手淫是禁忌」的迷因，與一個「手淫很好玩」的迷因在互相競爭。有多少承載這類迷因的孩子出生，現在已無關緊要。人們在生下孩子之前，就會從電影、廣播、書籍和電視中選擇自己的迷因，更遑論去說服他們的孩子去複製自己的習慣。因此，我們會期待這些性愛禁忌的力量會縮減，而水平傳遞的能力增加。情況看來也確實如此。

　　對抗同性性行為的禁忌尤其有趣。同性性行為一直沒有生物學上可被廣

為接受的解釋，而且表面上來看，它似乎也不是可以調適的。無論如何，累積的證據顯示，同性性行為是有遺傳傾向的。假定是這種情況，過去的禁忌會矛盾地迫使載子違反自身的意願去結婚生孩子，做出有利於這些基因生存的舉動。

這對於未來做出了有趣的預測。當水平傳遞增加，禁忌就會喪失力量，並可預見之後就會消失。很多社會都是如此。接著同性戀就能自由地與其他同性戀者性交，完全不生小孩。短期效應會是公開的同性性行為暴增，並為大眾所接受，長期效應則可能是同性戀的基因會越來越少。

這個分析顯示，古代性禁忌之所以消失，並不是因為作為財富或工業化的功能，而是因為迷因水平傳遞的增加。因此，我們會期望文化的水平傳遞越少越好，以期有最強而有力的禁忌，反之亦然。水平傳遞有許多間接的測量方式，像是識字率，或是電話、廣播和電腦的普及率。更直接的測量是社群的平均大小，或是人們在直系親屬外接觸的人數。我預期這些測量和性禁忌的普及之間會呈現負相關。在這個例子中，迷因學提供的預測是在其他架構中無法找到明顯合理解釋的。

獨身

我們現在可以回到先前提出、會對社會生物學帶來特殊挑戰的現代生活之各個面向：獨身、生育控制以及領養。

為何有人會自願獨身，放棄所有的性愛歡愉？除非他們的構造和我們其他人完全不同，否則他們應該會奮力地與身體歡愛的自然慾望抗爭，並且釋放這不時出現、甚至持續對性愛的極度渴求。依照定義，獨身者無法傳遞自

身的基因。他們這麼做是為了什麼？

從基因的角度未必無法解釋。獨身男女在某些情況下，有可能藉由照顧手足或姪甥，來增進他們基因的存活率。從某些會劃分領域的鳥身上可以看到這種情形。例如當領域很稀少，尚未尋獲配偶的年輕公鳥就會幫助手足築巢。牠們或許在未來的季節中能擁有自己的領域，但現在幫助甥姪可能是基因上的最佳策略。確實，在人類社會中，我們不乏看到慈祥的姑媽和寬厚的叔父。而裙帶關係之普遍，足以具備專有名稱。此外，我們也已討論過，有一種婚姻制度能讓許多保持獨身的人，即使在貧乏的環境中，依然能給自己的基因更好的未來。

因此，基因和環境有可能導致某種形態的獨身。至於在富裕社會中選擇獨身的教士又是如何呢？他們不可能基於基因的理由而承繼獨身的生活方式，也不太可能花時間照顧兄弟的孩子和孫子。他從家庭生活中缺席，因此也不可能因為省下更多食物給家人而讓家人獲益。如果他是真正獨身（因為其實很多不是），他的基因就到他為止。宗教性的獨身是基因的末路。

道金斯首度在《自私的基因》（1976）為獨身提出迷因解釋。他說，假設迷因的成功有賴於人們挹注多少時間和精力在傳播，那麼從迷因的觀點看，花費在其他事情上的時間都是浪費。結婚、生小孩並將他們扶養長大，甚至是性愛活動本身，對迷因來說都是巨大的浪費。他又說，假設婚姻弱化了神父影響其會眾的力量，因為他的妻子和孩子占據了他人生很多時間和精神，那麼結果就是，獨身迷因比婚姻迷因擁有更大的生存價值。像是羅馬天主教這樣堅持神父必須獨身的宗教，神父就成了最積極的迷因傳遞者，許多改宗和原有的信眾持續加入獨身行列。禁慾帶來的痛苦，可能促使神父更強烈地投入信仰的服事中，以驅趕自己遠離對性愛的邪惡渴望。

　　這是特別有意思的迷因—基因衝突，令人想起宿主和寄生者之間的基因—基因衝突。我先前提過蝸牛殼厚度的衝突範例；有些寄生蟲會閹割宿主（通過化學方法而非物理方法），把宿主的能量挪用來複製寄生蟲而非宿主的基因。宗教性**獨身**是一個方式，讓迷因把宿主的能量轉移來複製宗教迷因而非宿主的基因（Ball 1984）。

　　這解釋要真正有用，應該要能預測出在獨身涉入或未涉入的情況之下會發生什麼情況。我會在更詳細討論宗教時回到這個問題上。目前重點已經夠清楚了。迷因理論認為，某些行為之所以會傳遞，完全是因為對於迷因有利。你應該要這麼看：每個人擁有的時間、精力和金錢都有限，因此他們承載的迷因和基因被迫要競爭這些資源。在真正獨身的神父身上，迷因贏得了勝利。但即使是犯錯的獨身神父，他們做的也不差。一如我們從近來許多起醜聞事件中看到的，為數不少的神父都發生外遇並生下孩子。不過，當然了，他們都是祕密進行的。他們通常不會因此放棄信仰，因此也無法挪出時間和精力甚至金錢來扶養下一代。他們必須仰賴孩子的母親來供應一切的照顧。如果孩子的母親能做到這點，那麼這個帶罪之人的迷因和基因就同時得到了保全。

生育控制

　　生育控制也是依循同樣的論點——並且對於迷因和基因的未來產生戲劇性的後果。

　　讓我們假設生養眾多的女性因為過於忙碌，無暇充分參與社交生活，並且時間大多花費在伴侶和家庭上。即便她們接觸到其他人，很可能也只是少

數其他帶著幼子、並且至少分享過一些育兒迷因的母親。她們的孩子越多，就得花更多歲月在這樣的生活上。因此，她們幾乎沒有時間來傳播自身迷因，包括那些會關注家庭價值以及享受大家庭樂趣的迷因。

另一方面，只有一兩個孩子或是沒有孩子的女性，較有可能外出工作，擁有令人興奮的社交生活，能使用電子郵件，可以寫書、寫論文、寫文章，成為政治人物或是廣播電台主持人，或是從事其他許多能傳播其迷因的工作。這些迷因包括生育控制以及小家庭生活的樂趣。出現在媒體上的女性形象會是這些人，她們的成功鼓舞了其他人，成為其他女性起而效尤的角色。

在這同時，戰鬥依然持續著。迷因和基因依舊在為了掌控複製機制而戰鬥，而在這個例子中，指的就是女性的身體和心智。每個人一生擁有的時間和精力有限，人們可以依照自己的選擇來分割這些時間和精力，但卻無法同時擁有許多孩子又投注大量時間和精力在傳遞迷因。這場特別的戰鬥在眾多女性生命中上演，並且當女性在迷因驅動的現代社會中扮演更突出的角色時，這場戰鬥就變得越發重要。我的論點僅有這樣：投注更多時間在迷因、而較少時間在基因的女性，能見度較高，因此也最容易獲得仿效。在這個過程中，她們有效地鼓舞了更多女性拋棄基因傳遞的工作，轉而投入迷因傳遞的事業。

這個簡單的偏差能保證生育控制的迷因傳遞出去，即使會對載子的基因帶來災難性的結果。這些迷因不僅包括了小家庭的觀念以及生育控制的益處，還包括在其中扮演某些角色的避孕藥、保險套和子宮帽；以及社會中跟性愛歡愉有關的觀念；還有推銷這些觀念的電影、書籍和電視節目，以及性教育節目。這些都對我們的孩子適應寬容社會中的性關係有幫助，卻又不至於因此懷孕或得到愛滋病。如果這個理論正確，生育率應該不會再度上升，

因為這個簡單的偏差會讓它繼續下降。

那麼，這個理論正確嗎？它做了許多可被挑戰的假設。其中一個關鍵假設是，擁有較少孩子的女性會複製較多迷因。這似乎是正確的，因為有更多錢和更多管道接觸到資訊的中產階級女性，孩子就越少。不過這也很容易經由測量來檢驗，例如測量她們社交生活中接觸的人數、她們花費多少時間與人交談、她們的閱讀量、她們書寫或廣播的產出，以及她們之中有多少人在使用電子郵件或傳真機。唯有當迷因的產出與一個女性擁有的孩子數量呈負相關時，這個理論才是有用的。

第二個假設是，女性更會去模仿她們在媒體上看到生養較少（或至少看起來如此）的女性，而非她們那些生養眾多的女性朋友。針對社會心理學、行銷和廣告的研究顯示，人們比較會被那些看起來有權力、有名望的人所說服。家庭大小或許也不例外，因此倘若成功女性生的孩子數目比他人少，她們就會被視為榜樣而獲得複製。如果上述兩個假設都對，那麼情況會發展成在水平傳遞的氛圍中，生育控制會傳遞開來，家庭會越來越小。

這個理論也能做出預測。舉例來說，家庭大小應該有賴於社會中迷因水平傳遞的難易度。其他理論或許能預測造成生產率降低的主要力量（中國式的強制除外），是經濟上的必要性、生育控制技術的可行性、務農孩子的價值，或是宗教的衰落。迷因理論認為，一個母親通常與多少人交流，或是她對印刷和廣播素材有多少接觸，這類因素應該更加重要。請注意，最重要的在於母親。迷因理論很容易就解釋了為何女性的教育對於改變家庭大小至關重要。

姑且不論教育，這一切都帶來這個矛盾的觀念：越多性愛雜誌、性愛電子郵件和性愛商店可以觸及，生育率就會越低。現代社會中販售性愛不是為

了傳播基因。性愛已由迷因所掌管。

讓我們想想這個例子。想像有一對夫妻，他們擁有高薪、高工時的工作。假設妻子是雜誌編輯，丈夫是管理顧問。他們有一棟大房子，但是這棟房子是工作室也同時是家。他們擁有電腦、傳真機、電話以及堆滿文件的工作桌，而且工時很長。她去雜誌社的辦公室上班，但也經常在家工作、編輯文稿、處理事情以及寫稿。工作之餘，他們會跟朋友出去徹底放鬆一下。

接下來，他們必須決定是否要生小孩。妻子三十多歲了，她一直隱約覺得自己想要孩子，但她要怎麼安排時間？她看到朋友在家庭和事業之間打轉，看到嬰兒占去她們許多時間，也看到她們的睡眠遭到剝奪，還有保母的問題以及花費的金錢。她思考自己的工作：他們正要取代另一家雜誌。她能獲得兩方的編輯工作嗎？如果她請假在家，會不會失去工作機會？丈夫也思及自己的客戶。孩子會妨礙他的工作嗎？他是否需要分隔開來的辦公室？如果他晚上和週末無法工作，他的競爭對手會不會取而代之？如果他必須帶孩子去學校，或是輪到他換尿布和餵奶，那該怎麼辦？權衡輕重之後，他們決定不要孩子。

這之間發生了什麼事？你可以說，這對夫妻經由理智決定把他們的精力投入在工作上而非照顧孩子上。就一方面來說這是對的。但還有另一個角度就是迷因的角度。就這個角度而言，迷因做得很好。迷因說服了這對夫妻把精力放在迷因而非基因上。迷因這麼做，並不是出於有意識的設計或是某種預見，而只是因為它們是複製子。從這樣的觀點來看，這對夫妻的觀念、情感、成功的慾望、對勤奮工作的意願，都是用來（或不是用來）傳遞迷因複製機制的各個面向──一如印製出雜誌的印刷機，以及建造電腦的工廠。雜誌的購買者以及管理顧問的使用者，都是這環境的一部分，而迷因就在這個

環境中繁衍。這些迷因利用我們來達成自身的傳播。

　　很多人都像這樣。當我們的環境中的迷因以及迷因複製設備變得越來越多，我們或許會期待有越來越多人感染到這些迷因，並因此受到驅動而投注一生的心力來傳遞這些迷因。這就是迷因所做的事。

　　超時工作的科學家十分熱衷於閱讀所有最新研究報告。精疲力竭的醫師無法跟上健康照護建議的最新變化，並且工時越來越長。廣告業務的主管有成堆的新點子要去處理。超市收銀員必須學習最新技術否則會丟工作。網際網路的時代來臨，越來越多人相互連結，他們得以在偌大的網海中，花費大把時間玩新的迷因。電腦宅甘於受到他迷因的奴役，勝於他所承載的基因。

　　如此下來，最後導致的結果自然就會是無子無女的社會，但基因又給了我們強大的慾望，讓我們去擁有和照顧孩子。我的猜測是，受到迷因驅動的現代社會最終的出生率會維持在某個程度。基因創造出想要孩子的慾望，會與迷因所創造出傳播更多迷因的慾望，達到某種平衡。

收養

　　最後，還有收養的問題。社會生物學家可以合理論證，沒有孩子的夫妻會受到基因的慾望所驅動，想要擁有並養育孩子。這樣的慾望之強烈，就算孩子是收養的、無法傳遞他們的基因也無所謂。換句話說，從基因的觀點來看，收養是個錯誤。然而，這是個非常昂貴的錯誤。這意味著投入大量時間和金錢，卻得不到基因上的回報。這就跟其他鳥類會受騙去幫杜鵑鳥扶養寶寶長大，是一樣的錯誤——會這麼做的人，大概是「杜鵑窩」出來的人吧。而我們也看到了，生物演化為了避免這種情況發生，做了多麼長遠的策畫

——看看男性為了確保孩子與他的親子關係，施加了多少壓力在女性身上。基因上來說，不育的人去幫助手足和手足的孩子是較好的選擇。有些就是這麼做，但還有非常多人是在列隊等候收養孩子。這說明了，這之中有些事情挑戰著社會生物學的觀點。

從迷因的角度來看，收養的益處十分顯著。花費在收養孩子身上的時間和精力，就跟花費在親生孩子身上一樣有價值。能夠藉由這種方式成功傳遞出去的迷因（並且常見於迷因庫中），就是人們**想要**傳遞出去的迷因。這不僅包括了宗教和政治觀點、社會習俗及道德標準（當然，有些孩子全盤拒絕這些東西），還有生活在迷因充斥的社會中的所有財產。我們擁有的家庭、財產、社會地位，我們的股票、股份和金錢，最終都要歸功於迷因。沒有以迷因為基礎的社會，這些東西就不會存在。而這是我們辛勤工作所追求的，並想在死後遺留給某個我們在乎的人。

如果問某個人為何想要收養孩子，我想他不會回答「為了傳遞我的迷因」；這就跟如果我們問某個人，為何那麼愛做愛，他應該也不會回答「為了傳遞我的基因」是一樣的道理。無論如何，從迷因的觀點來看，一個人想要傳遞自身的經驗和財產，這樣的慾望應該可以好好利用。因此，我們會預期在沒有迷因的物種之中，個體會盡其所能地避免扶養非親非故的孩子。但在同時具備迷因和基因的物種之中，某些個體會發現自己就是想要孩子，無論這孩子跟自己是否有生物上的牽連。收養、生育控制和獨身，對基因來說或許是錯誤，對迷因則不是。

———

　　迷因也可以用其他許多方式來掌控性行為。性意味著親密，而親密意味著共享迷因。許多間諜會把政治人物騙上床，作為取得資訊的計謀。許多年輕女演員也屈服於以陪睡來換取登上大銀幕的機會，讓數百萬的人看到甚至可能模仿她。權力是最強力的春藥，而在今日，權力就是傳遞迷因的利器。眾所周知，政治人物會以性愛為武器，用來獲得影響力並鞏固結盟，而這樣的結盟也都是為了傳遞政治迷因。性愛真是用來延長、控制和操縱迷因的完美世界。

　　我已經對照了性愛的社會生物學觀點（一切都跟基因有關）以及迷因學觀點（既是為了迷因、也是為了基因）。對於迷因物種的長期未來而言，這兩種方式做出的預測大不相同。如果社會生物學是對的（至少跟創立者E.O. 威爾森持相同看法的那些人），那麼基因最終必定重掌皮帶。如果基因是根本上的掌控者，它們就會想方設法去糾正錯誤、重設平衡點。當時間繼續前行，除非所犯下的是致命錯誤，否則人類在基因方面會有所改變，不會再受到色情雜誌、位高權重的工作，或是網際網路所誘惑，而是會把心力專注於創造更多人類的正經事業上。

　　但從迷因的觀點來看，這種情況不可能發生。如果迷因本身就是複製子，它們就會全然自私地把自己傳遞出去。它們還會越傳越快，迷因的數量還會增加。如果基因能夠追隨迷因的腳步，那麼它們必會在某個時候無法再繼續下去，而迷因演化的速度會把基因遠遠甩在後頭。

　　在今日的世界裡，依舊過著狩獵─採集生活的人很少。許多人是在快速變遷的國家裡當農人或是工廠工人，還有些人則藉由電腦、手機和電視，成了社會中迷因的先進傳播者。生育率在低度開發國家會最高，在科技先進的國家則最低，因此在這一刻，迷因壓力有助於低度開發國家人們的基因傳

播。既然他們的基因與已發展國家人們的基因差異甚微，這就會讓整體基因庫發生某些效應。然而，為了產生強大的作用，選擇壓力必須在好幾代都保持穩定，但從既有的文化變遷率來看，這似乎不太可能發生。那麼，我們現在應該期待事情怎樣發生？

在過去兩三百萬年來，迷因大多演化緩慢。主要影響都發生在基因，因為人類想與好的模仿者成為配偶。但在這之外，他們並未大幅影響到性行為的模式。我們的性行為主要是基因為了複製自身而驅動，而我們的性行為依舊表現出這個漫長過程的遺澤。然而在現代世界中，迷因掌管了我們大多數的性行為，並藉此傳播迷因。生育控制技術的迷因一直十分成功，促進了性產業，並且把人們的精力轉往無關乎延長壽命和養兒育女的方向。然而，迷因就跟基因一樣，無法預示未來。它們無法預期任何可能發生的事，甚至有可能把我們的精力從基因轉離之後，再將我們徹底抹除。

但事實上，基於以下原因，這個可能性很小：如果整個地球的生育率下降，總人數也就會下降。這對於人類之外的生態圈來說是個好消息，但對迷因來說是壞消息。在某種程度上，人口密度太低，將無法維持迷因世界繁衍之所需。此時迷因的驅力會減緩，生育控制的力道也會下降。接著，基因就會重新掌控大局，再度製造人口，直到出現新的迷因重返舞台。就像許多寄生蟲和疾病的傳播，它們最終依舊無法完全抹除宿主，我想迷因也是如此。

事實上，情況比這更加複雜且難以預期。在此時科技先進、生育率應會持續下滑的社會，以及不那麼先進、但人口持續增長的社會之間，會有巨大的不平等。迷因的影響接著可能會轉移到前述的低度開發國家，導致生育率開始下滑。因此，我們或許會期待迷因和基因的戰爭來回擺盪，使得人類終其一生都為了複製其中一方而服務。這就是兩方競爭的複製子的產物。

　　最後，迷因也忙於策畫各種更能直接干擾基因的方法。我們已經在製造用於食物的基因工程蔬菜，並且有可能創造出基因工程動物（儘管存在著有迷因壓力的團體）；這些動物生長快速、入口美味，而迷因對牠們痛苦悲慘的生活視若無睹。

　　DNA 測試意味著親子關係能被確認。如此一來，女性更難瞞著伴侶去扶養其他男性的孩子，而男性也得為自己隨意發生性關係所生下的孩子付出代價。我們的性慾依舊追隨基因演化的主宰，而迷因演化則同時改變了規則。基因工程已屢見不鮮，某些重大的遺傳疾病可能很快就會被打敗，只要把致病基因移除即可。複製羊及其他大型動物是可行的，再加上沒有頭或腦的非生命型態複製，未來可望能為有錢人複製出基因上完全相同的備用器官，確保他們需要時一定能有備好的心或肝。對於未來「生殖遺傳學」的預測，還包括來自兩個母親的基因所產下的寶寶，在胚胎中插入抗 AIDS 基因，或是製造出整套合成基因，為有錢人客製想要的胚胎（Silver 1998）。

　　要注意的是，當我說「迷因也忙於策劃……」時，翻譯成更正確的說法是：DNA 測試、人類基因組定序以及基因工程的迷因，成功地在今日世界複製。為什麼？因為許多迷因的要素集結起來讓它們獲致成功：許多受到良好教育的人；實驗室擺滿了必要設備；許多聰明人都致力於結合現存的迷因，想出新的發明；有足夠的財富來教育並資助人們進行這些計畫；還有當然了，人類總是想要健康、幸福又成功的孩子，總是貪戀著更多更好的食物，以及應許著更好更輕省的生活。

　　所以，目前為止，我們不過一直是自私的動物，被兩種複製子之間的競爭所驅動，過著無腦的貪婪生活。並非如此。讓人頗為訝異的是，迷因演化的結果之一是，人類會比由基因獨自掌控的情況更無私而利他。

12.

利他主義的迷因理論

想像兩個早期的獵人，他們去打獵，也都帶回了獵物。其中一個獵人把獵到的肉食大方地分享給周圍的人。在此同時，另一位獵人只把肉留給自己和家人，因為他的基因讓他無法做出慷慨的舉動。哪種行為比較會被複製？當然是前者。因為人們都喜歡他，因此會複製他的行為。

服務基因的利他主義

　　社會生物學的最大的奧祕之一（而今也許是最大的勝利之一），就是利他主義的問題。

　　所謂的利他主義，是指自己付出代價，來換取有益於另一個生物的行為。換句話說，利他主義意味著為了他人付出時間、精力或資源。這可能表示：為另一個動物提供食物、自己冒著生命危險發出警訊以保護他人，或是為了拯救另一個動物免於傷害而與敵人展開戰鬥。自然界中不乏相關例子，從個體生命繫於群體利益的社會性昆蟲，到聽到腳步聲會發出警告同伴的兔子，以及會分享血液給同伴的吸血蝙蝠。人類可說是獨特的合群動物，會耗費許多時間去做利人利己的事，也就是心理學家有時說的「利社會行為」。他們具有道德敏感度和強烈的是非觀。他們是利他主義者。

　　利他主義對於許多社會心理學者和經濟學者來說是個問題。他們假定人類理性上會追求自身利益。這對達爾文主義來說也是個問題，雖然並非總是如此。問題會隨著你認為選擇所發生的程度而改變，或是，換另一個方式來說，隨著你認為演化是為了什麼而改變。一如許多早期的達爾文主義者所相信的，如果你相信演化最終的目的是為了個體的好處，那麼為何會有個體會做出這種為了他者利益而讓自己蒙受嚴重損失的行為？所有個體都應該只為自己著想，而大自然應該是真正的「腥牙血爪」。但顯然並非如此。許多動物過著社會性且合群的生活，父母耗費心力養育後代，許多哺乳動物耗費心神去敦親睦鄰。他們為何要這麼做？

　　有個無效的答案是英國哲學家海倫娜・克朗寧（Helena Cronin 1991）提

出的「大我利益主義」：演化的進展是為了群體或物種的好處。大我利益主義在 20 世紀早期大幅蔓延到生物學觀念中，至今仍是對演化很普遍的誤解。就這個觀點而言，選擇是「為了物種的生存」或是「人類整體的好處」。這個理論行不通的原因很簡單。想想看滲透者的機會。讓我們假定有某種野狗，牠們樂於為其他狗獵捕兔子，並且彼此和睦相處。只要能和諧相處，所有的狗都能獲益。但現在出現一隻新來的狗，牠無所事事，從不獵捕，每天只是把送上來的肉吃乾抹淨。於是，牠會獲得最好的食物，有更多時間跟母狗廝混，當然也會過得更好。毫無疑問，牠接下來便能把牠自私的基因傳遞給牠眾多終日飽食的小犬，這對整個狗群的利益來說是很大的──因為個體必須為其自私付出代價。

　　大家逐漸意識到以物種的利益來思考會發生的問題，而自 1960 年代初期開始，新達爾文主義便幾乎完全揚棄了「族群選擇」（我稍後會討論某些例外）。如此成功轉換利他主義問題的解答，就是自私的基因理論。如果你把複製子置於演化理論的核心，並且是為了某些基因的優勢而進行選擇，那麼許多利他主義的形式就變得完全合理。

　　舉例來說，養育後代。你親生的孩子會繼承你一半的基因。你的孩子是你的基因進入未來世代唯一直接的方法，因此養育孩子顯然是必須的，但這同樣的原則也可以應用到其他許多種利他主義上。達爾文暗示，「選擇有可能應用在家庭層級」（1859, p.258），但他並未進一步發展這個想法。英國生物學家 J.B.S. 霍爾丹（J.B.S.Haldane）在 1955 年首度提到，無私地越入危險溪流去救起溺水孩子的基因可以生生不息地繁衍──如果這孩子是你親生的。或是當你救助的是表親、姪甥或其他遠親，你的基因依舊可以繁衍下去，只是稍微困難了點。

　　1963 年，倫敦一位年輕博士生威廉‧漢默頓（William Hamilton），以
這個過時的利他主義為主題寫出的第一篇論文遭到退回。論文牽涉到他不熟
悉的數學，但他只能孤軍奮戰，有時還在滑鐵盧車站大廳裡徹夜工作，只為
了讓身旁有人（Hamilton 1996）。然而，漢默頓的第二篇論文〈社會行為的
基因演化〉（1964）一舉成了經典之作。他在霍爾丹的理論中加入了數字，
並且發展出後來大家所知的「親屬選擇」論。他想像有個基因 G，這個基因
會引發某些利他行為，他解釋道：「即使有『最適者生存』這個終極原則來
決定基因 G 是否能傳遞出去，但並不是看這個行為是否對這個行為本身有
利，而是看是否對基因 G 有利。」（Hamilton 1963, p.355）這表示，只要動
物能對自己的親屬表現出利他行為，利他行為就可以大量傳遞。個體關係的
親近程度，決定個體為增加其基因傳遞的機率願意付出多少心力。與其把一
切都建立在「個體適應度」上，現在重要的是「整體適應度」，也就是把基
因能獲益的所有間接方式都考慮進去（Hamilton 1964）。在真實生活的情況
中，牽涉到的數學有可能非常複雜，但原理很簡單。

　　基因是不可見的。我們無從確認這隻猴子分享食物的對象是否是牠的親
屬，我們當然也無從透視並找出這兩隻猴子共有的基因為何。不過，這無礙
於其運作原理。一般而言，與親屬而不是非親屬共享食物的猴子，更能讓自
己的基因傳遞到下一代。要達到這個目標的方式或許會有變動，也許還牽涉
到各種簡單的行為守則，像是「跟其他看起來、聞起來或感覺起來像你母親
的猴子分享食物」或是「與你相處越久的猴子，就與牠分享越多食物」。依
據不同動物的生活方式，能行得通的守則也有所不同。這些守則不是要猴子
計算食物總數，而是讓牠們感覺到自己的行為是適當的。我們的狀況也很
類似。換句話說，人們「並非藉由有意識的計算來執行演化邏輯，而是追

隨自己的感受，這些感受是為了執行演化邏輯而設計的。」（Wright 1994, p.190）。

人類愛孩子（大多數時候），而且不管我們怎麼氣惱自己的兄弟或討厭我的阿姨，我們還是自然而然會送他們生日禮物、寄卡片，我們對他們付出的關心比對路人還多。但是親屬選擇理論解釋了家庭動力論中更多的細節，包括了斷奶之戰、手足競爭父母資源，以及其他家庭衝突的形式，還有愛。

生物學的另一個勝利是互利主義。達爾文（1871）推測，如果男性幫助他的男性同伴，可能會期待對方也有所回報。一百多年後，泰弗士（1971）把這個推測轉化成互利主義理論，解釋了天擇如何偏好有互惠關係的動物，例如在生活無虞時分享多餘的資源，以期在日子艱難時獲得幫助。研究顯示，許多動物都這麼做，但是有個問題。如果你要回報對方好處，並且避免遭到欺騙，你必須能認得其他個體。大部分動物都做不到這點，但是許多靈長類動物可以，還有大象、海豚甚至不太可能辦到的吸血蝙蝠都可以辦到。吸血蝙蝠有個特別的生存問題，那就是因為牠們體型小，因此只要連續兩天吸不到血來飽餐一頓就很容易死亡。幸運的是，一隻蝙蝠可吃下遠超過牠真正需要的血液大餐。因此解決辦法就是，把自己的血分享出去，並且記得是誰分給誰的。

感激、友誼、同情、信賴、義憤、罪惡感以及復仇，都屬於互利主義。此外，還有道德侵犯、面對不公感到難過等等。如果我們已經演化成會與其他人分享資源，而非只為了自己的基因著想，那麼我們的感受也是演化為我們預備的裝備。在這個理論中，道德情感、正義感以及法律體系，都可以追溯到互利主義的演化（Matt Ridley 1996; Wagstaff 1998; Wright 1994）。

賽局理論讓我們得以探索各種策略可能的演化方式和原因。泰弗士以

「囚犯的兩難」這個賽局來解釋。被分隔開來的兩人分別被告知他們將遭到起訴，面臨十年的牢獄之災。倘若雙方都不開口，那麼都會被判處較輕的罪，面臨的刑期也會較短，像是三年。但要是其中一人提出另一人犯罪的證據，就可以免刑。他們該怎麼做？顯然最好的結果就是雙方都不開口。然而，這中間有個強烈的誘惑，那就是：要是對方受到誘惑怎麼辦？你很可能因此也受到誘惑。這個賽局還有許多不同版本，分別使用了點數、金錢或其他資源。重點在於，一個完全理性且自私的人，總是會因為遭背叛而受益。因此相互合作的行為是怎麼出現的？

答案是，在一次性的賽局中，這種行為永遠不會出現，但真實世界的生活不是一次性的。我們會再度相遇，並且會對彼此的可靠性形成判斷。囚犯兩難的解答在於重複。在情節重複的囚犯兩難中，人們會評估對方可能的行為，因此有可能達成合作。若是雙方未曾謀面，通常會模仿對方的行為，與合作者合作，不與背叛者合作。持續背叛的人會遭到排擠，因此失去互相利用的機會。

經濟學家、數學家和電腦模型建造師也拿了類似的賽局來使用。1979年，美國政治科學家羅伯特・阿克塞爾羅（Robert Axelrod）設計了一場競賽，邀請電腦程式設計師提供參與遊戲的策略。在十四個參賽程式中，每個程式都進行了兩百回合比賽，用來對抗所有其他程式、它們自己以及隨機選擇的程式。令許多人吃驚的是，勝出的程式「以牙還牙」（tit for tat）不僅簡單而且還很「和藹可親」。如果參賽的對手相互合作，那麼雙方就會持續合作，一起得到好的結果。如果對手背叛，「以牙還牙」程式就會採取報復行動，因此不會被背叛的對手徹底擊垮。在第二場競賽中，有六十多個程式挑戰「以牙還牙」，結果全數失敗。

　　後續的研究設定了更複雜的情況，有多位參賽者，並且模擬了演化進程。結果是，除非「以牙還牙」一開始就同時與大量的背叛策略程式對戰，否則它會大量傳播、然後掌控一切。這就是所謂的「演化穩定策略」。然而，真實世界還更複雜，當「以牙還牙」程式在出現錯誤時，或是有更多參賽對手以及更多不確定性時，它的表現就沒有那麼好。無論如何，這個方式顯示出，群體優勢可在純粹的個體策略中浮現，無需以「大我的利益」為演化訴求。

　　合作行為確實是這樣演化出來的嗎？如果是，它需要某種良好的行為來啟動，而泰弗士建議，親屬選擇或許已經提供了起始點。動物原本就配備了感情，因此照顧親屬很容易就能普遍化，並為和藹可親的「以牙還牙」提供一開始所需。

　　請注意，囚犯的兩難是個非零和賽局。在「零和」賽局中，雙方一定要拚個你死我活，反之亦然。但真實生活的情況往往並非如此。分出自己一半的血液大餐，對一隻年輕的吸血蝙蝠來說是攸關生死之事，但其實這不過是預購未來餐食的簡便方式。有隻吃飽且經驗豐富的蝙蝠能為你獵食，這暴露出某種頗不愉快的貪小便宜概念。刻意對極度需要者伸出援手，這樣一來對方對你的虧欠就越多。這個方式也用來呈現道德是如何導入其中的，因為道德可用來懲罰背叛者，甚至用來懲罰沒能懲罰背叛者的人。在這種賽局中，可信度成了有價貨幣。這讓你看起來是可以合作的，因為你可以在之後才拿取成果。

　　上述只是其中幾個例子，說明社會生物學家如何應付利他主義的問題（更多例子可參考 Cronin 1991; Matt Ridley 1996; and Wright 1994），但我希望這些例子已足以說明。在某種程度上來說，這個方式讓利他主義脫離了利他主義。仁慈和合作的行為能被解釋，因為這些舉動最終有助於其所依賴

的自私基因之生存。這樣，問題算是解決了吧？人類的所有利他行為，最終都可簡化為親屬選擇和互利主義嗎？

古怪的人類利他主義

在今日的世界，我們會與沒有親緣關係且不會再見面的人頻繁互動。這意味著社會應該會變得更不仁慈也更難合作，但事情似乎不是這樣。心理學家長期以來研究人類互助合作的行為。1970 年代的實驗學者專注於旁觀者的冷漠，也就是人們經常對於街上受傷的他人展現出令人沮喪的袖手旁觀態度。但他們也發現，當旁觀者是唯一能施展救助的人，伸出援手的比例就會大幅增加，而要是身旁還有其他人，而且毫無作為，那麼伸出援手的比例就會下降。這樣看來，這就是人們相互模仿的另一種狀況。然而，更晚近的研究顯示，人們會在很多情況中都伸出援手。研究人員刻意設計的場景顯示，人們提供幫助是因為對於受苦者感到同情，而不是因為有親緣關係，也不是期望獲得任何回報（Batson 1995）。

試著想像你能想到最利他的行為。道金斯提出捐血的例子。在英國，所有健康的成人都被鼓勵（或被邀請）一年捐血兩次。捐血者除了一杯茶和一片餅乾，以及捐血十次後會有一枚小徽章，不會有任何回報。他認為，這就是一個「純粹、無利害關係的利他行為」（Dawkins 1976, p.230）。還有人提出的例子是給不再光顧的餐廳服務生一大筆小費，或是到衣索比亞幫助挨餓的孤兒。我們還可以補充其他例子，比如說把街上撿到的珍貴東西拿去警察局、清理某人丟棄的垃圾、回收你的垃圾，或是長期捐助慈善機構但你永遠不會遇到捐助對象。此外，還有設置流浪貓狗之家、照顧折翼的鳥或是受

虐的驢子。這些看起來可能都是「真正」的利他主義，但社會生物學家會說，這其實都是親屬選擇和互利主義的副產品。我們對自己的親屬（或是認為可能是親屬的人）最慷慨，對其他人和善則是為了建立良好又可靠的名聲。這樣的解釋足夠嗎？

讓我們進一步審視一些例子。想像有個澳洲人，他把錢寄給非洲挨餓中的人，或是有個美國人寄錢給孟加拉人。許多人會這麼做，也不會大肆宣揚。他們寄支票過去，不曾讓任何人知道自己的善行。這不可能是親屬選擇，因為最後的受贈者應該與捐贈者沒有關聯。你或許還會認為地球資源有限，這種慷慨舉動簡直強烈違反了捐贈者基因的利益——這遠在禮物費用之上。因此，這可以解釋為互利主義的一部分：罪惡感是演化確認系統運作的一種方式，因此這些暗中進行的慷慨行為都是錯誤的，是我們為人類獨特的情感所付出的代價。

目前我提出的例子大都是單一的慷慨作為，但利他主義其實埋藏在我們生活更深層的地方。許多人選擇去做薪資極低的工作，毫無回報，工時又長，並且極度高壓，只因為他們願意服務。這樣的工作有照顧老人和教養院中的社工師和心理治療師，以及從事環保工作的人。為何會有人想要耗費好幾年的時間受訓成為護理師，終其一生在時間不固定、輪班時間長、應付難相處的人、清理可怕的汙物，身處充滿病患的環境中花時間分藥、鋪床，然後薪水還低到令人難過？答案不會是為了物質收穫或是基因優勢。護理師或許會說，這是因為他們想幫助人們；因為這讓他們感到實現自我；因為他們相信唯有幫助他人，自己的生命才有價值；因為他們很高興自己能健健康康，因此希望去幫助那些不健康的人；因為他們瞭解到金錢不是通往幸福的唯一道路等等。

　　根據社會生物學的理論，這些理由必定都是互利主義的副產品，但對我來說，這會把理論繃緊到斷裂。問題在於，天擇是無情的，而這種慷慨的代價確實非常高。過去避免付出這些代價的人將會占有優勢，並把他們避免付出代價的基因傳遞下去。演化心理學家可能會說，我們的情感系統是為了狩獵—採集生活型態而設計，而在充斥著科技的世界中，一定很可能會犯錯（因而製造出過量的慷慨）。也許「我再也見不到這個人」的判斷無法適用於過去歷史中由基因製造出的深層情感，但這樣一來，我們就得以「這是個錯誤」來為我們的行為開脫。

　　所以，有其他選項嗎？

　　截至目前為止，能解釋利他主義的只有兩個選擇。第一就是所有表面上的利他主義者，實際上（即使關係非常遙遠）都會回到基因優勢。就這個觀點來看，完全沒有所謂「真正的」利他主義。甚至，就算看起來是真正的利他主義，不過是天擇尚未著手消除的錯誤。這是社會生物學上的解釋。第二個選擇就是試著去拯救「真正的」利他主義者，並提出人類擁有某種額外的東西——真正的道德、獨立的道德意識、精神上的本質，或是能勝過自私以及基因掌控的宗教天性。這是不受大多數科學家青睞的觀點，他們不希望動用魔法來瞭解人類行為的運作。

　　我們可以再問一次關於迷因選擇的問題。**想像一個充滿腦的世界，以及數量遠多於宿主的迷因。哪些迷因比較有可能找到安穩的居所，得以再次傳遞出去？**我所想的答案是：成功的迷因，還包括了利他、合作以及慷慨的行為。

服務迷因的利他主義

想像有兩個人。凱文是利他主義者。他和善、慷慨又體貼。他會舉辦很棒的聚會，在酒吧會請人喝酒。他經常跟朋友一同用餐，並寄出很多生日卡片。如果他的朋友有困難，他會出手相助，或到醫院探視。蓋文則惡毒又自私。他打死不願請朋友喝一杯，覺得寄生日卡片更是無謂的浪費。他從不跟朋友一起用餐，如果他屈指可數的朋友遇到困難，他總會找到更重要的事情開脫。現在問題來了：誰能傳遞較多的迷因？

在條件都相同的情況下，凱文勝出。他的朋友比較多，也花更多時間跟朋友交談。他們喜歡他，願意聽他說話。他傳遞出的迷因可能包括了他所講的故事、他喜歡的音樂，他穿的衣服以及他追隨的時尚。這些有可能是他喜歡談論的科學概念、他支持的經濟理論，以及他個人的政治觀點。最重要的是，還包括了造就出今日的他的所有迷因：讓他舉辦很棒的聚會、寄卡片給很多朋友、幫助困難中的人，以及請喝飲料。心理學上的實驗證實了，人們比較容易被喜歡的人所影響和說服（Cialdini 1994l Eagly and Chaiken 1984）。因此他的朋友將會模仿他常做的事，因此他的利他主義就會傳播開來。他的朋友越多，就越多人會仿效他讓自己受到歡迎的做法。我們稱凱文為「迷因之泉」（meme-fountain, Dennett 1998）。

在此同時，蓋文也是有幾個朋友。他很少找機會跟他僅有的朋友聊天，也很少跟鄰居聊天喝酒或相處。他的迷因鮮少有機會被複製，因為有可能模仿他的少數幾個人也很少這麼做。不論他對政府、對國家有何想法，或是擁有製作蘋果派的絕佳技術，他的想法大概都無法傳開，因為人們不會聽他說

話，或即使聽了，也不會採信，因為他們不喜歡他。我們稱蓋文為「迷因之坑」（meme-sink）。

　　兩者的差異形成了利他主義迷因理論的基礎。最重要的迷因觀點是：如果人們有利他傾向，他們就會受到歡迎，因為受歡迎就會被複製，又因為被複製，迷因傳遞的範圍就會比沒那麼利他的人更廣泛，其中還包括**利他主義的迷因本身**。這提供了傳遞利他行為的機制。

　　要注意的是，我並不是第一個把利他行為視為迷因的人。我們會看到，保羅·愛立森（Paul Allison 1992）提出了非常不同的機制，而杜·普瑞茲（Du Preez）認為自私和利他的論述是不斷演化的迷因，只是並未解釋何以利他主義會不惜一切代價地傳遞出去。利他的方式有很多，我只是一起放在這裡說明，其中包括慷慨、和善和關懷等行為等等，只要是能讓他人親近、仿效，進而跟著去做的迷因。要注意的是，這類型的迷因利他主義若要順利運作，必須有兩個前提。第一是人們有能力模仿。第二是人們更常模仿利他的行為。倘若這兩者都成立，我們應該會預期人們變得樂於助人又利他，只是他們未必知道原因。

　　我要推測這種行為如何從我們的演化歷史中浮現（在下一章，我要來討論今日世界中的利他主義，這比較容易測試利他主義帶來的結果，並找出我們是否真正需要迷因理論）。我們從互利主義開始。人們以和善相待，也得到良好的回報，他們的情感也設計得當——人們會想對那些可能回報的人慷慨，並想要被喜愛。現在，加入模仿的能力以及「模仿利他行為」的策略，這會出現兩個結果。首先，和善慷慨的行為會藉由模仿傳遞開來。再來，看起來和善慷慨的行為，或是和善慷慨的人經常表現出的行為，也會經由模仿傳遞開來。

　　我先前推測了人類是如何開始出現模仿，而瞭解這項事實也很有趣：「以牙還牙」程式中包含了某種模仿，基本上它的策略就是「模仿他人」。因此，或許喜愛合作行為的選擇壓力也在模仿本身的演化中扮演了角色。無論如何，一旦開始模仿，人們就可以開始互相複製，以及做出能傳遞給所有人的行為。這些行為包括了慷慨仁慈，像是分享食物、贈予禮物和照顧患者。這些都能從健全的基因原則中浮現，像是我們已經討論過的親屬關係模式、配偶體系以及互利主義等。

　　一旦出現模仿，而且如果人們更會去複製利他行為，那麼這個過程過程就會發生效用。這十分合理，因為倘若你住在以互利主義為原則的社群之中，當你周邊的人都是慷慨仁慈的，你的獲益可能會最大。因此，慷慨的人會與他人有最多接觸，於是有更多機會傳遞其迷因。然而，不惜一切代價地複製利他行為還有另一個理由。互利主義的基本原則就是，人們對於最慷慨的人也會最慷慨。不過，還是找得到欺瞞這個體系的方法。如果你想要回報（期望他人慷慨以對），卻不想付出（不想真正對別人慷慨），你可以努力讓自己看起來像個慷慨的人。換句話說，要複製真正慷慨的人的行為是要付出代價的。因此「複製利他主義者的行為」的策略會傳遞開來。這個策略一開始是為基因的利益，但因為其中涉及第二複製子，這是無法被基因收服的。「複製利他主義者的行為」一開始是為了生物學上的利益，最後成了迷因傳遞的策略，其中包括（但不僅限於）為利他主義本身的迷因。總是會有對抗利他行動的壓力，因為利他行為要付出代價，但只要人類能進行模仿，就會出現對利他主義者的迷因壓力。

　　想像兩個早期的獵人，他們帶著弓箭、繫著箭袋、穿著皮衣去打獵，也都帶回了獵物。其中一個獵人凱夫，把獵到的肉食大方地分享給周圍的人。

親屬選擇和互利主義為他帶來會做出某些利他行為的基因，這是他這些舉動的由來。在這同時，蓋夫只把肉留給自己和家人，因為他的基因讓他無法做出那麼慷慨的舉動。哪種行為比較會被複製？當然是凱夫的。他遇見的人較多，這些人也喜歡他，他們也會複製他的行為。就這點而言，凱夫就相當於初期的迷因之泉，他的利他行為讓他得以散播迷因。

要留意的是，這裡有兩種不同的東西。首先，利他行為能散播複製的迷因。其次，它能從利他的人們身上散播其他迷因。第二種可能性能製造出奇特的結果。因為，倘若剛好我們祖先身處一個特別的群體之中，這些慷慨的人剛好會製造帥氣的藍色羽毛箭，那麼藍羽箭便會比棕羽箭傳播得更廣。不論我們談論的是哪種迷因，它們都可能透過其載子的利他行為而增加數量。

利他主義還可能藉由更複雜的方式傳播迷因。社會學者愛立森（1992）也提出許多「仁慈規則」，裡面的內容或許能確保自身的生存。這些規則採取的一般形式是「對那些成為這種規則的載子的機率高於平均值的人要好一點」。這個原則所仰賴的策略並非「複製利他主義者的行為」，而是「複製成功者的行為」。就如愛立森所說，假定 A 追隨其中一條規則並幫助 B，那麼由於 B 獲得了幫助，現在就有可能成功。因此他更有可能被模仿，因而傳遞了這條讓A最開始去幫助B的規則。在這情況下，規則自己就會傳遞出去。

唯有 B 確實採取仁慈規則，並且沒有獲得幫助之後就離開，這個過程才會有效運作。這就是為何一般規則是要對這條規則的可能載子好一點。那麼，這些載子是哪些人呢？這些規則的版本有「對那些模仿你的人要好一點」、「對孩子好一點」、「要對你文化上的祖先好一點」，或是更概括的說法，「要對你親近的文化近親好一點」。例如，你有可能依循「要對你文化上的後代好一點」，倘若人們早就採取你的其他迷因，並且一般而言都會

複製你的行為，那麼他們更有可能同時採取你的仁慈規則。既然和善對他們而言有可能會增加文化適應度，他們便有可能也把和善傳遞給他人，這條規則便得以繁衍。這個過程可應用到生物學上的親代和子代，但在這個例子中，很難與親屬選擇有所區隔。當這條規則應用在非親屬身上會變得更有意思，愛立森提出的例子是教授及其研究生。對學生慷慨仁慈的教授（就時間、精力而言）會增加學生的文化適應度，因此她所有的迷因（包括仁慈規則本身）就會繼續傳遞下去給其他更多學生。這說得通，因為愛護學生又極力為學生著想的教授，當然會吸引更多好學生。這些學生接下來也可能會做同樣的事。

要注意的是，這裡獲益的是規則，而非教授。或許理性上來說，教授不該那麼仁慈，但是因為這些規則如此盛行，所以她也採用了，因此她就成了仁慈的教授。愛立森並未使用「迷因」一詞，但是他所提出的仁慈規則顯然就是迷因，因為他特別指明了這些規則是藉由模仿和教導傳遞出去的。他的分析顯示，那些難以用理性選擇或基因優勢理論來解釋的行為，都可採取迷因的眼光（或是採取「規則的眼光」）來解釋。

要注意的是，一如愛立森所指出，他的方案最能說明針對文化近親的利他舉動，卻不適合用來說明針對大群人們（或是一般人）的利他舉動。相對而言，建立在「複製利他主義者的行為」的迷因利他主義，正可以解釋這種普遍性的利他主義。

迷因 vs. 基因

任何由迷因驅動的利他行為，都會潛在地降低行動者的基因適應度。換

句話說，人類利他主義的競技場，可被視為迷因和基因之間的競爭。凱夫的行為讓他交到朋友，但是把獵物分享給他人，有可能降低他或是他孩子的生存機會。他的基因只「在乎」他的慷慨行為長遠來看是否能把基因傳遞下去，而這些基因為他配備了符合基因利益的感覺和行為。但他的迷因完全不「在乎」他的基因。如果迷因可以被複製，它們就會這麼做。而這件事也確實會發生，因為人們會複製他們喜歡的人們的行為。因此，我們可以想像一個人類社會，其中迷因驅動的利他行為會傳播出去，即使這樣一來社會給予個體沉重的負擔。換句話說，一旦人們開始複製利他主義者的行為，基因未必能夠阻止這件事。

迷因的利他主義是否因此就一發不可收拾，甚至拉斷了基因掌控的皮帶？有時人們所給予的確實超出自己所能負荷的程度。他們會互相競爭看誰最慷慨，或是贈予最大的禮物。一如里德利（1996）所指出，禮物有可能成為籌碼、賄賂及武器。最特別的是「誇富宴」這種習俗。這詞彙來自契奴克語，最出名的誇富宴來自美洲原住民部落，但也出現在新幾內亞等地。誇富宴是一種特殊活動，敵對的部落為了給對手好看，會餽贈奢華的禮物或把這些禮物摧毀掉。他們也許會互贈獨木舟和動物皮、珠子和銅盤、毯子和食物。他們甚至會燒燬最有價值的物品、殺死奴隸，把珍貴的油脂倒入烈火中焚燒。

要注意的是，這種浪費的傳統並不像一般的互利主義。在互利主義大多數的形式中，雙方都會從合作中獲利，但在誇富宴中，各方都有損失（至少就純粹物質方面而言）。還要注意的是，誇富宴有賴於模仿。這樣的傳統要傳遞開來，要有人先複製另一人的行為，直到這成為整個社會的規範。這樣特殊的行為得仰賴模仿才可能發生，而一旦基因給予我們模仿能力，就無法

收回。我們可以看到，誇富宴的行為就像是寄生蟲，有可能會（也有可能不會）殺死宿主，至於我們大多數的利他行為則是共生甚至是互利的。

我們可以再次看到，正是我們模仿的能力讓人類如此迥異於其他物種。在其他物種之中，禮物只分享給親屬、只給確定處於互惠關係的人，或是在特殊處境中發生，例如公蜘蛛把包裹好的蒼蠅送給母蜘蛛食用，好讓牠能順利完成交配。在人類的文化中，餽贈禮物很常見。訪客會帶禮物，歡慶的特殊場合會贈送禮物，結婚和生日也會送禮。在英國，大約 7~8% 的經濟活動跟製造禮物相關；在日本，這個比例還更高。幸運的是，誇富宴很少見，而對我們大多數而言，贈予和收受禮物乃是人類生活中十分愉快的事情。

迷因—基因的共同演化，一樣還有最後這一步。一如我所申論，最好的模仿者，或是最佳迷因的擁有者，以及跟這些人成為配偶的人，都能擁有生存上的優勢。因此「跟最佳模仿者成為配偶」的迷因會傳遞開來。實際上，這表示要與擁有最時尚（而不只是最有用）迷因的人成為配偶，而我們現在看到要決定哪個迷因會是最時尚的迷因，利他主義是其中一項因素。

因此，迷因之泉的凱夫，不只會交到更多朋友、傳遞更多迷因，並且由於這些是時髦的迷因，他也會吸引到更好的配偶，並首先把使得他出現利他行為的基因傳遞下去。這表示，當原初的利他行為仰賴的是基因上的差異，這些差異就會傳遞給更多後代，因此利他行為就會同時仰賴基因和迷因來傳遞。要注意的是，這個過程蘊含著由迷因驅動的基因來達成利他主義，而非只是上述由迷因驅動的迷因來達成利他主義。

還要注意的是，這個可能性會出現，是因為兩種策略相合：「模仿利他主義者」以及（因為利他主義的迷因受到模仿而變得時尚的）「與利他主義者成為配偶」。同樣的情形並不能應用在愛立森的仁慈規則，因為這些規則

仰賴的策略是「與成功者成為配偶」，這與基因的利益直接相關，並且無論如何廣傳了開來。換句話說，就愛立森的規則而言，不論其中僅涉及基因或是也包含迷因，結果都差不多。

我則認為，「模仿利他主義者」會有兩種結果：傳遞利他主義的迷因，以及傳遞與利他主義者相關的迷因。同樣情況也適用於由迷因驅動的基因。因此，不僅利他主義的基因會受到青睞，怪異的是，其他基因也可能連帶受到喜愛。例如，讓我們假設凱夫選擇藍羽箭，是因為某些基因上的組成（例如看到的顏色不一樣）。藍羽箭會普及則是因為最開始是凱夫所製造，而凱夫是個慷慨的人。現在，人們不僅複製羽毛，他們也喜愛跟使用時尚藍羽箭的人成為配偶。因此，喜愛藍色羽毛的基因現在可能擁有優勢，而假設這場潮流維持了好幾代，足以讓基因頻率開始改變。要注意的是，擁有藍羽箭並不需要任何本質上較好的東西。整個過程之所以啟動，僅僅是因為有個利他的人開啟了風潮。

我不知道這種迷因驅動的基因是否曾經發生。我們是有些觀察上的證據：人類嬰孩能顯現出分享的傾向（當然也有自私的傾向），而其他靈長類嬰孩則否，這意味著此乃人類先天固有的基礎。確實，人類社會的合作程度遠高於其他任何物種，除了像螞蟻和蜜蜂這類藉由親屬選擇來運作的社會性昆蟲。這個迷因利他主義的理論能提供解釋，並且還有助於解釋為何迷因和基因之間的關係看來如此成功，即便這兩種複製子的利益經常是不一致的。或許，迷因更像是共生體，而比較不像是寄生蟲，正是因為迷因鼓勵人們彼此合作。

倘若許多其他物種都有迷因，就會比較容易進行比較。可惜沒有。許多鳥會模仿彼此的鳴叫聲，因此我們或許會期待這些鳥對彼此表現出更多利他

行為，而其他血緣相近卻不會模仿的鳥則沒有這些行為。海豚是能模仿的其他少數物種之一，牠們也傳出許多英勇救援的事蹟。據聞海豚會把溺水的人推上海面，甚至推上陸地。不同物種會出現這種行為，可說是非常奇怪。但這都只是傳聞，需要更多研究來確認這種想法是否有效。還有其他研究正企圖找出迷因驅動的利他主義是否曾經發生，但這十分困難，就像針對我們遙遠過去的行為的所有研究。

　　若是論及現代人類及其行為，研究的前景會更明朗，而我因此希望撇下對凱夫和蓋夫的推想，回到現代版的他們。我們會瞭解到，要在現今的複雜社會傳遞迷因，做個和善、慷慨且友善的人十分重要。

13.

利他主義的伎倆

父母往往會想讓孩子保持整潔，對長輩說請、謝謝，或對不起。為
何孩子要遵循這些指令？他們可能是出於恐懼或受到強迫，但常見
的伎倆卻把這些指令轉換成「好孩子會讓衣服保持整潔」、「好孩
子會說請和謝謝」。這些簡單的迷因體僅由兩部分組成：指令，以
及成為好人。

在現今的世界，我要假定我們可以忽略迷因—基因共同演化。這一定會過度簡化，因為只要有兩個複製子，它們就會互相影響。然而，相較於人類基因演化，迷因演化的步伐在今日速度之快，讓我們在大多數情況下可以安全地忽略基因。基因跟不上迷因的變化速度，然而我們無法忽略的是長期共同演化的遺產。我們又大又聰明的腦，就來自迷因—基因共同演化的創造。我們思考和感受的方式，是演化進程中的產物，而現在要決定的是哪些迷因做得好，哪些做不好。我們喜歡性，因此就從性迷因開始：給男性和給女性的性迷因是不一樣的。我們喜歡食物，也喜歡權力和刺激。我們覺得數學很難，因此數學迷因需要很多鼓勵才傳遞得出去。我們語言的結構也有所影響，讓迷因更容易傳遞。我們所創造出的理論和神話，影響了我們應付新迷因的方式，諸如此類。

要注意的是，社會生物學做出不同的簡化假設，從而忽略了迷因的角色。就許多情況下來說，社會生物學的方式還足以應付所需，我們也能以其發現來得到對人腦的洞見，以及人腦很容易就出現的想法和行為。但社會生物學無法提供全貌。我們現在關注的是，當許多迷因爭相進入這些受到越來越多教育、過度勞累且數量有限的人腦，並想留在那裡時，會發生什麼事？

我們必須回到迷因的觀點。記得，對迷因來說，最重要的就是它是否能生存和複製。我會用迷因「想要」、「需要」或「努力達成」某件事來敘述，但我們也要知道這只是簡便的說法，真正的意思是指「某個東西」能促進迷因複製的機率。迷因不具有意識的意圖，實際上也不會努力去做任何事。依照定義，它們只是單純能夠複製，而它們「看似」的努力和意圖也都來自於此。任何東西只要能夠複製，最後就會出現一些或是許多副本。迷因可能因為是好的、真的、有用的或美麗的，得以成功複製，但也可能基於其他原因。

我現在要探討的，就是這些其他原因。

能成為「迷因之泉」的迷因，複製效果會比成為「迷因之坑」的好。我們可以猜測出哪些會成為迷因之泉。確實，社會心理學有許多實驗顯示了誰最常被仿效。有權勢之人（以及穿戴像有權勢之人）、被視為專家的人，以及有權威的人，都是「模仿成功者」的範例。這些人更有可能讓他人按他們所說的去做，或接受他們的想法，一如我們長期以來對於推銷員、廣告商以及政治人物的認識。布羅迪（1996）在討論「權力按鈕」時提到，電視節目上大量出現的汽車、槍械以及光鮮的服飾，讓這些東西獲得更多曝光，進而讓這類迷因推銷出去。名望能傳播迷因，像是動輒就有數百萬觀眾在觀看的電視和電影明星，他們能引領衣著、談吐、抽菸、飲酒、汽車、食物和生活型態的風潮。然而，並非所有人都具有權勢，因此還有其他種類的迷因之泉。例如，我們比較會被看起來和自己相似的人所說服，而聰明的銷售伎倆能鈎出潛在買家的行動，或是假裝擁有類似的信念或習性（Cialdini, 1994）。

我先前提過，傳播迷因的方法就是表現出利他的行為，而我現在想要探討的是，以較不明顯的方式成為迷因之泉所帶來的結果。首先，利他行為會複製自身，如此會使得我們更加利他。其次，利他者有助於傳遞其他迷因，這讓迷因得以透過這種伎倆讓自己獲得複製。

利他主義傳遞利他主義

讓我們先探討複製利他行為本身。想像有兩個（或兩組）不同迷因，一組是當朋友遇到困難時，用來幫助朋友的迷因，像是當朋友車子故障時提供千斤頂，或是在朋友跟男友分手時聽她訴苦。另一組是用來忽視朋友需求的

迷因。這些行為能從一人複製給另一人，因此必定都是迷因。要注意的是，我的遣詞用句是「用來⋯⋯的迷因」，這種用法有其潛在危險，因為可能會被認為這暗示了腦中某處儲存著特定的明確指示，要宿主幫助朋友，而這種想法很容易看起來變得荒謬。但這種解釋毫無必要，唯一必要的是去假定人們會模仿彼此的行為，因此當他們進行模仿時，就會有某種東西從一人傳遞到另一人。我們無需苦惱那個某種東西是什麼。簡單的事實是，如果模仿發生（也一定會發生），某種東西一定會傳遞出去，我們就稱這種東西為迷因。因此，當我說「用來幫助你朋友的迷因」，我的意思只是，這個幫助行為的某個面向，在一人複製另一人的行為時被傳遞了下去。

現在，我們可以問一個重要問題：這兩個迷因，哪個會比較成功？答案是第一個迷因。它能讓你的朋友更喜歡你，想花更多時間與你相處。他會更想模仿你，而非其他較不會幫助他的朋友。因此，你樂於助人的迷因就會傳遞給他。

他因此會變得更樂於幫助他的其他朋友，這個迷因就會逐漸傳遞出去。同樣簡單的邏輯也可以應用到任何能使其職業更受歡迎的迷因。採用這些迷因的人並未意識到自己在做什麼，他們只是發現自己比較想成為良善的人，而不是令人討厭的人。他們樂於助人、對人和善，如果不這樣做，就會感覺很糟。人類的情緒很多時候是為基因而服務，同時也會為迷因而服務。迷因並不比基因略遜一籌。

這表示，人類會變得越來越好、越來越好，好到無以復加？當然不是。原因在於和善、慷慨和利他，要付出大量時間和金錢。總是會有反抗利他行為的壓力，也總是會有其他策略供迷因採用。然而一般而言，如果人們無法模仿，就不會成為如此利他的人。

　　這是在現代環境中，迷因驅動利他主義的一個例子（要注意的是，這與我在前一章最後所提到，受迷因驅動的利他基因並不相同）。這類迷因所驅動的利他主義，是人類為了他人做出的高代價行為，而這種行為來自迷因的競爭。因為這些行動由迷因所驅動，而非他們所需要的基因，因此未必會為了他的基因利益而著想。在這些案例中，受益的並非基因，而是迷因，因此能成為迷因解釋的檢驗案例。把自己生命全數奉獻給慈善工作或是照顧專業工作，自己卻沒有孩子的人，就是最佳案例。他們的犧牲很難以基因優勢來解釋，只能以迷因理論來解釋。

　　原則上來說，迷因驅動的利他主義應該要能製造出最純粹且無私的慷慨行為。確實有時候是如此。然而，利他主義不僅能自我傳遞，還能傳遞其他迷因。這提供了讓其他迷因得以利用的機制。我認為，這就是實際上發生的事。接下來我要講述的，就是其他迷因能以哪些方式，來利用這種迷因驅動的利他主義傳播。這就是我所謂的「利他主義的伎倆」。

　　利他主義的伎倆，有賴於一個簡單概念：附著在利他行為或是受喜愛的人（如凱文）身上的迷因，會比附著在卑鄙之人（如蓋文）的迷因，更容易獲得複製。那麼，何種迷因能夠附著到利他主義者身上（除了利他主義本身這個迷因）？

　　首先，有些迷因即使實際上與利他主義並不相近，看起來卻很相近。這些迷因很容易附著在利他主義者身上。其次，迷因很容易能集結在一起成為迷因體，再藉由各種伎倆附著到利他主義者。

看起來像是利他主義

　　第一種顯然是種伎倆，也就是〔看起來〕像利他主義的迷因。讓人看起來更和善、更慷慨的迷因，不需付出昂貴代價，便能增加這個人被模仿以及迷因被傳遞的機會。這種行為的例子很多。我們經常對人微笑，若有人先對我們笑，我們也會報以微笑。我們對他人說出和善有禮的話語：「你好嗎？」、「希望你的父母一切安好」、「祝你們聚會愉快」、「我可以怎麼幫你？」、「祝你一天順利」、「新年快樂」，我們藉由這些常見的迷因，讓他們感受到我們的關心，即使我們內心未必這麼想。這就是這些迷因如此成功的原因。我們一般的日常對話充滿了這類迷因。

　　與這類迷因緊緊相連的迷因，很容易就能悄悄附著在利他主義者身上。迷因無法單獨存在，所以迷因至少會在它們生命的某些階段，儲存在人腦之中。而人類是複雜的動物，努力讓自己的想法維持某種程度的一致性。這種「一致性原則」對於瞭解許多人類思想和行動至關重要。如果有人想成為利他主義者，不論是基於基因上的傾向，還是因為他過去已經採取了許多利他主義的迷因（或者兩者皆是），其他的利他主義迷因更可能在此立足。

　　讓我們假定有個新迷因附隨著凱文和蓋文。假定他們都接收到一項請求，將用過的郵票收集起來寄到某個慈善機構。凱文比蓋文更可能會採取這個新迷因，因為這個舉動與他的其他行為相合。他認為自己是個關懷他人的人，如果他拒絕參與，就會遭受「認知失調」之苦，也就是他所採取的兩種觀點互不相容。在這個情況下，指的就是他自認是個關心他人的人，卻同時拒絕參與郵票慈善計畫。許多心理學研究顯示，人們會致力於減少不相容想

法之間的失調，而一般而言，一致性本身就是會受到欣賞和模仿的（Cialdini 1994; Festinger 1957）。蓋文就比較不會採取這個想法，他不會因為拒絕幫助他人而遭受認知失調之苦。

對一致性以及避免認知失調的需求，讓類似的迷因能匯聚在不同人身上。一旦有人專心致志於某組特定迷因，其他迷因就會在這個人的論點、信念和行為中尋找到安穩的居所。我們會在各種環境中發現這類迷因的普及化。你可能會認為，好人做好事、壞人做壞事，這是理所當然之事，但迷因學以稍微不同的眼光來看待這個理所當然的現象。迷因的成敗，與所依附不同基因傾向的人有關，但也與這些人身上原有的迷因有關。

這個情況還會因為潮流的改變而變得更加複雜。當整個迷因庫改變，被接受的迷因就會轉移。某些特定的慈善行為在某個時間點看起來是適當的，但在幾年之後，就會被完全不同的行為所取代。但這種複雜情況不該掩蓋住基本原則。一旦迷因驅動的利他主義開始運作，它就會開始普及。各種和善及慷慨舉止的迷因，較能嵌入已有利他迷因並且投入其特定觀點的人。這些人被複製的數量比其他人還多，因此這些迷因會傳遞得更廣。

某些「莫名其妙」的行動，只能透過這個方式來瞭解。就以愛護動物為例，許多人會外出拯救遇險的動物。他們設置貓狗之家，為生病的驢子和受傷的野生動物設置庇護中心。他們設置了野生動物園區，並透過國際的力量拯救這些物種免於滅絕。還有「拯救動物」基金會的慈善商店，以及支持野生動物組織的感謝卡。

我說這莫名其妙，是因為物種之間這種仁慈舉動，很難由自我利益、基因優勢或演化心理學的理性觀點來解釋。拯救受傷的老虎，對狩獵─採集社會並無益處。動物一直要到一萬年前才開始在地中海東岸的「肥沃月彎」受

到馴化，美洲大陸則要一千年前才有，而至今世界上還有某些地方的動物完全未馴化（Diamond 1997）。因此，在我們過去演化的大部分歷史中，我們周遭的動物若不是被人類獵食，就是要獵食人類。拯救動物免於死亡或是紓緩牠們的痛苦，在基因上並不合理。雖然我可以從社會生物學的角度，想到幾種愛護動物行為的可能解釋，但沒有一個行得通。整體而言，動物無法回報人類的善行，因此無法以直接的互利主義來解釋。然而，有個可能的解釋是，互利主義讓人類具備某種能驅動這種行為的情感。我們會對受苦的動物感到同情，希望紓緩牠們的痛苦。如果做不到，我們會有罪惡感，諸如此類。另一種可能是，我們藉由如此良善的表現，提高我們在互利關係中的地位。但我並沒有信服這套說詞，因為這種行為的代價太過高昂。當然了，天擇會拔除任何對動物過度仁慈的傾向，尤其是對野生和危險動物仁慈。但這些理論也很難檢驗。

那麼，我們為何這麼做？我認為對動物仁慈的行為很容易理解，因為這與附著利他主義迷因的人緊密嵌合。他們把自己視為和善的人，並且把注大量心力維持這種和善。他們的表現方式使他們更容易被模仿，因此對動物仁慈的迷因也傳遞了開來。

同樣的論點也能應用在當前拒絕食肉的運動，而且越傳越廣。人類顯然就是要食用特定份量的肉類。因為肉類含有高蛋白和脂肪，所以也是讓我們遠古先祖腦容量增加的必要成分。然而，現在許多人，包括我自己在內，都不吃肉了。有些人表示，吃素之後身體感覺更健康，有些人則是不喜歡肉，但大多數人不吃肉是因為他們不忍動物在豢養和被宰殺時所受的苦。我認為，素食主義的迷因之所以會成功，是因為我們想要成為那些關懷動物的〔好〕人，因此複製了他們的行為。並非所有人都會沾染這個迷因。有些人

過於喜愛肉類，有些人的迷因組與這極不相容。無論如何，這個迷因運作得很成功。素食主義是以利他形式的迷因在傳遞。

倘若這是對的，我們應該期待能夠追蹤這類迷因的歷史淵源，並瞭解它們是如何逐步現身、再擴及整個族群。我們不會期望在幾乎沒有交流、迷因也很難傳遞的社會中發現這類行為。我們會預期，在有充沛資源以及大量機會來採取新迷因的社會中，最常見到這些迷因。我們不期待人們一定會吹噓自己對動物有多好，而是發現自己單純想這麼做。

要注意的是，表面上的善意行為，未必能在實際上幫助這些動物。救援受傷的動物是短期救助，我們也幾乎可以肯定的是，層架式籠養的蛋雞，若能不孵化出來會比較好。但長期來看，這種迷因能帶來的成效令人懷疑，尤其當它計畫的是去拯救整個棲地或物種。迷因理論讓人得以瞭解為何特定行為會傳遞開來，即使這些行為並未達到原本該達成的目標。這並不只是人們犯了推論之類的錯（這我們都非常瞭解），而是他們特別會去犯某種類型的錯誤。在這個例子中，這個錯誤就是複製那些〔看起來〕利他的行為。

最後一個範例，就是垃圾回收工作。回收工作絕對是迷因，也就是人們藉由複製其他人所採取的行為。不論是讀到、電視上看到，或是發現所有鄰居都在做這件事。許多人會花很多心力進行垃圾分類，把垃圾堆積在屋子或車庫中，再拿去指定回收點，並且購買回收再利用的東西。回收的迷因也是萬分成功的例子，盛行於高度發展的國家，並驅使人類展開大量行動。有些專家認為，這個過程所消耗的能源，遠多於直接丟棄再製造新的。我不知道究竟何者為真，但從迷因的觀點來看，這並不重要。我們預期這類行為會傳遞，是因為很容易被已做了很多慷慨、關懷和「綠色」活動的人所採用，他們因此被視為是利他的而被複製。這整個「綠色運動」以及所有投入的努力，

不過就是你對迷因驅動的利他行為會有的期待。

迷因體及利他伎倆

跟利他主義無關的迷因，能因為自由依附在「複製利他主義者」的迷因上而獲益，一如穴居人蓋文所製作的藍羽箭。有些迷因只是很幸運，剛好依附在表現出更利他行為的人身上。然而，迷因傳遞的過程並不能單靠這種運氣。反之，我們可以期待迷因策畫出適當的策略，無需真正成為利他主義的迷因，卻能依附到利他主義的人身上（或者更正確來說，剛好具備這種策略的迷因，會比不具備這種策略的迷因更能生存。我們周圍應該能觀察到這些迷因）。有這樣的例子嗎？

有的。從共同迷因的小群體，到非常複雜的迷因體都有。切記，所有迷因體的本質都是：依附在群體中的迷因，其複製成效會比單打獨鬥來得好。某些簡單的迷因體展現出這個原則。對於第一種類型的迷因，我們可以假定人們都想要被喜愛。這是我一直遵行的部分原則，人們會模仿他們喜歡的人，而非自己不喜歡的人。模仿你所喜歡的人，應該是讓你成為自己所喜歡的人的好方法；而成為自己喜歡的人，應能確保人們會對你更好。

現在，讓我們採取父母會想讓孩子去做的一些事，像是保持整潔，對長輩說請、謝謝，或是婚前守貞。為何孩子要遵循這些指令？他們可能是出於恐懼或受到強迫，但常見的伎倆卻把這些指令轉換成「好孩子會讓衣服保持整潔」、「好孩子會說請和謝謝」或是「好女孩不會發生婚前性行為」。這些簡單的迷因體僅由兩部分組成：指令，以及成為好人。還有一種是「如果你這麼做，大家就不喜歡你」，或像是暗示好人會把票投給保守黨，大家喜

歡八點吃晚餐，或是好人會上教堂。

　　比較複雜的迷因體，則圍繞著上述各種利他主義建構而成，像是對動物仁慈、垃圾回收分類，以及許多其他能算在內的迷因。垃圾回收標誌是在世界各地成功複製的一小段訊息。所有慈善相關的名稱和標誌則是另一個例子，還有沿街募款的募款箱、開設慈善商舖、分發募集物資的袋子，以及活躍於世界各地慈善募捐活動。當迷因體演化得越來越複雜，就會出現新迷因可容身繁衍的新居所。在我所給予的例子中，慈善募捐為所有其他迷因開啟了得以安身立命的新居所。

　　你甚至可以使用利他主義來推銷音樂和時尚。鮑伯・格爾多夫（Bob Geldof）確實給予非洲饑民金錢，但他同時間也賣出了數百萬張專輯。黛安娜王妃的紀念基金確實資助了她生前的慈善行為，但在這個過程中也傳遞了數百萬的黛安娜迷因：照片、故事、個人紀念物、猜想和醜聞，還有她生平的影音，遑論追思她的隻字片語和歌曲。

　　這些都是簡單的例子，但足以顯示迷因驅動的利他主義正是可利用的迷因伎倆。因此，當我們發現，最具威力且廣為流傳的迷因體都會化身為各種形式來使用，也就無需訝異了。宗教正是其中的佼佼者。只要你用迷因角度來思索，會發現它的運作機制其實很簡單。勸人為善的宗教之所以能傳遞出去，因為它使用了利他主義的伎倆。

　　我曾經在布里斯托的公園中騎腳踏車，結果鏈條從齒輪中鬆脫。我還來不及跳下車修理，就有兩個年輕男子前來，彬彬有禮地提供協助。他們手腳俐落地把鏈條復位，然後站在一旁和善地微笑。我略感困惑，但還是對他們說：「非常謝謝你們。」我從未見過他們，而且我頭上還戴著菲力貓的安全帽，應該不是因為我有多迷人。沒多久，他們就開始談論到神、約瑟夫・史

密斯（Joseph Smith）以及鹽湖城。

　　利他主義的伎倆大致就是這樣運作的。政治場合的聚餐、宗教的教派儀式、地區性的社群，或是複雜的信仰體系等等。群體中的成員應要勉力行善的概念，也會囊括其中。善行使得成員變得更討人喜愛，使得人們複製善行，複製這個信仰體系中所有其他的迷因。當然，這個機制會牽涉到真正的「善行」，也就是格爾多夫和黛安娜所做的事情。其他有些人不過是做做樣子，或是想方設法讓信眾**以為**他們有在行善。還有人是利用施予恩惠來引發責任感：改宗讓你回轉向善，你現在覺得對他有義務，而回報這份義務的最佳方式，就是執行他的心意；換句話說，就是實踐他的迷因（或至少表面上這麼做）。這個基本的「利他伎倆」有許多變形，我會討論其中某些版本是如何運作的，並且更細緻地處理宗教的例子中愛立森（1992）的仁慈規則有何進一步的意涵。

　　要注意的是，這個伎倆能有效促使人們為他們所承載的迷因效力。人們加入教派或接受其思想而散盡自己家產、做好事、幫助他人，是因為這有助於他們複製所沾染的迷因。有的人會複製這些迷因，並開始為這些迷因效力。這是使用這個伎倆的迷因體能在過去存活下來，並且蓬勃存活至今的原因。這是我們第二次遇到人們會為迷因效力（第一次遇到的是性愛迷因，人們會致力於傳遞迷因勝過對基因的考量），而之後還會再遇到。就這個意義而言，我們可以說迷因驅動了人類行為。

　　如果這聽起來很嚇人，我們就得自問，這是為什麼。是什麼驅動人類行為？許多反對達爾文主義、社會生物學以及任何人類行為科學的學門，都源自於這種想望：把人類視為負責自己命運的神奇自動機。我稍後會再處理這個觀點的基本原則，但目前的回答是：是的，迷因理論確實摧毀了這個觀點。

我們可以用許多不同方式來描述任一行為，但在這些行為背後，都是複製子之間的競爭。迷因提供我們行為背後的驅動力，以及用來執行的工具。就像我們身體的設計目的只能以天擇來理解，我們心智的設計也只能以迷因選擇來理解。

虧欠、義務和以物易物

迷因利他理論能被檢驗嗎？其中一個方式，就是測試這個理論所依賴的基本假設：人們喜歡複製他們所喜愛的人。我會這樣假設，是因為文獻中有很多暗示就是這樣。美國心理學家羅伯特・西奧迪尼（Robert Cialdini 1994）在他廣受引用的說服心理學著作中，評論了下述事實的相關證據：人們較容易受到他們喜愛的人的影響，也比較會答應他們的要求，或是購買他們的產品。特百惠傳銷公司的聚會之所以有用，是因為女主人會邀請喜歡她的朋友，因此這些人比較會購買他們其實並不想要的產品。成功的汽車銷售員會對潛在客戶大加恭維，表現出他們其實十分相像，做出一些退讓，或是裝出與老闆作對，一切只為了增加客戶對銷售員的好感，然後心甘情願掏出錢來。增加好感的重要因素，包括外在的吸引力、彼此的相似度、可合作程度，以及相信他人喜歡自己。有位突破銷售紀錄的業務員，甚至一個月寄出一萬三千張的卡片給客戶，上面寫著「我喜歡你」，並且自信這些錢不會白費。

我們不清楚的是，喜歡是如何直接導致模仿的。這一點社會心理學家並未進行充分研究，或許是因為模仿本身的重要性並未被強調。如果有，另一個結果就會隨之而來：人們會跟他們喜歡的人買東西，會被他們喜歡的人說

服而改變心意，會同意他們喜歡的人的意見。換句話說，上述社會心理學家
所發現的，可能會是更深層的傾向所導致，那就是想要複製我們喜歡的人的
行為。因此，為了完成實驗，應該更密切去觀看由討喜和不討喜的人所執行
的模仿舉動。例如，我們應該去要求人們觀看被喜歡和被討厭的人如何以不
同方式執行一項任務，再請他們自己進行相同的任務。接下來，實驗應該要
繼續尋找，如何操縱這種對他人的喜愛，以製造出最有效的模仿。倘若同樣
的操縱能引致簡單的模仿行動，並能說服和造成信仰認同，這就代表類似的
過程會是雙向的。我也假定，利他行為能讓人們變得更討喜。這個結論應該
十分明顯，無需檢驗，但我們可以使用類似的實驗來檢驗主要結論，那就
是：利他主義的行為能讓人們模仿你。如果這些預測不成立，迷因驅動的利
他主義的全部基礎，也將遭到毀壞。

這種實驗的結果，會因為「互惠原則」而變得更加複雜。這在社會心理
學中很有名，人們覺得有義務報答所收受的善意，如果沒有回報，他們會感
到虧欠（Cialdini 1995）。這個傾向遍及許多文化，也許還跟這個事實有關：
富裕國家給窮困國家的援助並非總是受到好評（Moghaddam et al. 1993）。
我們假定，互惠關係來自彼此不斷發展的互利主義。現在，倘若實驗中有某
位觀察者對他們表現出好意，他們可能會對他感到虧欠——這是一種不愉快
的感覺，進而可能使他們不喜歡這位觀察者，從而使問題變得複雜。來自迷
因觀點的最有趣結果會是，對利他主義者的模仿（也就是採用他們的迷因）
是在某種互惠關係中執行的。我的意思是，一個人能夠藉由採取另一個人的
想法，來「回報」他人的好意。

這個效應能被視為這兩者的結合：遵循來自於互利主義的「互惠原則」，
以及愛立森「要對那些模仿你的人好」的仁慈規則。根據互惠原則，倘若 A

模仿 B，B 就會覺得對 A 有所虧欠。因此，舉例來說，不只是教授會想對他的學生好，我們所有人都應該對那些認同自己、採用我們想法或是以其他方式模仿我們的人好。倘若這個過程是雙向的，那麼當 C 給 D 一份禮物，D 就會對 C 感到虧欠，於是會以認同 C 來回報這份虧欠（或是以其他方式來採用他的迷因）。在日常生活中，我們會看到客人常會認同主人的想法，或是地位較低的人同意地位較高的人，或是上述宗教所運用的一些手法。最後，這可能導致人們以物品來對抗模仿，以消除他們的虧欠。像是在上述例子中，比起沒有帶伴手禮的客人，帶了精美禮物的客人比較不覺得虧欠主人而必須認同他們。

如果說，「以物品來交換接受迷因」的想法聽起來很陌生，我們或許可以想想周圍所有以物易物的迷因。為想要的資訊付費，是我們很熟悉的概念，像是買書、買報紙、買電台執照，或是購買戲院門票。但要是有人希望把他們的想法灌輸給我們，他們就得付出某些東西來換得我們的注意，一如廣告商和政治人物的行徑。我稍後會再回來這個主題，討論放在網路上的資訊是由供應商支付成本，而非使用者。

所有這些交換都能進行調查。想像有個實驗，在這個實驗中，詹姆斯傳達出某些不受歡迎的想法，並請求人們加入他的組織之類的。在現場人群中，葛瑞格站了起來、公開認同詹姆斯。現在，詹姆斯應該對葛瑞格感到虧欠，因此對他會表現出比對他人更慷慨友好的舉動。這樣的實驗能讓我們發現，交換迷因是否能像交換物品那樣，成為了某種貨幣。

其他實驗或許能讓敵對觀點或是那些不認同正確做法的人們聚集起來，找出他們實際上使用了何種方法，來改變對方的想法。實驗通常是以物質利益受到威脅的情境設定來進行態度改變的研究，例如廣告及政治說服。但是

這個理論預測，如果有機會，人們會對想要說服的對象更友好，即使其中完全不牽涉到物質利益。除此之外，對於已認同你或是冥頑不靈的人，表現友好是沒有意義的。最偉大的利他主義者，是為了展現給能被說服的人（Rose 1997）。

　　不過，互惠的效應就會再稍微複雜一點。想像這個實驗。實驗只牽涉到兩個人（不過實際上我們會需要以許多配對來重複實驗）。研究人員要珍妮特針對某個爭議性主題表達意見，梅格則靜靜聆聽。現在珍妮特會以某種方式對梅格表現友好（也許是買杯咖啡給她，或是提供某些協助）。接著，他們要求梅格說出她對珍妮特的好感。我們應該會預期，珍妮特對梅格的友好態度，會使得梅格對珍妮特的好感更勝於珍妮特未對梅格表現友好態度。現在，我們讓梅格發表她對於這個爭議性主題的看法，並再度評量她對珍妮特的好感度。這個理論做出兩個預測。第一個預測比較明顯，當珍妮特贈予梅格某些東西，梅格比較會表達出對珍妮特的認同。第二個預測就沒那麼明顯，梅格會以表達認同來回報珍妮特的友好態度。因此我們會預測，如果梅格現在公開認同珍妮特（不論是否真心認同），她對珍妮特的好感，會多於沒有公開所認同的。換句話說，梅格喜歡珍妮特，不僅是因為珍妮特對梅格好，也因為梅格以認同珍妮特償還了對她的虧欠，因此不再感到對珍妮特別有任何義務。

　　這是人工設定的極端處境，不過我已經試著簡化情況。採取某人迷因的更實在做法，可以是以更具體的方式複製其行為，或是同意把訊息傳遞給其他人，或是寫下他們所說的話，或是加入所隸屬的群體，諸如此類。但我希望原則是清楚的：倘若我們有機會去模仿一個慷慨友好的人，我們對他的好感度就會增加，因為虧欠的感受就會減少。也就是說，這種違反直覺的結果，

很難從其他理論來預測或解釋。

　　如果這些預測都正確，那麼，迷因和資源就是可用來作為彼此交換利益的方式。我們能付錢給他人來接受我們的想法，能認同他人想法來償還虧欠，並以看起來慷慨友善的行為，迫使人們認同我們。此處你會發現有趣的暗示：財富的力量能脅迫人們獲得共識。某些預測對於迷因驅動的利他主義背後的過程至關重要，因此如果這些預測無效，我的理論就是錯的。

14.
新世紀迷因

瀕死經驗的迷因使用的是「利他主義的伎倆」，一度徘徊於生死存亡之際的人，通常會因為這樣的經驗而改變，變得更關心他人，更少關注自己，他們表現出利他的行為，對瀕死經驗的迷因產生了推波助瀾之效。「我是個好人，相信我，我現在不那麼自私了。我真的去了一趟天堂。」

　　1997 年的某一天，一個年輕學生為了手上的媒體計畫前來訪談我。他問了幾個想當然耳的問題之後，說：「布拉克莫博士，根據您知名的理論，外星人綁架其實是睡眠癱瘓的一種形式。我經歷過睡眠癱瘓，我也曾被外星人綁架過，我可以告訴你，這兩件事是不一樣的。」

　　接著換我問他問題。他在接下來幾個小時內，告訴我多次遭綁架的經驗——從他五歲起一直到成人時期。他說外星人降落在他屋子外的草地上，來到他臥房，並在太空船內對他動手術。不只如此，他還展示外星人在他口腔上顎植入的金屬小物體，這是他在歷經兩週不適之後從上顎移除的。像我這種對幽浮和外星生物抱持「封閉心態」的人，能準備好以科學態度去分析嗎？

　　我當然會說我準備好了。我對於外星人綁架抱持的懷疑論觀點，就是要開放給這樣的對象來測試。全世界有數以千計的人主張人類曾被綁架，還有好幾個知名學術機構打算支持這些說法（Jacobs 1993; Mack 1994）。這些故事都頗為一致，訴說這些故事的人都至少有一般智商和教育水準，也有一般性的健康心理（Spanos et al. 1993）。但他們都無法提供能讓人信服的客觀證據，除非你把某些髒汙的衣服和一些先前的「植入物」算在內。但你永遠不知道下一個或許真的就是來自外星文明的科技產品，一個難以想像、所有科學家夢寐以求的物體。所以當然了，我要分析這個東西。

　　分析很簡單，答案也很簡單。這個神秘物體，雖然在電子顯微鏡下看起來很像是某種「植入物」，但結果是補牙用的合金所製成。這個年輕人有點失望，但也鬆了一口氣。不過就我所知，他依舊相信自己曾遭綁架，只是他現在對那些在他體內植入更多物體的生物不那麼害怕了。

　　所以究竟發生了什麼事？這些人若非杜撰天馬行空的故事，就是遭受幻

覺之苦。但這麼譴責並不公平，因為他們很多人（而我也遇到很多）看起來都非常正常、神智清楚。顯然有某些事情發生在他們身上，而他們嚇壞了，相信這是外星人在搞鬼。

外星人綁架的迷因

我認為被外星人綁架是個迷因體，由下述概念所組成：擁有四肢、高瘦、大頭、黝黑大眼的生物，以及他們搭乘的太空船和執行手術的影像，另外還有造訪地球的意圖，再加上媒體灌輸給我們的其他細節。就如依蓮・休華特（Elaine Showalter）在《歇斯底里的故事》（*Hystories* 1997）一書中所主張，這種流行病是以故事形式傳播出去的（只不過我不會以歇斯底里一概而論）。有趣的是，外星人的意圖會隨著你喜好什麼群體而改變。約翰・梅克（John Mack）的追隨者傾向生態友好型的外星人，認為他們是為了警告地球人即將來臨的浩劫而來。雅各布斯學派（Jacobs' school）的追隨者則把外星人綁架視為外星配種計畫的一部分，意圖製造出半地球人、半外星人的寶寶，用來侵略地球。

以迷因來討論外星人綁架，就要問為何這些不真實的想法會傳播得如此成功？真實又有用的想法為何會能成功傳播出去，這從來不是個問題——因為人們想要也能夠使用這些想法。因此，想要理解好的科學理論或是正確的新聞何以能夠成功傳遞出去，迷因理論看待世界的方法並不比其他方法提供了更多優勢。然而，論及不真實、怪異甚至有害的想法為何能成功傳播開來，迷因理論確實有助於理解。

外星人綁架經驗的關鍵是睡眠癱瘓現象。在睡眠作夢期間，我們的肌肉

大多處於癱瘓狀態，因此我們在夢中，肢體是無法行動的。當我們醒來，這種癱瘓狀態通常會退去，而我們對此一無所知（除非實驗人員介入）。然而，讓清醒和作夢保持分離狀態的機制有時會失效，尤其是輪值或睡眠時遭到嚴重干擾。有時人們醒來後眼觀四周、神智清明，卻無法動彈。正常感官搭配癱瘓的四肢、嗡嗡作響的噪音，以及身體或床鋪的震動，讓人強烈感知有某個人或某個東西就在你房間裡，空中還飄浮著奇異的光。性刺激若能出現在作夢期間，也就能持續到睡眠癱瘓狀態。有時，人們覺得自己被觸摸或被拉起，甚至整個身體被抬起。如果發生了這些現象，你還能保持冷靜，此時最佳反應就是放鬆並等待。癱瘓狀態會在一兩分鐘內退去。如果你嘗試掙扎，只是讓事情更糟。

如果你完全不知道背後的原因，這樣的經驗確實可能讓人嚇壞，自然反應就是怪罪到某個人或某件事上，或是另尋解釋。在人類歷史以及不同文化的早期階段，就對此提供了各種「解釋」。在西方中世紀時期，男性和女性的夢魘都是惡靈在試探引誘邪惡之輩從事性活動。到了 20 世紀初期，英格蘭南方把「鬼壓床」歸咎到巫婆身上，至今在紐芬蘭還有人會在半夜遇到「老巫婆」，她們三更半夜來到床前，坐在他們胸腔上，想讓他們窒息。在日本有所謂的金縛り（Kanashibari），在聖露西亞有科克馬（Kokma），在占吉巴島有惡靈波波巴瓦（Popobawa），都是現今的睡眠癱瘓之謎。這些神祕事物都是成功的迷因。

我們的文化現在充斥著外太空、太空船、幽浮以及心懷不軌的外星人。如果你也經歷過睡眠癱瘓並且完全不知道是什麼狀況，你的心智就會提供最隨手可得的「解答」。一旦你處在驚嚇又癱瘓的情況下，並開始想著外星人，外星人就會變得越來越像真的。難怪人們會覺得自己遭綁架了。

這個解釋有以下證據的支持：這些被綁架者遭遇睡眠障礙（包括睡眠癱瘓）的頻率遠多於控制組（Spanos et al. 1993）。雖然還沒有經過檢驗，不過我的猜想是：那些瞭解睡眠癱瘓之心理學基礎的人，不會有被外星人綁架的經驗，因為他們對於自身經驗已具備更好的解釋。

有些人僅有睡眠障礙經驗的模糊記憶，因此在心中想著當初究竟發生了什麼事。倘若他們事後遇到專精於「恢復記憶」的催眠師，協助他們「想起」外星人綁架的過程，他們就會一再受到鼓勵去釋放出相關經驗，直到整個故事充滿外星人及其器物的細節，並與真實記憶融為一體、再難區辨為止。

不過事情還沒結束。綁架之謎能成為整組成功的迷因，還有其他因素。一方面這個故事很難檢驗，因此也免於遭到踢爆的下場。畢竟，外星人這麼聰明，他們可以從天花板直接溜進你的臥房，完全不會破壞水泥塊、不會把你噴走，能躲過其他人的耳目對你進行邪惡的實驗，再神不知鬼不覺地把你放回床上。他們也很懂得如何壓抑你被綁架的記憶，因此你可能只留下破碎的模糊記憶，以及腿上或鼻上無法解釋的微小疤痕。老練的催眠師能幫你喚起全部的「記憶」（他們已經治療過許多外星人綁架受害者，經驗豐富，知道該問什麼問題）。外星人很少被雷達偵測到或被成功拍攝到，因為他們擁有先進的科技。如果你想知道為何各國政府都沒有外星人登陸的證據，你一定知道答案：有陰謀。政府那裡一定有艘太空船，裡面儲存了冷凍狀態的外星人身體，只是他們雇用了很多人確保相關證據不會曝光，大眾更無法得知真相。這些雇員為何從未洩露相關機密？這在在證明了這個陰謀有多巨大。有趣的是，**反對**外星人之謎的證據幾乎沒有效用，例如受害者聲稱的植入物，經證實其實是補牙材料。堅信者卻義正辭嚴地指出，否決單一小片證據並無法否證他們的信念，而不信者從未在一開始就認定這是植入物。

外星人綁架的迷因體之所以獲得巨大成功，現在我們知道原因何在了。首先，這有真實的功能。也就是說，它為恐懼的經驗提供了解釋。我猜想，如果訪談我的這個學生在經歷他第一次綁架事件之前就已知道睡眠癱瘓，他就不會把這個經驗解釋成綁架。其次，這個想法來自現代美國文化（以及一小部分的歐洲文化）。人類就像他們許多靈長類親緣一樣，演化成會畏懼地位崇高的雄性。在這天性上繁衍出來的有神，還有更現代化的超自然存在。他們運用我們的科學世界進行誘捕，並獵捕人類對科技的真正恐懼。第三，這個概念經由電視節目以及熱衷驚奇節目的觀眾推波助瀾，再加上熱切傳播其精彩、獨特、驚奇、真實一手故事的當事人，並且從中獲得滿足感（可能還有財富）。最後，外星人綁架的說法很難反駁，並由聽起來還算可行的陰謀論保護著。

這個保護傘有多大，這個迷因體就能活多久。就像病毒一樣，它會盡可能傳播並感染脆弱的人，然後突然停止傳播。這個迷因體的功能，有賴於人們對於睡眠癱瘓的無知。當科學對於睡眠的認識傳播得越廣，就越有可能摧毀這個迷因體。此外，許多人要求具體證據卻毫無所獲，這種主張最後可能會越趨微弱。還有，這種電視節目素來以搜奇來滿足觀眾胃口，因此節目製作人不會一再邀請被綁架者上節目談論他們神奇的故事。這個迷因體即使一度十分成功，終究還是會消亡。其他的迷因體看起來就比較可靠一點。

死亡和真理的伎倆

研究顯示，來自各個年齡層和背景的人，多少都有類似的瀕死和復活經驗（Blackmore 1993）。大多數的人什麼都沒有經驗到，但經驗到的人都會

描述經過黑暗的通道，通道盡頭是明亮的光，並且靈魂離開自己的軀體，從上方俯視，再前往明亮的生命等候他們到來的美麗之境。其中偶爾會有人在一瞬間回顧了自己一生，最後痛下決心回到人間。通常來說，這個經驗是快樂寧靜的，雖然偶爾也會有人經歷地獄般的場景。最重要的是，這感覺非常真實，「比真實還真實」。我自己就有過這種經驗（只不過我並沒有瀕臨死亡），而這個經驗栩栩如生、美麗燦爛、萬分真實，並且對我的生活產生劇烈影響。來自兩千年前以及許多不同文化的相關報告顯示，這個經驗對世界各地的人來說很普遍，並會深刻影響他們。

這個複雜經驗的核心特徵，能從大腦在壓力下會發生的事來理解。例如，令人驚訝的正面情緒，有可能來自大腦在受到壓力時釋放的腦內啡（類似嗎啡的化學物質）所致。恐懼和壓力也會導致整個大腦的神經元隨意四處放電，依據放電的位置而產生不同效應。例如，刺激顳葉（可經由實驗執行）能引致飄浮和飛翔感、記憶回顧，以及感受到宗教性的意義。或許最有趣的是通道視覺的來源——視覺系統中的細胞大多集中在視野中央，只有極少散布在視野邊緣。因此，當所有細胞都在隨意放電，其效應會是視野中間有亮光，逐漸往邊緣淡去，或是產生螺旋狀或環狀的帶子和線條。這或許就是瀕死通道的來源，這種通道也常見於薩滿繪畫以及某些特定的嗑藥經驗。

某些瀕死經驗有幸能找到理性的解釋，但許多則否。他們知道他們看到了耶穌，而且要多真實就有多真實。他們知道他們擁有靈魂，而且可以離開軀體，前往通道的另一端直達天堂。他們知道自己的經驗就是死後生命的證明。

有趣的是，從迷因觀點來看，基督徒通常會看到耶穌，而印度教徒會看到印度的神祇（Osis and Haraldsson 1977）。有些人會遇到不屬於特定宗教

的「靈體」，但目前為止，還沒有信徒會遇到另一個宗教的神。有些基督徒甚至會在通往天堂的珍珠門邊遇到聖彼得，而印度教徒則比較會遭到奇特拉古普塔（掌管生死簿的神）的審判。美國人比較有可能跟他們遇到的天使相處愉快，印度人遇到冥王閻摩（Yama）或是其使者閻摩杜羅（Yamdoots）時則比較可能會抗拒——他們是來帶他們離開人世的。美國人比較會遇到自己的母親，印度人則很少遇到女性人物。

視覺所經驗到的「真實性」，使得很多擁有這些經驗的人完全不接受任何自然主義式的解釋。至於在科學文獻中則分為兩大陣營，一邊相信瀕死經驗（NDEs）乃是來生的證據，另一邊則不信（Bailey and Yates 1996），像我就是。其實，經驗無法成為來生的證據，是因為所有描述出這些經驗的人都是活著的人。然而，自然主義式的解釋就算再怎麼完整且令人滿意，也無法證明死後沒有生命。因此整個論證最後就卡住了。不過，從迷因觀點來看，這並不是問題。我們反而要問另一個問題：為何瀕死經驗的迷因會如此成功？

答案就跟外星人綁架一樣：瀕死的故事具備真正的功能。首先，腦部的潛在狀態，會在瀕臨死亡時引致某些特定經驗，而這些經驗需要解釋。當時他們手邊有哪些迷因可用，他們就會採取那些解釋，不論這些迷因來自電視、科學或是接受過的宗教教導。經典的瀕死情節還具備另一種功能，那就是減少對死亡的恐懼，並保證了生命的目的和意義。比起對睡眠癱瘓的恐懼，對死亡的恐懼是威力更強大的驅動力，把人推向瀕死經驗迷因，而對來生的渴望則讓人馬上上鉤。迷因要成功，不需要是真的。

不過，迷因都會宣稱自己是真的。天擇一般來說會讓我們選擇真的概念而非假的概念。我們知覺系統的設計，是盡可能提供外在世界的正確模型。我們思考和解決問題的能力，是用來找出真實的答案而非虛假的答案，因此

一般而言，真實的迷因應該會比虛假的迷因發展得更蓬勃。但這也讓迷因有機會以模仿真實來進行欺騙。首先，虛假的宣稱可以在其他真實迷因的掩護下溜進來，我們稱之為「真實的伎倆」。其次，迷因可以直接**宣稱**自己是真的，甚至說自己是「真理」。因此，例如幽浮的信眾就會宣稱陰謀論壓制了真理。擁有瀕死經驗者宣稱他們親眼看到了「真理」。相信神以及永生的人，也知道「真理」。這種迷因跟「真實的伎倆」有點不一樣，因為它不需要任何具備有效性的元素。

最後，瀕死經驗的迷因使用的是「利他主義的伎倆」，一度徘徊於生死存亡之際的人，通常會因為這樣的經驗而改變，變得更關心他人，更少關注自己（Ring 1992）。我手邊有限的證據顯示，這種改變其實是直面死亡所產生的功能，而非擁有瀕死經驗，但是瀕死經驗者表現出利他的行為，卻對瀕死經驗的迷因產生了推波助瀾之效。「我是個好人，相信我，我現在不那麼自私了。我真的去了一趟天堂。」人們會想認同如此誠實又善良的人，這有助於傳遞迷因。而要是瀕死經驗存活者又真正幫助過你，你可能就會把瀕死經驗的迷因視為重返良善的道路。因此，瀕死經驗的迷因就這樣傳播了開來，其中也引入了這樣的概念：擁有瀕死經驗的人會表現出更為利他的舉動。

另一種形式的利他主義伎倆就比較討厭，基督徒版本的瀕死經驗強烈仰賴於這個觀念：只有好人能進天國。美麗的瀕死經驗意味著你是好人，並且值得相信。這也意味著擁有地獄瀕死經驗的人比較不會說出來，他們的迷因就比較不會成功（更遑論在無法談論自身經歷的情況下所感受到的恐懼和孤獨）。不相信有來生的人，以及致力於以腦神經角度來解釋的研究人員，就會被視為討厭的人——要是他們能成為更好的人，就能領受到真理。這是另一項策略，為神聖的瀕死經驗迷因劃下界線。沒有人想跟討厭的人擁有同樣

的信念。

今日，北美洲最成功的瀕死經驗迷因體，是一個相當病態的基督教版本。在他們描述中，有天堂場景、經典的耶穌、建立在最狹隘道德理解上的審判者，以及在這種生活課堂中學習到的功課。他們的書一直名列暢銷排行榜，其中有些人還因此致富。在歐洲，還有其他版本稍微勝出，但是目前為止，科學解釋的版本表現不佳。

如果我們必須以自然主義的解釋來對抗天堂的解釋，那麼迷因的觀點會比前者更具包容性。但是迷因無法以任一種方式來解決這個不可能解決的問題。它所能做的，就是解釋威力十足的神話何以傳遍整個文化，並為人們生活中某些最深刻的經歷提供某種樣貌。一如我們所有經驗，這些奇怪的經驗仰賴於經由基因和迷因塑造而出的大腦狀態。我想，當我們不再試圖為「真實」和「不真實」的經驗劃清界線，才能更理解它們，並追問天擇和迷因選擇是如何創造出特定經驗的。

從外星綁架和瀕死經驗，我們得以瞥見特定成功迷因體成功的規則。尋找會引發高漲情緒卻缺乏令人滿意解釋的人類自然經驗，提供一套看似能解釋這個經驗的神話，納入難以受到檢驗的超凡存有或看不見的力量。再加上其他助力的推波助瀾，像是社會脅迫（要是你做錯事，就會有鬼來壓床）、降低恐懼（你將永遠住在天堂）、使用利他主義的伎倆（好人會有這種經驗或是相信這種神話），或是真理的伎倆（這套解釋就是「真理」）。

至今，這些迷因體都不是刻意製造出來的。它們由迷因選擇設計而來。我們也許能想像，在這數千年來已發明出成千上萬個神話和故事，並由成千上萬個人傳遞下去。少數繼續流傳下來的，都擁有上述的好伎倆來協助其傳播。現代文化就是數千年來迷因演化的遺產。

占卜和算命

從魔法水晶和塔羅牌、到芳香療法和順勢療法，這個迷因體使用上述的伎倆傳遞開來，而某些載子則因此賺取金錢。以塔羅牌為例，想像你去尋找一位塔羅牌的讀牌者，你感到不安，因為你覺得她似乎洞察你整個人生和性格，並且給予建議解決困擾你的問題。她似乎把你瞭解得十分透徹，並且說出某些事情的細節，而這些事情你認為她不可能從別的管道得知。或許她說的是像這樣（閱讀下文時，請試著想像一位表情誠懇、充滿慈悲的女性，直接對著你說出這些話。她的一舉一動都讓你覺得她很關心你和你的問題，並且在讀牌之餘會抬起頭來，深深看進你的眼睛）：

你需要他人的喜愛和欣賞，但你卻對自己非常苛刻。你的外在展現出紀律和自制，內在卻感受到擔憂不安。你不時深深懷疑自己是否做出正確的決定。

我從牌卡上看到，你喜歡動物。你有一隻貓，牌卡也告訴我，你去年去了法國一趟。我知道你很擔憂自己的背痛，但這張卡的方位顯示出，你的身體很快就會康復。我看到你像孩子一樣玩耍——現在你自己可能不知道，不過當你仔細檢查，會發現你的左腿有個疤。

證據顯示，塔羅牌的讀牌者是無意識卻純熟地使用一般回應反饋、閱讀肢體語言，以及「巴納姆效應」（幾乎所有人都認為，這個陳述真的能套用在自己身上，但不適用於他人）而獲致成功。引言中的前三句，取自經典的

「巴納姆個性閱讀」（Forer 1949）。其他的巴納姆陳述則是正向的（很少人會認為自己心地不善良）、雙向的（其中一半注定在你身上是真的）、以及模擬兩可的（你可以讀出自己想讀的東西）。通過試誤法得出正確的名字和日期，顧客會忘記所有錯誤的嘗試，並且會把讀牌者所問的問題記憶成陳述事實的句子。裡面的一些細節，則是來自我針對六千多名英國報紙讀者的調查中經常聽到的內容（Blackmore 1997）。調查結果顯示，29% 的人養貓，27% 的人曾在去年去了法國，30% 的人有背痛（其中並不包括以前可能有過背痛的人），以及 34% 的人左膝有傷疤。你只需要其中幾項說對了，就能讓對方驚訝萬分。

因此顧客會帶著驚訝離開，塔羅牌讀牌者也越加相信自己的能力，但事情還沒完。在這過程中，顧客會採納許多塔羅牌的迷因。讀牌者的特殊能力是你沒有的；塔羅牌掌握著古老的奧祕，是不信者無法獲取的；當你洗牌時，塔羅牌有如魔法般調整成宇宙的節奏，揭開你祕密的命運。他們會彰顯你內在的美善，讓你觸及更偉大的天性等等。

這些迷因之所以成功，是因為它們看似解釋了顧客的經驗，並納入了所有正確的伎倆。它們要獵取的恐懼是對不確定的恐懼，是對於在複雜到可怕的世界中做出錯誤決定的恐懼。人們通常是在生命最低潮、需要指引時，才會去找靈媒。這表示他們更容易在這時候相信更高力量或是特殊洞見的主張。「控制幻覺」的運作也有利於這些迷因。當我們對情況的控制提升，壓力就會減少；而要是無法達成真正的控制，控制的幻覺就會取而代之（Langer 1975）。許多研究人員已證實這種幻覺的力量，而超自然的信仰者會比不信者更容易臣服於這種力量（Blackmore and Troscianko 1985）。類似的論點也應用到與千里眼、手相術、風水、占卜鐘擺以及尋水術相關的迷因體。已有

數千種實驗確切證實了占星術是錯的（Dean et al. 1996），卻仍有四分之一的美國成年人相信占星術的基本信條，十分之一定期閱讀占星術專欄（Gallup and Newport 1991）。我認為以迷因自我複製的力量來解釋這惱人的事實，會比直接說這些人都是笨蛋、無知或易受騙的人要好得多。

　　我們可以看看，某些新世紀運動的現象如何善加運用了利他主義的伎倆。充滿特殊能力的水晶是為你而造；古埃及的營養補充品能改善你的生活，為你注入自然的生命力；色彩諮詢治療師能讓你的內在能量和宇宙調和；靈媒是屬靈的人，是為了幫助你而存在（而且並沒有真的要跟你收費）。事實上，這些占卜術只是表面上看起來能看到未來，或是閱讀一個人的心智，實際上卻經常提到善、愛、憐憫和靈性。我們很少問這麼直白的問題：占星術或水晶球跟「靈性」有什麼關係？這沒有直白的答案，但這些法術卻是靠這種關係在運作的；書店把這歸類到「心智、身體和心靈」這個類別。這對於真正的憐憫或靈性而言不是什麼好消息，但對新世紀運動的賺錢迷因則是好消息。

　　我刻意先選擇去處理某些人可能會覺得最微不足道的迷因體。它們或許微不足道，卻在現代社會中施展出驚人的力量，並且帶動了大量金錢的流動。這些迷因體塑造出我們思考自身的方式，而或許最重要的是，它們導致許多人相信顯然就是假的事物。任何可以達成上述情況的事物，都值得好好瞭解一番。而一旦事情涉及另類醫學以及無效療法的推銷，賭注就更大了。

保健養生

　　一項調查顯示，美國人每年造訪提供非正統療法的「老師」四億兩千五百萬次，花費一百三十億美元，並有高達 50% 的美國人採用這類療法

（Eisenberg et al. 1993）。當我們對另類或補充療法有了更精確的定義之後，對這種療法的使用者的預測便降低到 10%，並且宣稱其榮景在英國可能已經過去（Ernst 1998）。儘管如此，金流依舊非常大。

有些治療在適當情況下確實能帶來療效，像是放鬆、催眠、香療（以芳香精油按摩）以及某種草藥醫學。另外還有一些治療方式也許有用，但並非基於原先設定的理由。舉例來說，針灸能止痛，但目前我們是以腦內啡來解釋（大腦本身分泌出類似嗎啡的化學物質），而不是傳統中醫理論中的「氣」（Ulett 1992; Ulett et al. 1998）。整脊的過程具備有效的身體操作，但它的傳統理論是錯的，有時還會有危險。而許多其他療法則混合了有效跟無效的操作。然而，有許多廣為使用的療法是完全無效的，甚至對健康有害（Barrett and Javis 1993）。

從迷因的觀點來看，我們不需要問為何人們這麼蠢，把大把金錢花費在已證實無效的療法上，也不需要問聰明人怎麼會這麼輕易就被江湖郎中給騙了，更無需追問理應關懷病患的治療師，為何如此可惡地把錯誤的信念推銷給脆弱的病人？我們該做的是，哪些迷因讓這些療法能大行其道？我們希望藉此瞭解為何它們傳播得如此快速，又如此強力影響我們的社會，而其他更有效的療法卻無法達到這樣的成效。我們甚至不需要追問，究竟哪些療法有效，哪些無效（不過當我們生病時這絕對是重要問題！）。所宣稱的療效是否具有效性，只是迷因成功的判準之一，還有許多其他判準也要納入考量。一旦我們開始用這種角度思考，很容易就會看到熟悉的特徵。

另類療法獵捕的是恐懼。疼痛的恐懼、對疾病的恐懼，以及對死亡的恐懼。它利用了大多數人尚未獲得滿意解釋的自然經驗，也就是尋找治療師後感到狀況有些改善的經驗。毫無疑問，人們在去看了針灸治療師、藥草師、整脊師或

順勢治療師之後，通常都會感覺自己好多了。這些病患通常投注了很多金錢才看到這些師傅，這些師傅開出來的「處方」更是所費不貲。這在英國這樣的國家更是大行其道，因為正規醫療在國民保健署中是免費的。「認知失調」的理論解釋了為何這很重要：任何人花費五十五英鎊卻發現治療無效，會經歷認知失調，得出自己是笨蛋或浪費大把金錢的結論。因此，為了降低這種失調，最顯而易見的方式就是說服自己感覺好多了（並且花費越高，你的感覺越好）。「控制幻覺」能降低這種壓力以及某些症狀，因為至少你在為健康付出努力。當治療師問你上週的治療有沒有效時，社會壓力的因素就會進入，這時你會覺得有義務回答「有」，或至少給一些鼓舞人的回應。而一旦你回答「有」，你就會希望自己前後一致，而越加相信自己在好轉。安慰劑的作用威力強大，並且當治療師看起來極具權威，這種威力還會更大。他們可能會使用頗具威嚴的口吻，並說出讓人另眼相看（即便難以理解）的解釋。

他們的解釋會混雜著看似科學的專有名詞以及奧祕的詞彙。他們會自由引入超凡的存有以及看不見的力量，包括神和靈，會通過眼前這位靈性治療師來運作。另類療法最常見的用字可能是「能量」，一種看不到也無法檢驗的能量。針灸的「氣」以及整脊的「自癒力」之微妙，是無法用當今任何科學技術來探究的，這使得相關迷因得以處於免於反證的保護傘之下。最後，他們也自由運用了利他主義的伎倆，像是召喚了「愛的力量」等等。另類療法的治療師通常真心關心前來求助的人們，並相信自己真的對病患有幫助。當病患告訴他們自己感覺好多了，他們就會認為（或是誤認為）他們的治療理論是正確的。否則他們的關心也只是裝出來的。不論如何，病患都會很可能會採用他們的迷因，不論真假，而這些都構成了持久又賺錢的迷因體之強大公式。難怪我們周圍有這麼多這類迷因。

15.
宗教迷因體

宗教為何能獲得空前的勝利？從迷因觀點看可以瞭解這一切。宗教迷因創喚起強烈情感和奇特經驗，提供神話來解釋真實問題，而神話則受到不可驗證性和各類應許的保護。它們創造了恐懼，再給出承諾，然後藉由美、真理和利他的伎倆，把這些迷因傳遞出去。

　　不論你喜不喜歡，我們都被宗教包圍。世界上的「偉大宗教」已經持續了數千年，我們的曆法、節日、教育、教養、信念和道德，都深受宗教影響。全世界人們把大量時間和金錢用來敬拜神、興建金碧輝煌的教堂廟宇。我們無法擺脫宗教，但藉由迷因理論，我們可以瞭解到宗教如何擁有這麼大的力量，以及原因何在。

　　世界各大宗教都是從小教派開始的，通常有個充滿號召力的領導者，經過多年經營，一小群追隨者擴散成世界各地數十億信眾。想想人類歷史中曾孕育出多少小教派？問題是，為何只有少數存留下來、成為偉大的信仰遺產，而其他大多隨著領導者的死亡或追隨者四散，就此消失？

　　道金斯率先以迷因回答了這個問題（Dawkins 1986, 1993, 1996b），即使他對宗教的想法經常招致批評（Bowker 1995; Gatherer 1998）。他以羅馬天主教為例，提及天主教的迷因納入了全能全知的神，以及耶穌基督是神的兒子、由童女馬利亞所生、被釘十字架之後從死裡復活，從今而後直到永遠都能聆聽我們的祈禱等信念。除此之外，天主教相信，信徒只要告解，神父便能免除他們的罪；相信教宗嘴裡說出的是真正神的話，以及當神父主持彌撒，麵包和葡萄酒便能真正轉變為基督的肉和血。

　　對於那些不曾沾染過任何基督教迷因的人來說，這些想法看起來一定怪到難以置信。無形的神如何能夠全能又全知？為什麼我們要相信兩千年前童女生子的故事？葡萄酒「真正」變成基督的血，究竟是什麼意思？怎麼可能有人在我們尚未出世之時，就為我們而死？他如何從死復活，現在又在哪裡？你對自己的默禱要怎麼發揮作用？

　　人們對祈禱能治病的功效有很多主張，即便實驗上的證據很少（Benor 1994; Dossey 1993），但很少有實驗能控制安慰劑的作用、預期和自癒，某

些實驗則證實了擁有堅定宗教信仰的人比較不會從急症中康復（King et al. 1994）。相對於這個主張，數百年來人們為皇室成員或國家領袖的健康祈禱，卻沒有顯著成效，而現今宗教醫治者所展現出的醫治效果，並沒有比醫院更突出。接著，還有懇求上帝幫助己方並殺死敵方這種兩造之間的無數戰爭。然而，全世界數百萬人仍宣稱自己是天主教徒，他們向耶穌、聖母馬利亞和天上聖父祈禱。他們花費了許多寶貴時間和金錢，擁護這份信仰並傳遞給他人，而天主教會也一直是全世界最富有的機構之一。即便宗教迷因不是真的，卻又是如何達到如此高的成就？道金斯（1993）對此提出了解釋。

　　天主教的神全天候看顧著所有人，祂會以最可怕的方式懲罰違背祂命令的人，例如地獄火焰的永刑。這種威脅很難驗證，因為神和地獄都是不可見的，而孩子從小就被灌輸這種恐懼。我的朋友讓我看了他小時候珍藏的一本書。上面有乖巧小男孩跟壞壞小男孩的圖片，你可以翻開書頁上的小翻頁，好男孩裡面是顆白色發亮的心，壞男孩裡面則是黑點，承載了他犯過的所有罪。想像一下這種圖像的威力，因為我們看不到自己裡面，所以只會想著裡面越堆越高的黑點，想到自己在上課時講話或考試作弊，或是搶了妹妹玩具、偷吃了一塊巧克力餅乾，還有出現過的壞念頭，甚至懷疑神的真理和良善⋯⋯每一項都是一個黑點。

　　教會增加了信徒的恐懼，但也縮減了恐懼。如果你轉向耶穌基督，你就會獲得赦免。如果你真正悔罪，把孩子教養成天主教徒並且定期望彌撒，那麼即使你是如此渺小又有罪，天主還是會饒恕你。天主的愛永遠為你敞開，但是這是有代價的。這個代價我們經常完全忽略，因為我們是如此樂於支付這個代價。代價就是為這個宗教投入大量時間、精力和金錢——換句話說，要你為迷因付出。一如道金斯所提的，天主教很努力在傳遞自己的迷因。

　　先前我提到新世紀運動迷因體所運用的幾種迷因伎倆，這些也都能在宗教迷因中發現。首先，一如外星人綁架和瀕死經驗迷因，宗教也具備真正的功能。它們為所有年老者的問題提供答案，例如：我們從哪裡來？我們為什麼在這裡？我們死後要去哪裡？為什麼世界充滿痛苦？宗教的答案或許是錯的，但至少是個答案。加入宗教團體能讓人產生歸屬感，並且證實能增進年長者的社會融合（Johnson 1995）。宗教也可能與對生活有用的規則融合在一起，像是猶太教的飲食律、清潔律或衛生律，這在過去都能保護人們免於疾病的侵害。這些有用的功能有助於同時攜帶其他迷因。

　　宗教也很自在地運用了真理的伎倆。在許多宗教中，上帝和真理是同義詞。拒絕信仰，就是離開真理；使他人皈依，就是賞賜他真正的信仰。這聽起來很怪，因為許多宗教的主張顯然是錯的，但卻基於許多理由而得以傳遞出去。例如，擁有深刻宗教經驗的人，會傾向於接受該宗教中的迷因；喜歡或崇拜某個人的人，應該會毫不質疑地相信他所宣稱的真理。在極端的狀況下，人們甚至會為了上帝而說謊，並想方設法地說服自己和他人，他這麼做都是為了真理。一如「創造論科學家」宣稱的「唯一真理」，他們說地球只有六千年之久，因此拒絕承認化石紀錄，反倒宣稱在創造時光速慢了下來，因而給予我們一個廣大宇宙以及古老星球的幻覺（Plimer 1994）。

　　美激發了信仰，讓信徒更靠近上帝。世界上最美麗的建築，有些是為了佛陀、耶穌基督或穆罕默德而建造的。印度教中有美麗的雕像和誘人的故事。彩繪玻璃、激勵信心的繪畫，以及帶著插畫的手稿。令人顫動的男童合唱團及大合唱，唱出或以大型管風琴彈奏出振奮人心的音樂。內在深沉的情感被激發到宗教狂喜或出神的境地，這全都要求並接受一個解釋。狂喜很真切，但從迷因觀點來看，美是另一個幫助他們製造狂喜的伎倆。

利他主義的伎倆滲透了整個宗教教導。許多信眾都是真正的好人。他們以信仰之名來幫助他們的鄰居、拿錢幫助窮困者，並且努力過著誠實道德的生活。如果他們成功了，一般人就會喜歡並欣賞他們，於是更想模仿他們。在這種情況下，不僅良善誠實的行為會傳播，與這些行為相連的宗教迷因也會傳開。隨之而來的是表面上良好的行為。此時，良善不僅是某種利他行為，還與信仰的規則和義務緊密相連，虛偽便可能應運而生。教會、寺廟或猶太會堂收到的許多金錢捐獻，並未使用在貧窮困苦的人身上，而是用來建造美麗的建物或支付神職人員，長期滋養了宗教迷因。傳遞迷因的活動也被定義為「良善」的，即便有時它們是否有益還在未定之天，像是在特定時間禱告，像是對每一餐謝恩，以及每週保留一天來敬拜。在這種情況下，信仰者都會把注大量時間來維繫並傳遞信仰。

許多人會把德蕾莎修女視為聖人。確實，她也封聖了（2016年封聖的）。她是許多人心目中真正無私和利他的榜樣。但她實際上做了什麼？加爾各答有些居民譴責她轉移了大眾對城市中真正需要的貧民之關注，譴責她讓加爾各答蒙受汙名，以及只幫助那些打算接受天主教的人。此外，她也強烈反對墮胎、反對生育控制。她幫助的許多人都是無法獲得避孕藥、沒有能力抵抗強暴，以及只要一懷孕就幾乎無法獲得健康照護的年輕女性。然而，她依舊秉持天主教信仰，堅決反對這件能一舉翻轉大多數困境的事情：控制生育。不論我們可能認為她如何真正幫助了加爾各答飢餓的人們，透過利他主義的伎倆，她的行為無疑有效傳遞了天主教的迷因。

即便是邪惡與殘酷，也能重新定義行善。《古蘭經》上說，給淫婦一百下鞭子，不必給予憐憫，這是善的。妳可能會認為，穆斯林女性不要犯姦淫就能避開這種情況，但伊本・瓦拉克（Ibn Warraq 1995）詳細解釋了在嚴守

伊斯蘭律法的國家中令人難過的生活。女性無力抵抗性侵，而遭到性侵的女性要被懲罰，性侵的男性卻能獲釋。女性既然是被厭惡的對象，男人就不該去碰觸他無權碰觸的女性。女性經常被鎖著，如果允許外出，一定要走在男人後面並且遮蓋整齊。在許多伊斯蘭國家，這意味著從頭到腳都要覆蓋在密不通風的外袍下，只能露出兩個觀看用的孔。穆斯林遵從所謂「善」的規則，不論這個善帶來多少人間悲劇。

　　回到對於善和利他主義更誠實的運用好了。愛立森（1992）的「仁慈規則」尤其適用於宗教。他的普遍規則之一是「要對與你親近的文化近親好一點」，也就是親屬選擇的迷因同義詞。但你要如何知道他們是誰？該規則追蹤了文化上主要是垂直傳遞的生物學親屬，因為在這些文化中，你大部分的迷因都來自生物學上的親屬，但水平傳遞就需要其他的辨識方式。其中一個是「對那些舉動像你的人要好一點」，其運作方式如下：如果你看到有人的舉動跟你一樣，有可能你們來自同樣的文化祖先。如果你幫助他，讓他更可能成功，他就會傳遞他的迷因，包括「對那些舉動像你的人要好一點」這條規則。愛立森稱之為「製造者計畫」（maker scheme）。他舉了穿戴頭巾以及禁絕某些食物的例子說明，不過我們還可以加入「支持曼聯足球隊」和「聽嘻哈音樂」的例子，以及屈膝下拜和戴著精神導師掛在你頸上的小巧肖像的例子。他提到，製造者若得付出昂貴代價才能學習，就可以阻斷外來者的剝削。除了語言，宗教儀式也是很好的例子。許多這些宗教都需要好幾年來學習，至於其他事物（如割禮），對於成人而言代價確實不小。

　　這種利他主義的結果就是，人們對於群體內部的成員會既善良又慷慨，對外部則否。這促進了該社群成員的幸福感，因此他們變得**更具感染力**而更容易被模仿，而把信仰傳遞開來。這是我們在許多世界偉大宗教看到的

現象。即使「愛你的鄰舍如同愛自己」這條誡命通常會被認為是「愛所有人」，但這句話在一開始出現的部落環境中，指的可能真的就是字面上的意義。換句話說，就是愛你自己的部族、你自己的家族，到此為止（Hartung 1995）。即便是「不可殺人」這條誡命，最初可能也僅限於內部團體。約翰·哈東（John Hartung 1995）指出，《塔木德》中的拉比就說，以色列人故意殺死自己人就犯下了謀殺罪，殺死其他民族的人則不算。

有些宗教積極鼓勵謀殺其他宗教的信仰者，並發動戰爭。伊斯蘭教令和聖戰就合理化對不信者的殺戮，尤其是傷害或背棄伊斯蘭信仰的人。1989年2月，何梅尼（Ayatollah Khomeini）就對全球穆斯林下達格殺作家魯西迪（Salman Rushdie）的教令，因為魯西迪膽敢在他的著作《魔鬼詩篇》（*Satanic Verses*）中褻瀆聖書《古蘭經》。伊斯蘭教對叛教者或批評者施行如此嚴厲的懲罰，因而受到有力的保護。

印度教徒、穆斯林和基督徒等，一而再再而三地以神之名發動戰爭。數百名西班牙人高舉著榮耀上帝和天主教信仰之名，謀殺了數千名印加人，導致整個文明毀滅。至於傳教士，今日仍舊以比較隱晦的方式在摧毀古文明。人們因此受到凌虐、火刑和槍殺，因為他們相信錯誤的事情。宗教教導信眾，神希望你傳遞祂的「真理」給全世界的人，因此殘害、強暴、搶劫、偷竊和謀殺都是**善**的。

我們瞭解到陰謀論如何保護了幽浮迷因，類似的機制也保護了宗教迷因。道金斯（1993）指出，好天主教徒擁有信仰，不需要證明。確實，你有多屬靈、多虔誠，單看你是否有信心、多麼毫不質疑地相信完全不可能的事情，像是葡萄酒**真的**變成血。這主張是無法驗證的，因為杯裡的液體嚐起來、看起來和聞起來，依舊是紅酒，你必須要有足夠的信心去相信這**真的**是基督

的血。如果你受到試探而心生懷疑，你必須抗拒。因為神不僅是不可見的，也會「以奧秘的方式運行」。酒變血的奧秘是整個體系的一環，這件事本身就值得欽佩。這種不可驗證性保護了宗教迷因免於遭受拒斥。

　　宗教迷因保存在偉大宗教的文本中，因而得以長期保存下來。神學家修·珮柏（Hugh Pyper 1998）說基督教《聖經》乃是當今流傳最廣最成功的文本之一。「如果『最適者生存』這句口號具有任何有效性，那麼聖經可說是文本界的最適者了。」（p.70）聖經被翻譯成兩千多種語言，甚至在日本這種只有 1% 或 2% 基督徒人口的國家中，都有超過四分之一的家庭擁有聖經。珮柏認為，聖經是乘著西方文化傳播出去的，但它為何獲得如此空前的成就？因為它改變了所處的環境，獲得更多被複製的機會。例如它納入了許多把它傳遞出去的指令，並且凡是讀到這指令的人都必須去執行。它具備極強大的適應性，又因為內容自我矛盾之處甚多，因此幾乎能用來合理化任何行動或道德立場。

　　當我們從迷因眼光來看，就可以瞭解為何宗教獲得如此空前的勝利。這些宗教迷因創立之初並不是為了獲得勝利，它們僅僅是人類在漫長歷史中，為了瞭解世界而創造出的一些行為、想法和故事，並從一個人複製到另一人身上。它們之所以能勝利，是因為它們剛好一起進入互助互惠的群體中，並納入了所有正確的伎倆，把這些迷因儲存在數以百萬計的大腦、書籍和建物中，並不斷地傳遞出去。它們喚起強烈的情感和奇特的經驗，提供神話來解釋真實的問題，而神話則受到不可驗證性、威脅和各類應許的保護。它們創造了恐懼，再以降低恐懼來給出承諾，然後藉由美、真理和利他的伎倆，把這些迷因傳遞出去。這就是何以今日我們仍擁有這些迷因，以及為何數百萬人的行為依舊持續控制在這些錯誤或無可驗證的想法手上。

———

　　沒有人是一開始就以這些聰明的伎倆來設計偉大宗教的。它們是藉由迷因選擇逐步演化而出。但今日，人們刻意使用迷因伎倆去宣傳宗教並賺錢。他們的迷因運作技術來自於長期的經驗和研究，與廣告宣傳和行銷手法十分類似。他們善用廣播、電視和網路，他們的迷因能傳播得更遠更快，遠勝於前。葛理翰（Billy Graham）的電視宣道就是個好例子。他先是引發恐懼，提醒人們世界有多可怕，人類有多麼無能又有限。他把科學講成毫無用武之地，更導致病態的世界，接著說服人們臣服在全能的上帝面前，唯有上帝才是人類的希望與拯救。臣服的經驗激發強烈的情緒，人們大量歸向上帝。

　　其他的福音派傳教士使用醫治來傳遞迷因。我們已看到一般的心理學手法就能讓人們感覺好多了，即便他們並未真正被治癒。這是強而有力的誘因，讓人們採用經常依隨著治療的宗教迷因。前往法國露德朝聖的路途所費不貲且過程艱難。信眾對此抱持極大期待，靈性醫治者既善良又可信，看起來真正關心你的問題。

　　有些人則造假。1980 年代，彼得‧波波夫（Peter Popoff）及妻子伊莉莎白，透過靈醫宣教讓數百萬美國人歸向上帝，也讓數百萬美金落入波波夫的口袋。他們廣大的聽眾唱頌並祈禱，看著罹患重病者蹣跚走向台前，並在波波夫邀請大眾奉獻時，激起豐沛的情感。當波波夫正確診斷出患者的病症，宣告病患已得到醫治時，會眾竟然忘記就在一個小時之前，伊莉莎白才漫步在聽眾之間，收集大家寫好的代禱卡，上面有姓名、地址、病名以及其他重大事項。她把這些輸入後台的電腦資料庫，再把資料傳到藏在彼得左耳後方的接收器裡（Stein 1996）。

　　人們因為各式各樣的奇蹟而歸信。耶穌走在水面上，讓人從死復活，19世紀的靈媒創造出一種由「靈質」構成的靈體，而這種玄奧冥想的高級靈媒則宣稱，這種靈體能在空中飄浮。有些人有效結合了特殊能力與利他主義的伎倆，像是英格蘭廣受歡迎的祖母級靈媒桃樂思·斯托克斯（Doris Stokes），她吸引了很多與她熟識的客戶，欺騙了數百萬人（I. Wilson 1987）。這些客戶很多都是剛喪偶或喪親的，他們從桃樂思的訊息中獲得安慰，不過，如果他們能在他人的協助下接受家人死亡的真相，他們應該更能好好處理自己的憂傷。

　　以上說的這些，並不是在暗示世界上任何宗教的想法沒有一個是真的。我要說的只是，上述的迷因機制能容許宗教建立在完全錯誤的基礎上蓬勃發展，但其中也可能鑲嵌了一些真實的想法。一如某些另類療法也會納入一些有用的治療方式，宗教也可能同時包含有效的洞見以及誤導人的神話。

　　許多宗教的核心都是神秘傳統，像是基督教中14世紀《未知之雲》或是諾里奇的朱利安的教導、伊斯蘭教的蘇非派，或是佛教中開悟的故事。這些傳統著重於直接的靈性體驗，而這通常無法言喻，也因此很難傳遞給他人。在自主發生的神秘經驗裡，人們通常會感到自己瞥見了世界的實相。他們覺得自我和他者合而為一，也就是整個宇宙本身，或是感受到所有東西都是一、是光。這些也許真的是有效的洞見（我相信是），但這種經驗只存在於他們自身，很難成為成功的迷因，因此很快就被上述更強大的宗教概念所取代。

　　佛教就提供很好的例子。如果這些故事是可信的，也就是佛陀坐在樹下，熱切地想要瞭解生命和世界，最後他終於開悟。於是他開始教導他所瞭解的，也就是萬皆空，都不具有「自我」這個天性，生命就是不滿足，苦來自

渴望和執著，而停止渴望能讓你從苦解脫。他立下行為的道德誠命，教導他的門徒要為自身救贖而努力不懈，讓內心平靜，並不時練習專注。這些沒有一件是令人感到安慰的。基本上這意味著，在這個本質上難以讓人感到滿足的世界中，你是孤身且無助的。如果你想做任何努力去讓情況好轉，你就落入慾求渴望的網羅中並因此受苦。開悟不是你去獲得什麼東西，而是放下一切，是真正的一切。我有一位學生這麼說：「我無法忍受不去吃巧克力，我甚至無法想像不去渴望巧克力，遑論不去渴望任何事物。」

所以，這些困難的想法傳遞得出去嗎？或許你會覺得驚訝，這些想法確實可以也的確存活了下來，通常是由已覺知開悟的師父到勤勉的徒弟的連續傳遞。禪宗著重最簡單的教導，既無神明或隱形的力量，也沒有運用利他或美的伎倆。它教導人要為自己找尋真理，並且訓練自己靜坐觀看己心，直到內心澄澈。這些存活下來的困難概念在東方幾乎要凋零，現在卻在西方廣傳（Batchelor 1994）。其他的佛教派別則在全世界傳得更廣，像是藏傳佛教，裡面有無數強大的神明、美麗的建築和繪畫、奇妙的事蹟、誦經、梵唱和儀典。不論如何，任何宗教的核心都有真正的洞見，而聰明的迷因則會在複製的戰鬥中擊敗對手。

我們現在可以看到，宗教是如何又為何擁有如此強大的力量和持續力。我現在想要更進一步思考兩個問題。其一，宗教在迷因—基因共同演化的過程中有扮演任何角色嗎？其二，現今迷因在藉由現代科技傳遞的情況下，宗教會有什麼改變？

宗教和基因的共同演化

　　共同演化的問題在於此：過去蓬勃發展的宗教迷因，對於基因的順利傳遞是否造成任何影響？如果有，這會是迷因驅動的另一個例子。在此我要推測且希望，我提出的某些問題，未來能有研究來解答。

　　我們對於最早的宗教所知甚少。有證據顯示，生活在十三萬年前到四萬年前的尼安德塔人就會埋葬死者，但他們應該不是我們的祖先。大約五萬年前，出現了所謂的「大躍進」，重要特徵包括工具製作方式的進步、藝術的初始，以及首飾的製作（有時會與死者一起埋葬）。我們對他們的宗教信仰只能猜測，但至少埋葬儀式代表他們具有某種對來生的概念。現代的狩獵—採集社會擁有各種宗教信仰，包括祖先崇拜、神職人員或薩滿具備特殊能力，以及相信來生。因此我們猜測，早期人類宗教大概就像這樣。

　　早期人類居住在遊群或部落社會，再慢慢演化出複雜的階層社會。酋邦或國家之中的勞力就有細緻區分，某些人能完全不需從事食物生產，這些人通常是各類首領、士兵和神職人員。戴蒙（1997）主張，在酋邦社會中，思想和宗教的功能在於對財富重分配、統治權以及戰事合理化。首領通常會從勞力階級取得大量財富，並使用其中一部分建造宏大的廟宇或進行公共工程，作為權力的可見標誌。酋邦中的人民能接受自己的財富被取走，一如現代社會中的人民接受課稅，只要能從中獲得回饋。這些回饋可以是減少社會內部的暴力事件、保護他們免受外侮，或是建設更多公用設施。有時首領和神職人員是同一人，但在更大的社會中，會由不同的人擔任神職人員來執行宗教功能。神職人員要促進和維持宗教信仰，用以合理化他們征服其他酋邦

的行為，掠奪更多好處和能力。

　　以迷因理論的用語來說，其意義在於宗教迷因在與其他迷因競爭的過程中，更有可能生存並複製。換句話說，不需要神職人員、不課稅、不建造雄偉建築的宗教就會處於劣勢。這表示高度組織和階層化的社會，以及由神職人員來傳授和維繫的宗教，都能夠擴散。宗教迷因因此在人類社會的發展中扮演了重要角色。

　　共同演化的問題是，宗教是否在演化過程中影響了基因？E. O. 威爾森（1978）把宗教視為他嶄新的社會生物科學的挑戰，並思索宗教信仰能透過什麼方式提供基因上的優勢。例如，宗教通常會有飲食禁令，避免信眾食用可能受到汙染的食物，也反對亂倫以及其他具風險的性行為，鼓勵信眾建立大而保護周延的家庭。宗教會藉由以上種種方式讓信仰者的基因獲益，並依此持續下去。演化心理學者平克（1997）主張，宗教信念乃是大腦在進行其他事情時的副產品。靈和神祇的概念，乃建立在我們對動物和人的概念；超自然能力則由自然能力推斷而來；死後世界的概念來自夢境和出神。一如平克說言：「宗教信念很明顯地缺乏想像（上帝是個善嫉的男性，天堂和地獄都是個地方，靈魂就是長出翅膀的人）。」（Pinker 1997, p.557）。這些作者全都認為，宗教若非提供了基因優勢，就是某種提供了基因優勢之物的副產品。他們沒有考慮到迷因優勢，也沒考慮到驅動基因的迷因。

　　迷因可能透過幾種方式來影響基因。神職人員藉由某些行為，來獲得權力和地位，比如預測（或是表現出預測）天氣、疾病或穀物欠收，藉由建造（或是與之有所牽連的）寺廟等雄偉建築、藉由穿著昂貴且令人驚豔的服飾，以及藉由宣稱具有超自然力量。在許多文化之中，神職人員或統治者都會擁有神聖地位。我們知道，女性喜好地位崇高的男性作為配偶，這些男性會留

下較多後代，可能是娶較多妻子，也可能是與其他女性擁有非婚後代。即使是獨身的神職人員，他們不能（或至少不該）傳遞他們的基因，他周圍的人也能因為有所牽連而獲致權力。這些宗教行為幫助人們獲得更多配偶，因此任何驅使他們更敬虔的基因就會蓬勃發展。在這種情況下，宗教行為的基因便會基於宗教迷因之故而增加。

「宗教行為的基因」這種概念並非完全難以置信。這意味著讓人更傾向於擁有宗教信仰和宗教行為的基因。腦部是在基因控制下發展的，而我們知道某些大腦會更願意接受宗教信仰和宗教經驗。例如，比起擁有穩定顳葉的人，顳葉不穩定的人比較會傳遞神秘靈魂的宗教經驗，並且相信超自然力量（Peringer 1983）。一如其他許多心理學變因，即便今日，宗教性依然被認為具有遺傳成分。例如，同卵雙生的宗教性，比異卵雙生或一般手足的宗教性更相近。在我們過去，宗教行為的遺傳控制變因可能和現在一樣多，甚至更多。倘若如此，可能會產生兩種影響。第一，迷因的環境可能影響與宗教行為有關的基因是否獲得積極選擇（增加或減少一般宗教行為）。第二，當時的宗教有可能影響**某些種類**的基因，讓它們更容易會存活下來（例如，能製造出與當時宗教最相符宗教行為的基因）。這就會是迷因驅力的作用。

族群選擇

宗教迷因還可能以另一種方式驅動基因：經由族群選擇。族群選擇的整體概念擁有令人困擾的歷史，並且飽受爭議。20 世紀初，這種概念被用來解釋各類有可能有利於族群或社群的行為，而生物學家通常愛用「族群適應」或「物種的好處」來稱呼，卻沒有設想可能的運作機制。喬治‧威廉斯

（George C. Williams）在其經典著作《適應與天擇》（1966）中指出了其中的錯誤，例如自私的個體有可能一直沉浸在利他的族群中，利用他人來達到自我繁衍的目的。另外，族群的生命週期運轉速度比個體慢，個體可以經常遊走於不同族群之間。這意味著個體適應幾乎總是主導著族群的適應。因此，我們不該把族群選擇視為一種動力，以為能讓個體「為了族群的好處」而犧牲自己在基因上的益處。

大多生物學家現在認為，族群選擇只是自然界中的弱驅力（Mark Ridley 1996）。然而，在族群層級上做選擇，有時候還是會發生。道金斯區分複製子和載子的方式，在這裡很有用。在大多數的生物學中，複製子（被複製的東西）是基因，載子是整個生物。所謂整個生物，是指個別的貓、驢子、蘭花或蟑螂，或生或死，在生命過程中有可能傳遞它們的基因，也可能沒有。在這載子中的所有基因都會分享同樣的命運。在這個最常見的例子中，選擇會發生在生物體的層級。

然而，在某些例子中，整個生物族群的生死，攸關族群中的所有基因是否會瞬間消亡。倘若發生，族群就是載子，我們可以說選擇發生在族群層級上。這能應用在例如整個種族滅絕，或是孤立的動物群種，像是小島上的物種有些族群存活下來、有些則否。在這樣的例子中，個體和族群的選擇之間不會有衝突（一如利他行為的論證中所提），但選擇會作用在族群層級上。

萊德立（1996）的結論是，族群選擇只有在遷徙率極低、滅絕率又極高的情況下才能發揮作用。換句話說，縮減族群內部生物適應度的差異並增加族群之間差異的機制，會青睞族群選擇，因此會把選擇集中在族群層級上（D.S. Wilson and Sober 1994）。

迷因或許能提供這種機制。確實，博伊和瑞奇森（1990）已使用數學模

型，去表現族群選擇尤其發生在行為變異是由文化習得、甚至在大型族群及大規模遷徙的情況下。重點在於，迷因確實能帶來減少族群內差異並增加族群間差異的影響。

就拿飲食習慣為例。假設有個族群的人以貝類為主食，他們發展出一整套烹調貽貝或蛤蠣的方式，並且去殼食用。另一族群的人長久以來卻有食用貝類的禁忌。族群中的人們彼此飲食習慣很接近，跟族群外的人則有差異。由於長期以來的飲食習慣差異，學習彼此備製食物的方式十分困難，兩個族群之間因而很難發生人口遷徙。在某些環境下，第一個族群的人可能健康情況較佳，因為他們攝取較多蛋白質；在另一些環境下，第二個族群的人可能健康情況較佳，因為他們免於食用到受汙染的食物而罹患重病。當疾病襲來或饑荒威脅，就事關整個族群的生死。食物禁忌在許多宗教中都是重要的部分，猶太教正統派不吃貝類和豬肉，也不把肉與奶混著吃。許多佛教徒和印度教徒都是素食主義者，因為他們不殺生。這些禁忌背後的信念有可能導致某些族群存活而某些滅絕，而他們的基因和迷因則可能因此跟著消失。

宗教也會主導性行為，促進某種合作行為，規範侵害和暴力。即使許多人相信原始部落過著一片祥和的田園生活，卻仍出現這種爆炸性的神話（可在許多人類學研究中看到）。人類學家拿破崙‧沙尼翁（Napoleon Chagnon 1992）與居住在巴西雨林中的亞諾馬米人一同生活了許多年，他們以狩獵並在臨時園子裡種植植物為生。他提到亞諾馬米人生活在暴力中，村落之間經常發生戰爭，為了報復謀殺，引致了更多謀殺。類似情節也出現在世界的許多角落。在新幾內亞，遊牧民族「法尤族」以小型家族聚落生活，不同家族之間鮮少往來，因為只要一相遇就會出現報復性的謀殺。集會的場合（如交換新娘時）充滿了危險。在許多部落社會中，謀殺是死亡的主要因素

（Diamond 1997）。即便在現代都市中，許多人認為自己被殺害的風險不斷升高，但其實比起游群社會和部落社會已安全得多。因此，政府和宗教中的組織能降低這種暴力。然而，這也提供了大型戰爭的合理化機制。

戰爭的歷史大多是人們為了宗教之故互相殺戮的歷史。宗教給予人們動機，能在顧及遺傳的自我利益之外，為了他人而犧牲自己生命。這種事情不會發生在群遊和部落社會。年輕人或許會相信為神而死是好的，戰死於宗教戰爭乃蓋世英雄，天堂會為他保留一席之地。比起那些更在意保護自己生命或為家族報仇雪恨的社會，社會中的青年男子若是已準備好為信仰赴死，他們贏得勝利的機會就更大。這種勝利，是首先便創造出差異的迷因之勝利，以及倖存基因之勝利。

我們現在可以瞭解到，為何族群選擇在迷因理論中有可能很重要。宗教是降低族群內部差異、同時增加不同族群之間的差異以及族群滅絕率的機制。許多宗教會都鼓勵從眾行為，嚴懲禁止的行為，誇大信者和不信者之間的差異，培養對不同信仰者的恐懼或憎恨，改信不同宗教因此變得困難重重或不可能。宗教族群之間的戰爭很常見，而在我們演化史中，許多族群都為他們的宗教而活、也為之而死。這一切都使得族群選擇更有可能發生。如果族群之間一開始就有基因差異，那麼不同族群的存活和滅絕，對於基因庫就會產生影響。在這種情況下，我們可以說宗教迷因驅動了基因。

如果某個族群選擇某個宗教，而另一個族群選擇了另一個宗教，都是基於基因之故，那事情應該會變得更有趣。讓我們想像早期人科動物的兩個相鄰族群，其中一個族群的基因傾向剛好讓他們想要細緻地埋葬死者。這並不是什麼牽強的假設，你可以回想一下先前提到挖和埋的行為能力在許多物種中都受到基因掌控，從蠕蟲和黃蜂到兔子和狗都是如此。因此，這種遺傳傾

向能促使這些人種去發展出一種建立在祖先崇拜和來世概念的宗教，我們稱之為「來世論者」。在這同時，其他族群也發展出一種建立在崇拜自然神靈的宗教，我們稱之為「自然論者」。接著，來世論者發展出對某種對戰爭的態度，相信他們祖先的靈會幫助他們，如果他們殺死敵人便能進入天堂。至於自然論者，則只為了自身利益上戰場。最後的結果是，來世論者打贏了自然論者，他們的迷因得以傳開，當然基因也是。在這種情況下，原始埋葬儀式行為的基因，是由迷因所驅動的族群選擇來選擇。

我並不是說這一連串的事件真實發生過，而是說人類天性以及宗教傾向，有可能可以從這樣的一般機制中製造出來。這套原則理論上能應用到所有的遺傳傾向，像是從眾性、擁有宗教經驗、喜愛儀式和崇拜，或是相信來世。這個過程甚至可能會青睞那些原本可能不利於生物適應性的基因，或是消滅了那些原本可能有利於生物適應性的基因。因此，人類天性中的某些面向有可能注定就不是為了基因而是為了迷因服務。我們的信念有可能塑造出基因選擇發生的方式。這種情況表示，基於人類漫長的迷因史，人類現在有可能天性就是具有宗教性的動物。

宗教已經掌控了人類數千年歷史。時代更迭，但宗教永存。有個顯著的改變就是，垂直傳遞正讓位給速度更快的水平傳遞（p.132）。人們從電視、廣播、新聞和網際網路，接觸到越來越多新想法。他們開始做比較，問一些艱深的問題。因此令人難過的是，我們毫不意外阿富汗的塔利班伊斯蘭會禁止電視和收音機，只要被他們發現就會摧毀，並且嚴懲擁有者。同時，在訊息大量流通的國家裡，古老宗教所使用的某些伎倆，效用已大不如前。人們可以看電影、逛藝廊，聽自己喜歡的音樂，因此美的伎倆已不再那麼有效。電視播出宗教戰爭帶來的可怕後果，削弱了利他主義伎倆的威力。當基督教

領袖力辯同性性行為是否**真的**是罪，真理伎倆的宰制能力也開始衰微。

　　在過去，促進大家庭的宗教會成功，是因為它製造出更多人來傳承其父母的信仰。林區（1996）提出了宗教上的許多例子，從古代伊斯蘭，到新興的摩門教，它們藉由增加信徒後代的數量來傳遞，不過林區並未區分其中垂直和水平傳遞的效應。在現代的水平傳遞方式中，人們較不會受到父母信仰的羈絆，而隨著迷因傳遞得越來越快速，生育率也下滑得越來越快。我們因此會預期新出現的宗教，會在科技先進的社會中有較良好的表現。我們或許會預期，在其他宗教滅亡之際，這類新宗教以及能讓其迷因適應時代變化的舊信仰將會存活。

　　我懷疑人類是否有辦法完全脫離宗教。如果上述論證是正確的，那麼宗教對此會有兩股非常強大的力量。首先，人類心智和大腦早已形塑成特別能接受宗教觀念。其次，宗教迷因能把所有最佳的迷因伎倆放入書中，確保這些迷因能存活且複製。這或許能解釋，在科學識讀率高的社會中，宗教何以能屹立不搖，而政治信條要抹除所有宗教行為的嘗試又何以失敗。或許我們的大腦和心智已塑造成具有宗教天性，因此要以邏輯和科學證據來改變我們思考的方式，真的很困難──但不是完全不可能。

科學和宗教

　　我已指出，科學在某種意義上是超越宗教的，而我要為這個觀點辯護。科學就像宗教，是一團迷因體。裡面有理論和假設，有方法論和實驗範型，也有智慧傳統和長期存在的錯誤二分法。科學中充滿人類發明的觀念想法，以及建立在這基礎上任意的慣例和歷史怪癖。科學並非「終極真理」，就跟

任何其他迷因體一樣。不過，迷因學能提供一套脈絡，讓我們瞭解為何科學所提供的真理比宗教更好。

人類在天擇設計下是追尋真理的動物。我們的知覺系統經由演化，去建立一套足以認識世界並正確預測未來的模型。我們的大腦是用來有效解釋問題並做出完善的決定。當然，我們的知覺是有限的，我們做出的決定也並不聰明，但總不至於毫無用處。如果我們沒有迷因，那麼情況就會是，我們會擁有當下對世界最佳的理解。但我們有迷因，而迷因不僅帶來控制並預測世界的新方法，還帶來迷因伎倆、搭便車的迷因、誤導人的迷因，以及錯誤的迷因。

科學基本上就是個過程，是一套嘗試要區分真迷因和假迷因的方法。科學的核心是建造一套關於世界的理論，並加以檢驗，跟知覺系統的目的十分相近。科學並不完美。科學家有時會為了得到權力和影響力而造假，這些造假的結果有可能流傳數十年，誤導未來科學家的成果。基於許多相同的理由，錯誤的理論會蓬勃發展於科學內部，一如發展於宗教內部。撫慰人心的想法會比嚇人的想法流傳更久；推崇人類的想法比貶抑人類的想法更受歡迎。演化論遭逢莫大反對，因為該理論對人類抱持的觀點，很多人並不喜歡。迷因理論可能也是這樣。然而，科學的核心就是要求所有觀念都要經過檢驗。如果某個理論是有效的，科學家就必須據此提出預測，並檢驗這個預測是否正確。這就是我要對迷因理論做的事。

但這不是宗教要做的事。宗教建造關於世界的理論，並力保這些理論免受檢驗。宗教提供良好的、吸引人的、撫慰人的想法，再把這些想法覆蓋在「真善美」的面具之下。這些理論因而得以蓬勃發展，不論它們有多麼虛假、醜陋或殘酷。

最後，我們無法找到終極真理，並永遠上鎖保鮮。我們能找到的只有比較接近或是比較不接近真實的理論，以及比較好或比較差的預測。我也確實捍衛這樣的觀念：在最佳狀態下的科學比宗教更真實。

16.

網際網路中的迷因

電報、電話、收音機和電視，都讓迷因傳遞得更有效率。這些東西增加了複製過程的豐饒度，也讓複製能遠距運作。人們通常無法預測這類發明實際上的運用情形，以及哪些能持續留存、哪些不能。但從迷因觀點來看，就比較好預測。保真度、豐饒度和持久度比對手高，就應該能成功。

　　我的家裡有四條電話線、兩部傳真線、三台電視、四具高傳真音響系統、七八台收音機、五部電腦，以及兩台數據機。但我們家只住了四個人。我們還有數千本藏書，一些光碟片、錄音帶和錄影帶。這些東西是怎麼出現的？又為何會出現？

　　如果你從未問過自己這個問題，你或許會認為答案很明顯：這些東西都是人類的偉大發明，為了讓生活過得更好、更有趣。但這是正確答案嗎？迷因理論提供了完全不同且反直覺的答案。

　　我認為，是迷因選擇創造了這些東西。當迷因出現，它們便開始往保真度、豐饒度和持久度更高的方向演化。在這個過程中，迷因複製機制的設計會越來越好。於是書本、電話和傳真機都是迷因為了複製自身而創造的。

　　不過，這聽起來或許很怪，因為我們知道迷因不過是把資訊從一人複製到另一人身上。片段資訊怎麼會創造出收音機和電腦？但我們對基因也可以問同樣的問題：儲存在 DNA 之中的片段資訊，如何創造出蚊蚋和大象？不管是迷因還是基因，答案都一樣：因為資訊是經過選擇的複製子。這意味著有演化演算在運作，以及演化演算製造出設計。在這個意義下，經由迷因選擇而產出的電腦設計，並沒有比經由基因選擇而產出的森林設計更奧秘。有意識的設計者並非這些過程的起因。設計完全來自演化演算的運作。

———

　　我們已經習於動植物是由天擇所設計這樣的概念，但我們也必須思考讓天擇能夠進行的複製機器之演化，因為這兩者是一起演化的。這就是我在此想提出的類比——迷因尚未擁有跟 DNA 完全一樣的複製機器，它們的複製

機器仍在演化中，而這就是所有科技的目的。

　　回顧過去在基因身上必定發生過的事情，會很有幫助。這也是我們唯一所知的另一個複製子（Maynard Smith and Szathmary 1995）。世界上第一個出現的複製子應該不是 DNA，而是一些更簡單的前驅物，甚至是完全不同的複製化學物質。不論為何，我們都能確定，用來複製的細胞機制一開始並不存在。在生命非常初期的階段，天擇並不是在複雜的生物（如貓狗）、甚至不同種類的簡單細胞之間做選擇，而是在小片段的蛋白質或其他化學物質之間做選擇。更常被複製、複製得更正確，或是複製後能維持得更持久的蛋白質，便能打敗其他化學物質而存活下來。天擇會從這些初始物質逐漸進行，不但製造出更多蛋白質，這些蛋白質還能參與複製其他蛋白質的工作。最後，演化出成群的複製子系統、複製機器，以及我們今日看到的載子。這個系統就此安定了下來，因此地球上所有生物都使用同樣的（或非常類似的）複製子系統，進而製造出極度高保真又持久的複製子。

　　我認為同樣的過程迷因也進行了一次，只不過當前仍在非常初始的階段。一如道金斯所言，新的複製子「仍笨拙地在原湯裡載沉載浮」（Dawkins 1976, p.192）。這是人類文化之湯、人類工藝之湯，以及人為複製系統之湯。複製新的複製子之機器仍在演化，你我都還生活在這個階段，一切都尚未塵埃落定，尚未達到穩定形式。我家就擺滿了這些迷因複製裝置等複製機器，從鉛筆、書本，到電腦和高傳真音響系統都是。

　　以這個角度來看，我們可以把人類文化中所有重要發明都視為迷因複製演化的階段。我在前文解釋過，這種看待語言的方式，提供了語言起源的新理論。我現在想要從口說語言本身來到書寫語言的發明，接著是現代資訊處理科技。一如先前的處理方式，我會先從演化過程逐步談到複製子的保真

度、豐饒度和持久度。

書寫

　　書寫對迷因的傳遞顯然是很有用的一步，因為這增加了語言的持久度。我們已經瞭解到語言本身如何增加可複製聲音的豐饒度和保真度，但問題出在持久度。口說故事使用的是人腦可以記憶的語言，但除此之外，語言的聲音必定是短暫的。要創造出持久的語言，書寫是第一步。

　　沒有人知道書寫從無到有獨立發明了幾次，但是這個任務非常艱鉅。從無到有意味著，對於如何分割一段話，並組織那些能代表這些話語的標記，要做出非常大量的決定。美索不達米亞平原上的蘇美人在五千多年前發明了書寫，墨西哥原住民在公元前 600 年左右，埃及和中國的文字系統也有可能是獨立發展而出。就跟許多書寫系統一樣，蘇美人楔形文字來自代表綿羊和穀物的算數系統。它從黏土塊開始，逐步演化成一整套寫在黏土版上的標記系統，以從左到右、從上到下的順序排列。想當然耳，不同書寫系統會有不同的書寫慣性。從迷因角度而言，我們可以想像許多人嘗試使用不同的方式來使用標記系統，而某些方式獲得更多使用、更多複製。這種選擇性的複製，就是迷因演化在運作。書寫系統也因此越變越好。

　　許多書寫系統則是建立在其他系統上繼續發展，甚至挪用了書寫的概念。1820 年，美洲原住民切羅基族的塞闊雅（Swquoyah）觀察到，歐洲人會在紙上寫下標記，於是便設立了一套書寫系統，記下切羅基語。他其實不識字，對英語也一無所知，但他觀察到的足以讓他成功策劃一套書寫系統，切羅基人很快就會寫會讀，並且印製自己的書籍和報紙（Diamond 1997）。

　　我先前提過，人類的意識並非創造語言（或其他任何東西）的驅力，但塞闊雅似乎是個能證明我講錯了的好例子。不過，其實他的例子適足以證明我要表達的事情。塞闊雅的意識就跟任何其他人類的一樣。在討論創造力時，人們通常會假定創造力多少有賴於意識。但是當你試著要去想像這究竟是什麼意思時，這個觀點就會遇到嚴重問題。科學上更常見的觀點就是忽略意識，把創造力視為跟個人有關的智力和能力的產物──最終這個過程會回到大腦機制。這能脫離二元論的陷阱，卻忽略了所有原本就存在於創造者所處環境中的想法。而迷因理論的觀點把這些東西都納入了。這就是我要提出的觀點。

　　人腦和心智是基因和迷因組合而成的產物。丹尼特（1991, p.207）說，「人類心智本身就是創造出來的工藝品，因為迷因重新建造了人腦，好讓人腦成為更適合迷因的居所。」在塞闊雅的例子中，他一定有顆超凡的大腦，以及超凡的毅力和動力，而他剛好遇見一套當時已經可以使用的書寫系統，再加上他的族人已有能力接受他的想法並加以使用。塞闊雅是這個過程中的重要部分，並且是迷因和基因交互作用下創造出來的。這些都是複製子從無創造出設計的完美例子。一如以往，此處除了演化過程，沒有其他設計者。

　　書寫系統有三種基本策略。以標記來代表整個字詞、音節或只有單一發音。對迷因來說，要能傳遞每個音節，彼此之間的差異就很重要。以整個字詞來標記的系統會很笨拙，因為字詞太多了。每當發明新字詞，就必須同時發明出新標記。在使用標記來代表單一發音的其他極端系統中，可以只使用一些標記，然後再以多種方式排列組合。英文系統中二十六個字母就是一例。使用這個系統的人，負責認知的腦區會以相同的方式變化。學二十六個字母及其發音算是比較簡單的了，雖然通常學齡孩童依舊得花費很多個月甚

至很多年來學習。學習日本漢字就要花更多時間，而想要讀懂日文報紙，至少要懂兩三千個字。

　　基於許多理由，建立在發音上的書寫系統，能以較少的精力表達出較多迷因，因此在書寫系統的競爭中較能脫穎而出。當然，這不是端上檯面的白熱化競賽。在創造出書寫系統的歷史中，就意味著納入各式各樣稀奇古怪和隨意的慣用規則，一旦學習這套系統的人數夠多，就會達到某種程度的穩定狀態。在生物學的演化中，有個重要原則是演化總是建立在當時可取用的資源上。演化過程中沒有神在監管眼睛的設計，然後說：「這裡拿掉一點，然後再試一次會更好。」不可能再試一次。書寫系統的設計也是一樣。因此，二十六個字母並不是理想的書寫系統，這不是迷因之神會創造的，但已經比其他許多系統都好，因此在直接面對競爭時就會獲勝。許多語言，像是土耳其語，就是從更麻煩的書寫系統轉換到羅馬書寫系統。許多語言使用這個系統的變化版，再加上母音變音、揚抑符、雙母音，甚至新字母。我們還沒有看到日本的經濟和文化力量，是否足以確保其複雜的書寫系統，能在這個以迷因傳播和以羅馬字母書寫的英語為主導的世界中存活下來。

　　類似的論點也能應用在數字系統上。以羅馬數字來進行算數，可說是難到令人害怕，但是以阿拉伯數字這類以**數字位置**來標定數值的系統就簡單多了，而這也是現在世界上大多人所使用的系統。

　　追求統一的驅力很有趣，而且比語言演化的驅力更強大。在書寫的例子中，發明新系統很困難，比較常見的是借用其他語言，因此新系統處於不利的地位。一旦適當的系統開始演化，它就具備先天優勢，不論偶發的歷史事件和隨意的書寫傳統會帶來何種缺失。如果只存在一些書寫系統，只要其中一個製造出稍微多一點、稍微好一點又稍微持久的一點複製品，這些產物以

及該產物所採取的概念就會開始繁衍，然後充滿整個世界。結果所產生的壓力，會讓一套複製系統完全取代其他所有的系統。

　　這個過程我們再熟悉不過。QWERTY 鍵盤最早是為了打字機所設計，目的是不讓字母黏在一起，但對於現代電腦鍵盤來說並非最佳設計，然而這種鍵盤現在卻幾乎全世界通用。黑膠唱片一旦能錄製並儲存音樂，這種只有兩種尺寸和三種轉速的產品旋即占據了市場，然而現在卻幾乎消失殆盡。標準的盤式錄音帶風行了一陣子，直到較小的卡式錄音帶上市。卡式錄音帶一直維持著單一尺寸，直到光碟問世，兩者在市面上並行了一段時間。無論它們是否成功，都應該根據迷因原理來預測。可以塞入一張光碟的迷因數量，比塞入錄音帶中的多得多，而光碟技術容許我們快速任意存取。因此，一旦有便宜的光碟複製裝置可用，光碟的數量一定會遠勝錄音帶，並攜帶有複製機制的迷因。當前光碟的數量非常龐大，姑且不論合法製造這些光碟的工廠，非法複製的數量甚至更多。當新系統要取代舊系統時，就必須讓複製的保真度和豐饒度往前邁出一大步。同樣事情也發生在電腦光碟的格式上。

　　要時時記得，把迷因和基因相提並論帶來的危險。我們可以推測，同樣的過程都會發生在迷因和基因之中，製造出理論上能創造出無限產品的一致的高保真複製系統。基因大部分都已安頓下來，以建立在 DNA 上、極度高保真的數位複製系統在運作。迷因尚未進展到如此高品質的系統，或許在很長一段時間之內都還無法安頓下來。

　　回到書寫系統，我在前文把它描述為朝向更高持久度邁進的語言迷因演化進程。這一步開啟了通往更進階的進程，得以繼而增加保真度和豐饒度。拼寫有可能變動很大，這讓語言具有一些模糊性及低保真度。拼寫對許多語言一開始都是非必要的，隨後情況逐漸演變，起而代之的是每個字要有「正

確」拼寫方式，還有指定正確拼寫的字典，以及近來出現的拼寫檢查器，把拼寫規則強制加諸在電子儲存的文本中。

當書寫困難又速度緩慢，書寫系統的豐饒度顯然就會受限。在黏土上書寫或製作黏土字塊時就是如此。在大部分的書寫歷史中，書寫是僅限於某些特別受過訓練的抄寫員才擁有的技巧。這帶來了政治意義，因為這賦予了統治者權力。只有他們能命令抄寫員留下以物易物、金融交易和課稅的紀錄，或是保留宗教文本以合理化壓迫和戰爭。不論如何，早期的書寫系統能記錄的資訊種類很有限，要歷經政治和經濟上的變動以及書寫本身的變革，書寫系統才能用於詩歌、小說、個人書信和歷史紀錄上。識字率普及則要等到更後來，當大量迷因能書寫在紙上並以此傳遞之後。

印刷則是邁向豐饒度與保真度關鍵性的一步。往前追溯到 15 世紀，歐洲所有的文字複製都是由抄寫員完成。通常是僧侶耗費畢生精力來複製並發揚宗教作品。抄寫工作的進度緩慢，而且錯誤百出。這些錯誤現在成了歷史學家莫大的興趣，用來追溯文本的歷史，但無論如何，這對於保真度是沒有幫助的。抄寫耗時，表示能複製出的文字不多，書卷成了昂貴商品，只有最有錢有勢的人可以**取得**。書卷的形成需要財務上的後盾，這限制了書中承載的想法。也就是，這些想法維繫了政治、經濟和宗教權力。一旦能夠便宜取得書本，書中各類的迷因就會擴散並改變。書寫材料不再受限於稅收和宗教領域，而是受制於很不一樣的市場力量。迷因踏入書本，就是往前跨了一大步。

迷因進入書卷，提供了選擇系統運作的絕佳範例。在這個系統中，複製子是迷因：觀念、故事、理論或指令，藉由印出來的文字來傳達。這些東西有可能被複製、有可能沒有，它們的內容會影響其被複製的可能性。複製的

機器就是出版社、印刷廠及裝訂工廠。選擇的環境有作者的心智（迷因在此競爭，看誰最後能化為文字）、充滿書店的世界（書店有可能進這本書、也有可能沒進）、書評和雜誌（它們有可能宣傳、也有可能不宣傳這本書），以及購買和閱讀並推薦給朋友的人（他們也有可能沒買、沒讀或沒推薦）。人類顯然在整個過程中扮演著關鍵角色，然而我們的創造性角色並非無中生有的獨立設計者。我們是部分的選擇環境下、迷因競爭所驅動的大型演化過程中的複製機器。

在我書寫這本書的過程中，我把我的心智視為想法觀念的戰場。競爭的迷因有很多，但是最後有辦法被印製在書頁上的迷因只有一些。「我」不是無中生有、獨立創造出這些觀念的有意識個體，而是我的腦從我受到的教育、閱讀和長時間的思考中所獲得的數百萬個迷因，在我手指打字的當下發酵而出。在內部選擇過程結束、書稿送出之後，這些迷因還得面對更多挑揀：出版社所選出的試讀者，以及最後外部世界中的書評、書店和讀者。這本書最後會賣數百本還是數十萬本，全賴這個選擇過程。

資訊流通

鐵路、道路和船隻，看起來跟迷因複製似乎沒有直接關係，但其實它們在加速迷因競爭的過程扮演了重要角色。它們把承載了迷因的書信帶到遠方，把懷著想法的貨物和人們運往天涯海角。它們也增加人們彼此接觸的機會，使得迷因庫中的迷因數量和種類都增多。一如生物演化在大塊陸地所產生的物種會比在小島上更多，迷因演化在更多人參與的迷因系統中會發展得更好。道路、鐵路和航空把更多人連結起來，就像一般語言和書寫系統所做

的那樣。

1901 年，神祕的理查‧布克（Richard Bucke）在其經典著作《宇宙意識》（*Cosmic Consciousness*）中預測，人類在發明「空中導航」之後，就不再需要都市，有錢人會住在美麗的地方，平均散布到世界各地。但事實上，都市人口劇烈增加，鄉村人口卻不斷減少，這已成了定則。為何如此？迷因的答案採取了一種熟悉形式，即使這種形式稍微偏離複製科技。住在都市中的人會遇到更多人，因此所得到並傳遞出的迷因會多於住在與世隔絕地區的人。這些迷因之中，有些行為只可能（或是更容易）出現在都市，像是外食、上酒吧、去電影院、上劇院、逛博物館和藝廊、臨時拜訪朋友，或是從事高績效導向的工作。都市居民不但會獲得這些迷因，更會遇到採用這些迷因的其他人。一旦他們採用了這些迷因，就很難甩掉。

在這同時，住在鄉下的人遇到的人比較少，也沒有機會習得刺激的都市生活習慣，除非他們前往都市。而一旦他們去了，就有可能受到所遇到的迷因吸引。這裡面有個重要卻不平衡的運作：當都市人去到鄉下，因為地廣人稀，遇到的人就會比較少，獲得的鄉下迷因也會比較少；但是當鄉下人前往都市，他們會遇到很多都市人，以及很多新的想法。結果是，都市人會產生迷因壓力。

你或許不認為人們會基於「經濟必要性」或「自行選擇能讓自己更快樂的生活」這兩者之一，來決定要怎麼過生活。但真是這樣嗎？經濟要素通常跟家庭的衣食問題無關，而是跟買電視、買車以及所有其他富含迷因的生活有關。我們接觸到越多迷因，似乎就越渴望這些難以滿足我們的迷因。此外，幸福很難斷定。我們或許會覺得更刺激、行動效率更高的生活會讓我們快樂，但我們有可能是錯的。我認為我們的決定受到迷因壓力的驅使，遠比自

己想相信的還多。

　　這個迷因論點表示，只要出現下述狀況，人們就會因為壓力的驅使而居住在大城市中。首先，鄉村和都市間有足夠的交通往來，就會促成這種不平衡的運作。其次，人們依舊以面對面或是通電話為主要的交流形式。一旦迷因傳輸真的擺脫了距離因素，那麼人口壓力就會改變。

———

　　電報、電話、收音機和電視，都能讓迷因傳遞得更有效率。這些東西增加了複製過程的豐饒度，也讓複製能夠遠距運作。人們通常無法預測這類發明實際上的運用情形，以及哪些能持續留存、哪些不能。但從迷因觀點來看，就比較好預測。保真度、豐饒度和持久度比對手高，就應該能獲取成功。從1838 年第一台電報機出現，到電傳機和傳真機的發明，保真度和豐饒度歷經了大幅增長，開啟通往長遠更進階發展的一扇門。

　　電話是注定要成功的。人類在遺傳演化上就是會聊天閒話（Dunbar 1996）、交流新聞和觀點，並在演化過程中創造大量迷因的。他們能藉由文字傳遞迷因，可以花好幾分鐘或好幾小時寫下文字，再花好幾天傳送，也可以直接打電話。使用電話能傳遞更多想法，因為速度較快，而這些想法也包括使用電話的想法。手機從原本被視為奢侈的工具，快速進展成每位醫生、水電工以及熱切的青少年不可或缺的用具。

　　文字只有在對持久度的需求大於豐饒度之時，才會勝出。傳真機結合了書寫的保真度、持久度，以及電話的速度（也就是豐饒度）。影印是文字跨向豐饒度的驚人一步。有趣的是，人們一直在預測書本的生命何時結束。當

收音機發明出來，人們預測沒有人會再閱讀了。電視、個人電腦發明時，也出現過同樣的預測。但事實上，電視劇出書也能賣上數百萬本，書店賣掉的書還比過去更多。也許這是因為迷因能經由不同路徑獲得成功，一如基因在 r 選擇和 K 選擇的情況下，發展出的另類策略（p. 100）。電子郵件讓文字往高豐饒度、低保真度和低持久度前進（人們會寄出大量電子郵件，卻未仔細書寫、校正錯字，很多郵件都是看完就刪）。手寫信件則是低豐饒度、高保真度以及高持久度（人們手寫的信件較少，但是用心架構、行文得宜，並且通常會把信件保存下來）。書籍則在這三方面都很高。

　　如果以迷因競爭的觀點來看，一切就有了合理解釋。複製的過程會製造出成功的組合：擁有高保真度和持久度的迷因副本，能傳遞較多迷因，也把自身傳遞出去。當這個過程持續下去，迷因會傳遞得越來越快。要注意的是，競爭的結果會讓人類感到頭痛。在商業上、出版上、藝術和科學上的競爭，全都有賴於迷因傳遞。只要迷因加快傳遞速度，競爭速度就會跟著加快，沒有最新科技的人就會在競爭中落敗。我們都受到最新科技的驅動，今日才看得到手邊這些書、傳真文件，或是才能在凌晨三點打電話到位於地球另一端的國家。我們或許會認為這個進展是為了我們的幸福而設計，但是背後真正的驅力其實是迷因的益處。

從產品複製到指令複製

　　截至目前為止，我一直以一般概念來談論增加保真度。現在我要以更精確的概念，並應用兩個更進階的原則，來討論複製系統增加保真度的意義。第一個是從類比轉換到數位系統，第二是從複製產品轉換到複製指令。

　　數位化資訊，是增加保真度的絕佳方式，因為這能減少儲存和傳輸上的錯誤（p. 58）。語言中有分離的字詞，因此比哭喊、嚎叫和呼喚等交流方式更數位化。書寫還擴展了語言的數位化，把某些聲音注入在某些字母之中，施加標準拼寫規則，並且讓學過字母的人都能忽略手寫字體的變幻莫測。人類能閱讀潦草的特色手寫字體，可說是令人驚奇的能力。因為就算是電腦也未必能正確識讀。我們基本上都能辨識出各種草寫字跡，像是字母 p 和字母 a，自此便從類比訊號創造出了數位訊號。聲音接收科技也是一樣，它把唱片圓盤的溝槽或儲存在錄音帶上的類比磁化訊號，轉換成數位紀錄和儲存。確實，數位聲音紀錄的出現，顯示出數位優於類比。許多廣播電台已全面變更為數位系統，品質有了顯著的精進。DNA 的複製過程內建了糾錯機制，遠遠超越迷因所創造出的任何東西。

　　第二步就是複製指令而不再只是複製產品。先前我提出的例子是濃湯食譜。專業廚師有可能品嚐了濃湯之後就把濃湯複製出來，但如果他能從食譜複製，效果會更好。為什麼？一般原則是，照著指令行動並非可逆的過程，不論我們談論的是製造身體的遺傳指令，或是製作蛋糕的食譜（Dawkins 1982）。以正確的方式在正確的條件下照著遺傳指令進行，就能創造出一具身體，但是你無法從這具身體出發，逆行指令去得到這個人的基因組。湯也是一樣。你當然可以嘗試，但是逆轉複製產品所需的工程，一定會導入錯誤。你必須去找出這是如何完成的，然後自己重做一次。經過一再複製，錯誤就會加乘，原初產品中所使用的好伎倆很快就會遺失。有清楚的指令能遵行，則會好上許多。

　　書寫的發明使得所有這類進展都可能發生。食譜只是一例，其他還有汽車保養手冊、聚會路線指引、高傳真系統或瓦斯爐的使用者手冊、建造模型

飛機的說明書，或是把居家裝飾成最新潮風格的步驟圖。在這些種種例子中，你可能會看到一項產品或行動，並且猜測是如何達成的。不過，口語或書寫的指示幫助更大。

複製書寫的指令則安全得多。書寫不但是數位化，而且極度周全，因此拼寫或語義的錯誤，或是複製的失真，都不會在傳遞食譜或指令的過程中出現。同樣的指令可以一次複製給數百萬人，電腦操作手冊也是一樣，每個人都會接收到同樣的資訊。手冊可以一傳再傳，不會遺失任何細節。

我會再回到這個原則，因為這在電腦演化中實在太重要。電腦程式是指令，其運作基礎是指令複製，而非產品複製。就拿我們熟悉的軟體，我用來寫這本書的文字處理器 Word 6.0 來說，這套軟體歷經很多階段，逐漸演化到現有數百萬個各種版本，內駐在數百萬個辦公室和住家的電腦中。有些人以光碟形式購入，有些人直接從別人電腦複製過來（不管是否合法）。軟體灌入電腦之後，做的事情都一樣：在螢幕上寫信，把文字移來移去，再把資料送入印表機列印，諸如此類。沒有人能靠著觀看文字處理器的運作或是建立的文件，就重建出讓這個文字機器運作的程式碼。Word 6.0 內的迷因之所以成功，不僅是因為對使用者來說很有用，還因為有運作時使用的數位複製機制，以及複製的是指令而非產品。這些迷因（或至少其中某些迷因）將超越 Word 6.0。倘若 Word 8 或 9 問世，必定會重複使用先前版本中的許多程式碼。

要注意的是，由這些文字處理器所製造出的數十億個產品，並不會以文字處理器內部的迷因本身相同的方式進行複製。但它們都與這個複製過程無關。如果人們不滿意這個程式，無法用它輕鬆地寫完他們的信件、文章和著作，那麼 Word 6.0 就不會再被複製。這個文字處理器所創造出的文件品質和數量，決定了這套軟體成功與否。我們現在可以看到，這些文件是為了迷因

而存在，就像是生物乃為了基因而存在。在這個意義下，它們都是載子，只是它們並不是把複製子帶著跑。文件本身或許會消失，但是它們的存在決定了那些製造它們的指令會被複製。基本上，這些指令能一再複製，就像基因一樣。

迷因複製的許多步驟，都已成為建造電腦所仰賴的過程。這包括語言的發明（藉由書寫來增加持久度，藉由建造道路和鐵路增加交流），電話和電視的發明，數位化電腦、程式語言和數位化儲存裝置的發明，以及最後使用者套件的創建，像是文字處理器、統計學套件、電子表格以及資料庫等。整組套件就是由迷因體所組成，載子是使之成為可能的文件。我們可能希望，在越來越多基於電腦的指令建造出來之後，這個過程會繼續前進。雖然指令的操作對用戶來說十分難以理解，但製作出的產品會決定它們是否會被持續複製下去。

要注意的是，這種演化過程會讓迷因複製機制與基因更相近。迷因理論有一項飽受批評之處是，迷因是經由拉馬克式「後天特徵遺傳」來傳遞。我們現在可以看到，迷因複製技術的進階發展就跟基因一樣，會傾向於非拉馬克式的遺傳機制，也就是指令複製而非產品複製。迷因跟基因的實際複製方式必定不同，但基本演化原則都一樣。複製子之間的競爭，會迫使它們發展出更好的系統來複製這些複製子。最佳系統是數位的，這種系統具備有效的糾錯機制，並且複製用來製作產品的指令，而非複製產品本身。

陷入網海

1989 年，全球資訊網問世。網際網路已經開展多年，一開始只是政府

單位中的科學家之間的小型串連，隨後快速轉變為全球系統，任何人只要有一台電腦和數據機，就能從世界各地汲取儲存的資訊。這對迷因來說是一大步。迷因現在可以儲存在墨爾本的一台電腦硬碟中，再於白天或晚上任何時刻透過電話線、衛星，連線到另一部位於倫敦、佛羅倫斯、芝加哥或東京的電腦中，幾乎毫不出錯地進行複製，並且使用了無數人們在這過程中所使用的能源來源。

這些迷因可用來創造其他產品（像是學校或商業計畫）。產品可以在新的地方儲存於光碟，或是為了節省空間，只儲存連結，需要汲取資料時再直接存取。後面這個方式，反映出人類視覺系統所使用的一項有趣的伎倆。視覺世界是如此複雜，即便是擁有大量儲存系統的人腦，就算只是儲存變化影像的一小部分，都覺得難以招架。因此，人腦反而是扔掉大部分資訊，仰賴視覺能一再觀看的能力。我們或許有這樣的印象，那就是當我們看著窗外，會看到無比美麗的視覺影像，但其實我們大腦擁有的只是些許中心影像，其餘的是非常粗略的草圖，以及快速應變的能力，並在必要時再看一次（Blackmore et al. 1995）。同樣地，當我們使用網際網路，我們可以標記可能會想再次讀取的資訊，但無需真正儲存在個人電腦中。迷因就留在原本的位置，在雪梨或是在羅馬，我們需要的，就是再次讀取的快速路徑。

全球資訊網是免費使用的。這在未來或許會改變，但至少目前為止，你只需要支付電腦設備，以及連結電腦和網路系統之間的上網費用。在網路空間中，數百萬的人熱衷於把各式各樣的故事、計畫和遊戲放上網路，創造出數位資訊的虛擬世界。還有線上虛擬遊戲「多人領域」（MUD），可供多人參與遊戲的虛擬空間。對某些人而言，這些虛擬世界比日常生活更真實（Turkle 1995）。遊戲會有控制人員進出的機制，但不是財務上的控制。如

果你認為網際網路是人類為自己的利益而創造，是非常奇怪的事，因為你可能會期待他們付費使用。但如果你這樣理解迷因，就會合理得多：迷因讓我們創造出網路，是為了複製自身，並且競相要獲得你的注意力。倘若迷因能被複製，它們就會被複製，而網際網路上就有許多迷因的副本。

網路需要我們嗎？是的，就目前來說是的，至於往後是否會一直需要？或許未必。但網路所需要的硬體和軟體都是人類所造，並且需要我們來維護，否則複製系統就會崩潰。更重要的是，我們生物上的演化天性在很大的程度上依舊驅動著迷因成功。這些迷因很自然地都跟性、食物和戰鬥有關。全球資訊網上最常搜尋的主題就是性愛。MUD 可讓人們使用虛構身分，在未知地點與未知性別的對象相會、聊天，並且發生虛擬性愛。大多數的電腦遊戲都建立在殺戮與戰事上。凡是可以進入這種迷因體，或是跟這種迷因體保持某種關係的，都比較會成功。在這個意義下，網路依舊需要我們，並且同時由人類基因和迷因所驅動。

然而，未來會有許多變動。網路空間中已有四處漫遊的免費程式，稱為「機器人程式」（bot）。人工智慧前進的方向，似乎就是建造出又小又笨拙的單位，但這些單位集結起來卻能完成很聰明的事。我們可以想像，網路上開始充滿這類自動化的愚笨生物，卻能合力完成有用的工作。例如，當網路的範圍和複雜度繼續增加，並且必然受到迷因原則所主宰，網路上的流量和控制問題必定也會隨之增加。其中一個想法就是建造小小的程式，像昆蟲一樣在行經的軌跡上施放化學物質，程式移動時也會施放行經路徑的資訊。還有就是執行糾錯或是監控任務。目前為止，人類惡意（或只是惡作劇）創造的生物只有病毒或蠕蟲，但 bot 是否會變異成病毒並開始阻塞網路系統？確實，任何系統中都會發生複製錯誤，並且偶爾會導致錯誤的產品大量繁

殖。一般的演化原則認為，倘若網路的神奇複製和儲存系統維持的時間夠長，這種情況就有可能發生。

有的程式則會模擬人類。它們能夠接續對話，來一點讀心術，或是參加比賽。它們是「喋喋不休的機器人程式」，也是你空虛寂寞時可以交談的對象。在多人虛擬遊戲中，就有人被 bot 玩家騙了，以為這是真人玩家。在長時間的大型系統中，這種 bot 應該會變異成越來越有效率的「人」。

許多人似乎會假定，因為我們建造出網路運作所需的機器，因此我們就能掌控網路。但顯然不是這樣。英國電信再也無法掌握自己的電話網絡，全世界的網路系統也變得越來越大、越來越複雜。確實，如果我這裡所做的迷因分析是正確的，那麼只要人類還繼續維護著網路基礎建設，網路系統就會繼續增長，超過任何人所能掌控——就像廣大的自然生態系統。

同樣的情況也會應用在機器人身上。此時此刻，它們僅在人類控制之下完成簡單任務，但是迷因理論能帶來下述有趣的可能性。要讓機器人變得像人（換句話說，就是製作出像人類的人工智慧和人工意識），就必須有迷因。與其以程式來執行特定任務（甚至像有些機器人已經會的，它們能從環境學習），它們更該擁有的是模仿的能力。如果它們能夠模仿人類或其他機器人的行為，機器人的迷因就會開始一個個傳遞開來。接下來就會開啟新類型的迷因演化，也許是發明新型語言和溝通方式。機器人迷因能驅動機器人做出新的活動，其行為動機可能超出我們所臆測。人類屆時也許無法模仿新型機器人做出的所有事情，進而被排除在它們的文化演化過程之外。屆時它們絕對超出我們的掌控。

上述現象在在引發關於人類控制和人類身分本質的問題，這些問題很有趣，可能還很嚇人。無論如何，迷因引發了非常基本的問題。我先前已經盡

量避開，但最終還是得面對這個困難的問題：我是誰？我是為了什麼而存在？

17.

終極迷因體

迷因學提供了看待自我的新方式。自我是巨大的迷因體，或許是最陰險也最無孔不入的迷因體。這個迷因體瀰漫於我們所有經驗和思想之中，因此我們無法看透它的真面目原來是一束迷因。自我之所以浮現，是因為我們的腦提供了建構自我的理想機制，而我們的社會提供了能讓這種概念繁衍的選擇環境。

「隻身在地球上的我們，能對抗自私複製子的暴政。」這是道金斯《自私的基因》一書的結尾，也是我們迷因概念的起頭。但「我們」是誰？這是我現在想問的問題。本章標題「終極迷因體」，並不是科幻作品中的未來發明，而是我們所熟悉的自我。

花一點時間想一下你自己。我指的是「真正的你」，內在的自我，真正感受到內在情感的那一部分的自己，那個一度（或是多次）陷入愛河的那一部分的自己，那個有意識且在乎著、思考著、戮力以赴的、相信著、夢想著且想像著的自己。那個真正的你。倘若你早就徹底思考過類似問題，你大概會跳出關於自我的許多結論：自我就是你某種連續且持續一生的東西，是你意識的中心，裡面承載著記憶、信念，並且為你人生做出重要決定。

現在，我要問的是關於「真正的你」的某些簡單問題：我，是什麼？我，在哪裡？我，做什麼？

我，是什麼？

你或許跟大多數人一樣，相信靈或魂的存在。根據民族誌學研究顯示，大多數文化都包含靈或魂的概念，其中幾乎有一半相信魂可以脫離身體（Sheils 1978）。調查顯示，美國有 88% 的人相信人有靈魂，歐洲是 61%，這個數字跟相信有神、來生以及超自然現象的比例一樣高（Gallup and Newport 1991; Humphrey 1995）。假定人們認為靈就是內在的自我或是「真我」，並且當身體死了之後，這個真我仍會續存。

長期以來，一直有哲學家和科學家嘗試要合理化這種觀點。17 世紀，法國哲學家笛卡兒對世界採取了一種奇妙的懷疑論觀點，也就是對所有信念和

意見加以懷疑。他決定先認定所有事物都是錯的，「直到我確定它是對的，或是如果我什麼都無法確定，至少直到我能確定這世界沒有一件事情是確定的。」（Decartes 1641, p.102）在他所有的懷疑中，他確定一件事情，那就是他無法懷疑他正在思考。因此他得到了著名的「我思故我在」（Cogito ergo sum），以及在他身後這句知名的「笛卡兒二元論」：思考的事物與實體或擴延的事物大不相同。我們的身體也許會是某種機器，但「我們」則是完全另一回事。

二元論引人入勝，卻是錯的。首先，我們找不到這種分開的事物。就算有，也會是物理世界的一部分，而不是完全分開的東西。另一方面，就原則上來說，如果某種東西無法被任何物理度量所發現，我們也不可能想像這種東西要如何達成大腦任務。非物質的心智和物質的身體要怎麼發生交互作用？像是笛卡兒的「會思考的事物」、魂、靈，以及其他像是自我的東西，似乎都無力達成所要求的事項。

無論如何，有些科學家發展出了二元論。哲學家波普和神經科學家約翰・埃克爾斯（Sir John Eccles 1977）認為，自我會藉由干擾神經元之間的突觸（或是化學連結）來控制大腦。然而，隨著我們對神經元和突觸的運作有更深入的理解，就越來越不需要訴諸幽靈來控制機器。數學家羅傑・潘若斯（Roger Penrose 1994）和麻醉師史都華・哈默洛夫（Stuart Hameroff）認為，意識是在神經元細胞膜內部的微管之中以量子尺度在運作的。但他們的想法不過是以一種奧秘來取代另一種奧秘。一如哲學家派翠西亞・徹蘭（Patricia Churchland 1998, p.121）所觀察，「突觸中的仙塵與微管中的量子相干性具有同樣的解釋力」。這種想在我們理解縫隙之間找出潛伏的自我，其實毫無幫助，被他們說服的科學家和哲學家也並不多。

另一種極端就是把自我界定為整個大腦，或是整個身體。這種看法似乎很有吸引力，畢竟當你在談論賽門時，你指的是他，是整個身體，整個人。所以我也可以這樣說自己，不是嗎？因為這種說法就不會遇到我們覺得難纏的問題，那就是覺得內部還有某個有意識地去做決定的人。你可以指著你的身體說「這是我」，但你並不是真的在指自己的身體。讓我們做個思想實驗。想像你可以選擇（但你不能選擇都不要）。你可以選擇把你整個身體跟另一個人的身體交換，但保有內在的意識自我，或是你把內在自我跟另一人的內在自我交換，但保留原有的身體。接下來會發生什麼事？

當然，這兩種方案不論在實際上或概念上都很愚蠢。除非我們能想出辦法來辨明這個內在自我，否則實驗是無法進行的。而即便如此，這也意味著有個更進階的自我，是跟做選擇有關的。然而，重點就在這裡。我敢打賭你確實做出了決定，我也敢打賭你選擇保有你的內在自我。但不論這個想法有多麼愚蠢，我們似乎都抱持著這個想法，而且深深相信：我們把自己視為某種跟腦和身體分開的東西。這當然是需要解釋的，而目前我們解釋得還不怎麼好。

這個問題適用於任何將自我意識置於物質之外的科學理論。最徹底的化約主義觀點，就是諾貝爾獎得主法蘭西斯・克里克（Francis Crick）所說的「驚人的假設」：

「所謂驚人的假設就是，『你』，你的喜悅和哀傷，你的記憶和野心，你的個人意識和自由意志，事實上不過是神經細胞及其相關分子的集合體。一如路易斯・卡羅（Lewis Carroll）在《愛麗絲夢遊仙境》之中提到的：『你不過是一團神經元。』」（Crick 1994, p.3）

　　此處至少有兩個問題。首先，你並不會覺得自己只是一團神經元，因此這個理論必須提供卻沒有提供的，是解釋一團神經元要如何相信這實際上是獨立的意識自我。其次，這個理論並未指出意識是「哪一團」神經元。畢竟意識不可能是全部的神經元，因為「我腦中所進行的大部分活動，我都沒有意識到」。我不等同於控制我血液中葡萄糖濃度的神經元，也不等同於讓我能夠坐得直挺的精細動作。另一方面，如果你嘗試要辨明哪些是「自我」的神經元，那麼就是自找麻煩。所有神經元在顯微鏡下看起來都一樣，而且所有神經元無時無刻都在進行某些任務，不論那個「我」正在做什麼。克里克所進行的理論是：視覺意識的基礎是由許多神經元以每秒四十次的週期共同放電所構成；但這並不是意識自我的理論。

　　要注意的是，這個理論比許多其他理論都更化約。克里克不僅假設你完全依賴神經細胞的動作（這也是大多數神經科學家的假設），還假設你不過是一團神經元。還有科學家假設，新的現象有可能從較簡單的現象中冒出，也無法藉由現象背後的神經元及其連結來瞭解。例如，我們無法單靠觀察神經元的行為和連結，來瞭解人類的意圖、動機或情緒，就像我們無法觀看電腦晶片和電路來理解電腦的活動。在更常見的觀點上，意圖完全仰賴於神經元（一如電腦的運算完全仰賴晶片運作），但要瞭解意圖，就需要適當程度的解釋。但什麼是對自我適當程度的解釋？這似乎是神經元的行為所缺乏的。

　　另一個方式，就是以記憶或個性來定義自我。維多利亞時代的通靈者相信，「人類個性」是自我的本質，並且在肉身消逝之後依舊存在（Myers 1903）。然而，我們今日並不會把個性理解為分離的實體，而是一個人所表現出頗為一致的行為，得以與另一人區別。這種行為表現反映出我們有什

麼樣的大腦，以及我們一生的經歷。我們的個性就跟記憶一樣，無法與大腦和身體分離。我們對個性和記憶的瞭解越多，就越明白這兩者都是大腦的功能，並且無法與之分離。在某種重要的意義上，你就是你的記憶和個性，至少當你失去了記憶和個性之後，你就不再是原來的那個人。但是記憶和個性仍然並不是某種東西，或是分離的自我的特性。它們是神經組織的複雜功能。

　　看待自我的最後一條路徑，就是把自我視為社會建構。如果我問你，你是誰，你可能會回答你的姓名、職業，與其他人的關係（我是莎莉的媽媽或丹尼爾的爸爸），或是說明你為何出現在這裡（我是亞當請來的清潔人員）。所有對自我的描述都來自對語言的掌握、與他人的互動，以及身處的論述世界。這些東西在特定情況下都是有用的，但是它們並未描述出我們要尋找的那種「內在自我」。它們並未描述出持續的意識實體，而只是不斷變動的社會動物標籤。它們有賴於你所身處的位置以及互相關連的人。我們能夠找出這些社會建構是如何創造出來的，社會心理學家也確實在這麼做。但我們無法依此找到一個意識的自我。那個內在的「我」似乎非常難以捉摸。

我，在哪裡？

　　你或許會覺得，「你」就躲在眼睛後面的某個地方，向外看去。這似乎是最常見的想像視角，當然也有人的視角是從頭頂、內心甚至頸子內部觀看，而想像視角的差異，顯然也是文化差異所致。「我」所在的位置，可能隨著你正在做什麼事而改變，甚至可能隨己意而移動。根據盲人，當他們在閱讀點字時，會覺得自己在指尖；當他們走路時，會覺得自己在探路的白手

杖裡。汽車駕駛有時會覺得自己位居汽車邊界，而且要是有東西靠太近還會退縮。那麼，究竟在這些想像中的位置上是否真有某種東西位居其上？那個自我想必不會在手杖或車子裡，但依然會覺得有個自我在某處。那麼，我們要去哪裡找這個自我？

最顯而易見的答案就是腦。會影響到大腦的藥物，也會影響我們對自我的感知，而腦區受傷則可能毀壞或改變這個自我。以電極刺激大腦，會改變對自己的身體意象，覺得自己縮水或膨脹，或是感覺自己在漂浮和飛翔。然而，我們並不會感覺到自己在一個溫暖、潮濕且脈動著的器官之中。丹尼特（1978）在他陰鬱的思想實驗中，想像他的腦被移到一個維生實驗室的桶中，他的身體則一如往常地四處走動。腦和身體依舊精細地相連，只是現在是以無線電而非神經來連結。現在，丹尼特會覺得自己在哪裡？只要他仍舊可以聽和看，眼睛和耳朵在哪裡，他就會覺得自己在哪裡。他不會想像自己在桶內。當然，我們無法經由實驗來驗證他的直覺，但這所暗示的結論令人困擾：丹尼特還是會想像自己位於眼睛後面的某個地方，即便該處的頭骨內部是空的，而他的腦則在桶子裡進行指揮操控。

如果我們往內看我們的腦，不會看到自我。就裸眼來看，人腦看起來只是一團固態的粥狀物，有盤繞的閃亮表面，以及顏色較淺白或較暗沉的灰色區域。我們很難相信我們所有的思考都發生在這裡面。唯有透過超高放大倍率以及現代神經科學技術，我們才得以發現大腦中包含了上千億個神經元或神經細胞。神經元以無與倫比的複雜方式相互連結，並藉由這些連結，來儲存並處理這些控制我們行為的資訊。然而，並沒有所謂的行動中心能讓自我入駐，也沒有單一地方是所有資訊輸入和指令輸出的中心。這點很重要，也令人深感困擾。我們覺得自己是個中央觀看者和控制者，但我們體內卻沒有

地方是這個中央控制者可以留駐的。

　　讓我們思考，當你執行一項簡單任務時，會發生什麼事。例如，在這個書頁中找到「我」，並且用手指指出來。這時你會發生什麼事？你可能會覺得你決定要去找「我」（也有可能你不想被打斷，所以決定不去找「我」），於是開始搜尋接下來幾行字，然後找到一個「我」，接著命令你的手指移到「我」的位置，點下去。自我的角色在此十分顯著，「你」來決定要不要行動，「你」來移動手指，諸如此類。

　　從訊息處理的觀點而言，「你」的角色一點都不顯著。光線進入眼睛，聚焦在光感細胞。光感細胞輸出的訊號，會進入視網膜中的四層細胞，提取邊緣和亮度的不連續性，增強邊界差異，將顏色訊息的編碼從三色受器系統更改為基於成對相反顏色的單色系統，並丟棄大量不必要的細節。部分消化的資訊接下來會壓縮，並沿著視神經傳遞到大腦中的視丘。在這裡，不同類型的影像資訊會分別處理，處理結果會傳遞到大腦後方其他部分的視覺皮層。當資訊穿透皮層，有些時地的編碼方式會像地圖一樣，鄰近腦區符應到世界的鄰近地區，但有些時地則以形狀、動作或質地等更為抽象的資訊方式來編碼。整個系統中，在同一時間會有好幾件事情同時在進行。

　　影像資訊的處理結果會從視覺皮層離開，進入其他腦區，例如處理語言、閱讀、說話、物體辨識和記憶的區域。因為你知道如何閱讀，知道如何尋找特定目標如「我」這個字。有些資訊進入與動作協作的運動皮質，因此能夠執行某些動作（例如用手指指某個字）的前置作業，接著在視覺反饋出現時共同協作。最後手指頭才能正確指著「我」。

　　這個過程的細節並不重要，重點在於神經科學家所建構出大腦運作的描述中，並沒有中心自我的空間。沒有任何關於資訊進入中心自我的描述，也

沒有任何關於中心自我發出指令的描述。整個系統是大量平行的。在這個描述中，並不需要一個「你」來決定要不要去尋找「我」，以及啟動手指去移動。有了本書的指示，加上你的大腦和身體，便創造出了整個行動。

你或許會認為，還是有中心自我的空間作為某種資訊或抽象的中心，而非真正的實體中心。有好幾個理論是關於這種中心自我的概念，像是伯納德·巴爾斯（Bernard Baars 1997）的廣域工作空間理論（global workspace theory）。工作空間就像是一座劇院，舞台上有明亮的聚光燈，聚光燈下發生的事件才會被「意識到」。但這只是個比喻，而且容易誤導。聚光燈的概念若有任何意義，那就是有些資訊會在某些時候現身（或是獲得積極處理），有些資訊則否。然而，對活動的聚焦會隨著我們所執行任務的複雜需求而持續改變。倘若有聚光燈，指的就是整個空間中開燈關燈的所在，並且能同時照亮許多地方。倘若有所謂的廣域工作空間，這並不坐落在任何特定地方。這無法告訴我們「我」在哪裡。

劇院的比喻對於自我和意識的理解，其實壞處大於好處。丹尼特（1991）表示，即使大多數的理論學者現在拒斥了笛卡兒的二元論，他們仍暗中相信著所謂的「笛卡兒劇院」。他們仍想像著我們腦中某個地方就是「集中指揮處」，意識就在此處發生，也是我們心智影像投影的心智屏幕之所在。我們在此做決定，決定付諸行動，為生活、為愛、為意義而苦惱。笛卡兒劇院並不存在。當感知資訊進入腦中，這些資訊並未進入有個小小自我在看觀看的內部屏幕。倘若真有個這樣的自我，那麼這個小小自我裡面也會有雙小小眼睛以及另一個內部屏幕，以此類推。根據丹尼特，大腦在資訊通過與之平行的網絡時，會對所發生的事情產生「多種草圖」。其中一份草圖會是我們口頭告訴自己的故事，其中包括了「這個故事其實有個作者」這樣的想法，或

是有個大腦虛擬機器的使用者。丹尼特稱之為「良性的使用者錯覺」。因此
這或許就是我們，一個敘事引力的中心，是關於行動、感覺和做決定的持續
的自我故事。一個良性的使用者錯覺。而錯覺不會有實體位置。

我，做什麼？

　　把雙臂交叉在前胸，依照你的自由意志，自主地、自決地，彎曲你的手
腕。你或許會做個幾次，確定你能有意識地自主執行這個動作。你或許會經
歷某種內在對話或決定的過程，讓你暫且按兵不動，然後才決定行動。現在
問你自己，是什麼啟動了這個引發行動的過程。那個啟動者是你嗎？

　　這個任務奠定了神經外科醫師班哲明・利貝特（Benjamin Libet 1985）
所進行的某些神奇實驗的基礎。受試者會在手腕和頭皮貼上電極，分別記錄
動作以及測量腦波，他們同時也看著錶面不斷繞行的點。在這同時，當他們
自主性決定彎曲手腕時，也要精確記錄錶面上的點的所在位置。因此，利貝
特同時記錄三樣東西：開始動作的時間、決定動作的時間，以及所謂「準備
電位」這種腦波圖樣的起始時間。這個圖樣會出現在所有複雜動作出現之
前，也跟大腦計畫執行一系列動作有所關連。問題在於，哪樣會先出現？是
行動的決定，還是準備電位？

　　如果你是二元論者，你或許會認為一定是行動的決定在先。事實上，根
據利貝特的發現，準備電位會出現在動作之前約 550 毫秒（也就是比半秒還
長）；至於執行某個動作的決定，會出現在動作之前約 200 毫秒（也就是五
分之一秒）。換句話說，行動的決定並非行動的起始點，這項發現對於自我
的感知似乎有點威脅。他的實驗結果帶來許多爭議和批評，但基於前述的一

切，他的實驗結果是可預期的。沒有所謂分離的自我跳入突觸之間，來啟動所有事物。我的大腦並不需要我。

因此，我的自我做了什麼？它必定至少是我覺察的中心，在日常生活中作為接收印象的事物？未必如此。這個錯誤觀點，不過是丹尼特所說的笛卡兒劇院的錯覺。你可以依照邏輯來思考，或是從你自身的經驗來思考。我們已經考慮過邏輯的觀點，現在試著仔細考慮內省的觀點。讓自己舒服地坐著，漠然地看著某物。現在，集中去感覺身體的感知，聆聽身邊發生了什麼事。維持這樣的狀態一段時間，並且習慣這樣的狀態，接著問自己一些問題：那是什麼聲音？這聲音在我的腦子裡還是外面？如果是在外面，那麼是誰在聆聽？我能夠意識到這個在聆聽聲音的東西嗎？如果能夠，我能與這東西分離嗎？

你可以設定自己的問題。這整體的觀念其實很古老，而且數千年來已運用在許多冥想傳統中。堅定地看著你自身的經驗，並不會揭示出一個由持續的自我所觀看著的實體世界，而只是一連串不斷變動的經驗，其中觀看者和被觀看者之間沒有明確區隔。18 世紀的蘇格蘭哲學家大衛・休謨（David Hume）解釋，只要他進入最親密的自身，他總是會遭遇某些特定知覺，或是冷熱，或是痛楚，或是歡愉，他從未經歷一個不帶著知覺的自身，也從未觀察到不依附任何東西的知覺。他總結道，自我不過是「一束感知」（Hume 1739-40）。認為有個「我」在聽聲音、感受知覺或是觀看世界，也許是錯的。

利貝特（1981）進行的另一系列實驗中，在論證中加入了一項有趣的轉折。刺激大腦有可能可以引發有意識的感知印象，前提是要連續刺激大約半秒鐘。這似乎意味著，意識需要一些時間來建立，並引致一項奇怪的想法—我們的意識喜歡一個比事件發生還慢半拍的世界。但由於利貝特所說「主觀

的預先行動」程序，我們永遠無法發現這件事落後半拍發生。我們甚至會對自己說的故事安排好順序。進一步的實驗顯示，人們儘管接收到的刺激很短暫（短到無法引發有意識的感知），卻仍能猜對自己是否有接收到刺激（Libet et al. 1991）。換句話說，他們能在毫無覺察的情況下做出正確的回應。這個實驗一樣意味著，意識並不引導行動。有意識的覺察會出現，只是並不及時。我們尚未意識到疼痛，手就迅速離開了火焰；我們尚未意識到網球朝我們飛過來，就出手回擊；我們尚未意識到前面有水坑，就跳過它。意識發生在動作之後，但我們仍舊覺得「我是有意識地做這些事情」。

還有一些我們自認做了的事情，就是相信事情。基於信念，我們會在餐桌上為總統是否真的做了某些事、以色列人是否該重建家園、私校是否該廢除，或是毒品是否該合法化，爭得面紅耳赤。我們會為堅信的神爭論好幾個小時（甚至上戰場犧牲性命）。我們堅信另類療法能幫助**我**，於是強迫身旁所有朋友去相信另類療法所主張的療效。但是，當我說我相信時是什麼意思？這聽起來像是必定有個自我，它具有某種稱為信念的東西，但從另一個觀點來看，其實只有一個人在爭論，一個大腦在處理訊息，迷因有可能被複製、有可能沒有。我們無法真正找出信念這個東西，也無法找出那個懷抱著這個信念的自我。

記憶也是一樣。我們彷彿以自我的身分在發言，隨己意從個人的儲藏室中提取記憶。我們很輕易就忽略了記憶乃是不斷變動的心理建構這項事實。我們通常無法正確記憶，有些記憶卻無法忘懷，而我們通常會在無意識覺察的情況下使用複雜的記憶。更正確來說，我們只是人類，做著複雜的事情，我們需要記憶，並依此建構出一個擁有記憶的自我的故事。

藉由這種方式，以及其他許多方式，我們似乎會擁有澎湃的慾望，錯誤

地描述出一個掌控著「自己」生命的自我。英國心理學家蓋伊・克拉克斯頓（Guy Claxton）認為，我們所謂的自我控制，不過是多少能成功地預測自我。很多時候我們預測自己的下一步算是相當準確，並且可以說出「我做了這件事」或「我想做那件事」這樣的話。要是預測錯誤，我們就會開始虛張聲勢。我們會使用某些真正殘酷的伎倆來維持這個錯覺。

> 我想要裝酷卻辦不到。我不該吃豬肉卻忘記了。我決定要早早上床睡覺，卻不知為何戴著愚蠢的帽子和一瓶紅酒在凌晨四點跟朋友出現在皮卡迪利廣場……如果一切都失敗—而這可真的是膽大妄為—我們可以把我們的失敗重新解釋為真正的成功！我們會說：「我改變了心意。」（Claxton 1986, p.59）

克拉克斯頓總結道，意識是「建構可疑故事的一套機制，以界定出一個多餘又不正確的自我感知」（1994, p.150）。我們的錯誤就是把自我視為一個分離的、持續的、自主的自我。一如丹尼特，克拉克斯頓所認為的，自我不過是關於自我的故事。有個執行行動的內在自我，不過是個錯覺。

自我的功能

在對自我的本質和意識進行簡短的探索之後，我們下一步要往何處去？我可以比較自我的兩種主要理論來作為總結。一種是我們或許會稱為所謂的「真正自我」理論，他們把自我視為持續一輩子的實體，並且與大腦及周遭世界是分離的，能擁有記憶和信念、會觸發行動、能經驗世界，並且做出

決定。另一方面，就是我們或許會稱為的「錯覺自我」理論。他們把自我比擬為以共同歷史綁在一起的一束思想、感知和經驗（Hume 1739-40; Parfit 1987），或是串在線繩上的一串珍珠（Strawson 1997）。依照這些理論，連續性以及分離性的錯覺，是你的大腦訴說的故事或是編織出的幻想。

日常經驗、一般說話以及「常識」都喜好「真正自我」這一方，而邏輯和證據（以及更具紀律的經驗）則站在「錯覺自我」這一方。我偏好邏輯和證據，因此也傾向於接受某些版本的觀念，把連續的、持續的且自主的自我視為錯覺。我不過是關於我的一段故事，而這個我正在寫一本書。當「我」這個字出現在這本書中，我和你都會對這個字有個約定俗成的理解，但這個字並未指向背後一個持續的、意識的以及內在的存有。

現在，在這樣的基礎上，新的問題出現了。人類為何會訴說這個關於「我」的故事？倘若沒有持續的意識自我之存在，為何人們會如此相信？人們何以常態性地活在謊言裡？

最明顯可嘗試的解釋，就是擁有自我的感知有利於基因複製。克魯克（1980）認為，自我意識起源於使用了馬基維利智力以及互利主義，以及為了平衡對於他人的信賴與不信賴的需求。在漢弗萊（1986）類似的二元論版本中，他認為意識就像觀察著大腦的內在之眼。當靈長類發展出更加複雜的社會結構，他們的生存便開始依賴於以更精密的方式來預測並勝過他人的行為。就此而言，他認為「心理人」會勝出。想像有個男性想從他的對手偷搶其伴侶，或是想分占比對方更多的食物。預測對手會怎麼做會很有用，而其中一種預測方式，就是觀察自己的內在過程。這些及其他理論認為，一個複雜的社會生活是自我感知的必要條件，能增進互惠關係。去發展心理學家所謂的「心智理論」，也就是理解到其他人們擁有的意圖、信念和觀點。

　　然而，這並未解釋為何我們的心智理論是如此大錯特錯。當然我們不需創造出一個分離且持續的（實際上卻不存在的）自我概念，就能瞭解自己的行為。克魯克和漢弗萊的想法，從早期人科動物有可能因為**扬住**有自己行為的正確模型而獲得基因上的益處，**跳躍**到這些人科動物有可能因此獲得分離的自我的概念。我們的自我，這個我們試著要去瞭解的自我，並不只是關於我們的身體（通過其他身體的推論）會如何行為的模型，而是關於一個終其一生相信著、做著、欲求著某物的內在自我的錯誤故事。

　　自我欺騙也會帶來好處。根據泰弗士（1985）調適性自我欺騙的理論，對自己隱藏意圖會是對他人隱藏意圖的最佳方式，因而也欺騙了他們。然而，這個理論對於發明一個中心自我毫無幫助。丹尼特（1991）將我們描述為採用了「意向立場」；也就是說，我們會表現得「彷彿」他人（有時則是動物、植物、玩具和電腦）具有意圖、慾望、信念似的。他認為這種隱喻的媒介乃是生活的實際所需，這給予我們嶄新又有用的思考工具。問題是，在我看來，我們自己太刻意地採取了這種意向立場—我們掉入這種「良性的使用者錯覺」，且掉得太深。我們不會對自己說「我**彷彿**具有意圖、信念和和慾望」，而是「我真的有！」我不知道擁有心智理論能獲得什麼演化上的優勢，或是採用意向立場、度過謊言般的人生、保護自己的想法、說服他人採取我們的信念，以及極度關心那個並不存在的內在自我，能帶來什麼實際上的優勢。

　　或許我們創造並保護一個複雜的自我，是因為這讓我們幸福快樂。但果真如此嗎？獲得金錢、讚揚及名聲，能給我們一些幸福快樂，但大多很短暫。我們已知幸福快樂更有賴於擁有與自身技能相匹配的生活，而非富裕的生活方式。芝加哥心理學家米哈里‧齊克森（Mihaly Csikszentmihalyi）研究藝術

家所描述的某種滿足的經驗「心流」，也就是當他們在工作中做到忘我的境界。「心流」會出現在孩子玩遊戲時、人們進行深入交談時，人們滑雪、爬山、打高爾夫或做愛時。這些都透過失去自我意識來帶出幸福快樂的感受。

什麼會讓**你**幸福快樂？或者反過來想：什麼會讓**你**不快樂？或許會是失望、對未來的恐懼、為所愛的人擔憂、錢不夠、別人不喜歡你、生活壓力過大，以及其他諸如此類的事情。這些事只跟具有自我覺察，以及把經驗的擁有者視為自我觀念的生物有關。有的動物會在食物並未如預期出現時顯現出失望，但牠們不會有找不到工作時的那種深沉的失望、不會害怕被認為是笨蛋，也不會悲慘地想著某個他所在乎的人而對方卻不喜歡他。我們會從持續自我的概念建構出許多悲慘的事情，讓我們拚命想要被愛、想要成功、想受到欣賞，希望自己對每件事的看法都是對的，希望過得幸福快樂。

根據許多傳統，這種對自我的錯誤感知正是所有苦難的根源。這種「無我」觀念可能在佛教中被闡述得最清楚。無我並不是說沒有肉體，也不是說完全沒有所謂的自我，而是說自我乃是短暫的建構，乃是關於自我的概念或故事。佛陀在他知名的演說中對比丘說，「行動確實存在，行動的結果也是，但做出這個行動的人並不存在」（Parfit 1987）。他會這麼教導，是因為我們對自我產生了錯誤的想法，我們認為只要獲得更多物質、地位或權力，自己就會幸福快樂。但事實上，欲求和厭惡他物，才是我們不幸福、不快樂的根源。只要我們能夠瞭解我們真實的本性，就能免於受苦，因為我們會知道那個受苦的「我」並不存在。

現在我們可以瞭解到，丹尼特和佛教徒的觀點差異何在。兩者都把自我理解為某種故事或錯覺，但是對丹尼特而言，「我」乃是「良性的使用者錯覺」，甚至是有利於生存的錯覺。但是對佛教徒來說，「我」乃是人類受苦

的根源。不論是哪種觀點，「我」都是不真實的。毫無疑問，擁有自我意識的清晰感知、正面的自我形象以及好的自尊心，都與心理健康有關，但這不過是把正面的感知拿來跟負面的自我感知比較。而當我們問，擁有自我感知究竟帶來什麼好處，答案並不那麼顯而易見。

自我複合體

迷因學提供了看待自我的新方式。自我是巨大的迷因體，或許是最陰險也最無孔不入的迷因體。我應該稱之為「自我複合體」。自我複合體瀰漫於我們所有經驗和思想之中，因此我們無法看透它的真面目原來是一束迷因。自我之所以會浮現，是因為我們的腦提供了建構自我的理想機制，而我們的社會提供了能讓這種概念繁衍的選擇環境。

一如我們先前所見，迷因體乃是成群互利的迷因結合在一起。迷因體中的迷因會比單打獨鬥活得好。一旦迷因結合在一起，便會形成一個自我組織、自我保護的結構，會歡迎並保護其他與這個群體相容的迷因，並驅逐不相容的迷因。就純粹資訊上的感知而言，我們可以想像迷因體擁有某種邊界或濾網，能隔開外在世界。我們已經思考過宗教、教派和意識型態如何以迷因體來運作。現在，我們可以思考自我複合體如何運作。

想像有兩種迷因。第一種迷因關注占星術中的某些深奧觀點：當火元素出現在獅子宮，意味著生命力和力量。當火星出現在第一宮，表示具侵略性的性格，而此時火星的過運可被忽略，除非其相位是合相。另一個迷因則是個人信念：「我相信火元素在獅子宮……」何種迷因在進入大腦、書本和電視節目的競賽之中，較具競爭力？答案是第二種。一個獨立片段的資訊若是

能與特定的對話產生關連，或是有利於某些目的，就能進入這些載子之中，只是也很容易遭到遺忘。另一方面，人們會毫無理由地把自身信念和意見強加在他人身上，並且會不定期地奮力說服他人。

再舉一個例子：能力上的性別差異。作為抽象的想法（或是單獨的迷因）不太可能獲勝，但讓它進入「我相信男孩跟女孩在所有事情上都一樣好」這樣的形式，這個想法背後就會突然出現很厚重的「自我」。「我」會為這個想法奮戰，即便遭受威脅也毫不畏懼。我或許會跟朋友爭辯、寫意見書，甚至上戰場。這個迷因安全地停靠在「自我」的港灣，就算面對相反的證據也無法撼動。「我的」想法受到這個想法所引發的行為所保護。

這意味著，迷因能夠因為和自我的概念連結而獲得好處。不管它們是如何連結的，有可能藉由引發強烈情緒、特別融入已就定位的迷因，或是提供力量或吸引力的感知，這些都能使它們勝過其他迷因。這些成功的迷因會更常被傳遞下去，我們都會遇到它們，也會沾染到增強自我概念的迷因。就此而言，我們的自我複合體會更加堅固。

要注意的是，我們不需要同意或是喜歡我們所傳遞出去的迷因，只需要以某種方式使用它們。不論是吃麵食、看電視節目辛普森家庭，或是聽爵士樂，迷因都不會僅藉由吃東西或演奏音樂而傳遞出去，而是藉由「我喜歡……」、「我討厭……」、「我受不了……」這類的宣告。珮柏總結道，「道金斯本人就成為一具聖經的『存活機器』，是被驅散的迷因的『迷因巢』，因為這可能讓原本沒在讀聖經的讀者回去閱讀經文。」（Pyper 1998, pp.86-87）。假設道金斯並不想藉由這個方式鼓舞宗教迷因，但是他對宗教的強烈回應導致了這樣的結果。絲毫不起波瀾的迷因行情不佳，激發出情緒爭論的迷因則能誘發其載子把迷因傳遞下去。迷因若能一躍成為個人信念，便能獲

得巨大利益。能夠進入自我內部，能變成「我」的想法或「我」的意見的，都是贏家。

此外還有所有權。有些動物不具有迷因，卻有所有權的概念：知更鳥會守護自己的領土，有權勢的男性擁有自己的後宮，母獅則擁有自己的獵物。人類的所有權能提供類似功能，像是提高個人地位，提供基因上的優勢。但我們不應忽略了之間的巨大差異，也就是我們的所有權似乎屬於這個神秘的「我」，而不是僅屬於這個我所居住的軀體。想想你所有擁有並在意的事物，那些你不願失去的東西，然後自問擁有這些東西的是誰或是什麼？或者你會忍不住認為，是那個內在有意識的你所擁有？我確實如此。我帶著些許沮喪，瞭解到我有一部分是由我的屋子和花園、我的自行車、我的數千本書、我的電腦以及我喜愛的照片所定義。我並不只是一具活生物，我還是上述這些東西所塑造。而這些東西沒有迷因便無法存在，沒有「我」也沒關係。

這一切會帶來的有趣結果是，信念、意見、所有權和個人喜好，都強化了這背後有位信仰者或擁有者的想法。你採取的立場越強、涉入越深、辯護越用力，你越去捍衛你的所有權、抱持的意見越強烈，就越會加深這個錯誤想法：說話的不只是一個人（身體和腦），還有個擁有所謂信念這種奧秘之物的內在自我。自我是迷因的絕佳保護者，一個人身處的迷因社會越複雜，就會有越多迷因爭相進入這個自我的保護之下。

一旦我們遇見的迷因數量增加，迷因就有更多機會激發出強烈的反應，而再度被傳遞出去。迷因下的賭注越來越大，它們必須變得越來越挑釁、越刺激，以跟對手競爭。結果就是，當我們遭到那些成功激發他人情緒的迷因輪番轟擊，我們承受的壓力就會不斷增加。我們會獲得越來越多知識、意見、自身信念，因而在這過程中變得越發相信這背後有個真實的自我在發號司令。

　　這裡並沒有一個「抱持」著某種意見的「我」。這裡有一個會說「我相信要對人好」的身體，一個會對人好（或對人不好）的身體。這裡有一個能儲存占星知識並想談論一番的腦，但沒有一個「擁有」信念的外加自我。這裡有一個每天吃優格的生物，但沒有一個喜愛優格的外加自我在裡面。當迷因生態圈變得越來越繁複，自我也會跟著變得繁複。我們若要在社會中運作，就會被期望要對科學、政治、天氣和人際關係提出見解。我們要能做好工作、養育家人、閱讀報紙，並享受閒暇時光。我們的生活不斷遭受迷因轟炸，我們的自我也會承受越來越多壓力、越來越複雜。但這就是「紅心皇后」的養成。無人在這個過程中受益，因為每個人光是為了待在原處，就得不斷奔跑。我很想知道自我迷因體可承受的迷因壓力有多少，才不會崩裂、變得情緒不穩，或是散成碎片？許多不快樂、絕望以及心理不健康的現代人可能就呈現出這一點。今日的心理治療就是某種迷因運作，但這並非建立在健全的迷因原則上。這點要留待未來。

　　總而言之，自我複合體之所以會成功，並不是因為這是真的或是好的或是美的，也不是因為它有助於我們的基因，也不是因為它讓我們快樂。它會成功，是因為進入這個複合體的迷因說服我們（這些承受了過度壓力的可憐物理系統）去為傳遞迷因而效力。這是多麼聰明的伎倆。我想，這就是為何我們都活在謊言中，而且有時是極度不快樂又令人困惑的謊言。是迷因迫使我們這麼做，因為「自我」有助於它們的複製。

18.
迷因競賽

放棄自我掌控一切的錯覺會帶來的影響:「沒有發生但人們相當害怕的,就是我變得更糟。對於控制是真實的這個信念有個共同的闡述就是,我可以控制,並且必須控制『我自己』,否則我會開始失控。」幸運的是,這個前提是錯的。

　　現在我們對於自己是誰，有了截然不同的新想法。我們都是身處於大量
迷因體之中，以身體和大腦這種迷因機器來運作的物理機器。克里克是錯
的，我們不僅是「一團神經元」，我們還是一團迷因。倘若不瞭解這一團迷
因，我們就永遠無法瞭解自己。

　　社會學家漏掉了一個重點。他們的成就，是以過去的基因選擇來解釋人
類行為，把達爾文的偉大理論應用在心理學上。但是僅僅關注基因，就遺漏
社會世界的重要性和力量。依照達爾文主義的框架，他們必須把所有文化視
為基因選擇環境的一部分。因此他們沒能瞭解到文化擁有自身的演化進程，
以及影響演化的力量。倘若沒有第二複製子的概念，社會學必定會一直處於
貧乏的狀態。

　　相對而言，社會學家一直瞭解到社會力量的力量。一如馬克思（1904,
p.11）所主張，「並非人類的意識決定人類的存在；反之，是人類的社會性
存在決定他們的意識。」社會科學家研究人們的生命和自我，是如何經由他
們的角色以及所鑲嵌於的文本世界被建構。對他們而言，生物性的世界以及
社會性的世界是以完全不同的方式來解釋，並且一定要維持分離狀態。當我
們把人類視為自然和迷因選擇的產物，才能把我們生命各個面向放在同一個
理論框架之中。

　　我對人類天性的談論，很容易就會誤解為我打算小心翼翼地把天性召喚
出來。

　　我們人類同時是兩種東西：迷因機器，以及自我。首先，我們客觀上都
是有血有肉的個別軀體。我們的身體和腦，是由長時間演化之中作用在基因
和迷因的天擇所設計。即便我們每個人都是獨特的，基因卻都來自先前的生
物，並且透過生殖複製傳遞到未來的生物身上。除此之外，由於我們具備語

言和迷因環境的技巧，我們都是大量迷因的資料庫，其中有些僅是儲存資訊的片段，還有些則組織成自我保護的迷因體。迷因本身來自其他人們，而倘若我們與他人談論書寫並交流，這些迷因還會繼續傳遞到更多人身上。我們是在特定環境之下，所有這些複製子暫時的群居之處和產物。

還有我們自認為的自我。在所有這些迷因之中，有一個特別強而有力的迷因，就建立在內在自我的這個想法上。每個自我複合體都是在一個人的生命這樣相當短暫的週期之中，藉由迷因演化的過程組合起來。「我」是成功進駐這個自我迷複合體的所有迷因，不論是因為我的基因已經提供這顆特別適合迷因的腦，或是因為它們在我的迷因環境之中，比其他迷因更具某種選擇優勢，或是兩者皆有。每個錯覺的自我都是迷因世界的建構，並且在這樣的世界中勝出。每個自我複合體都會導致一般的人類意識，這意識建立在我們內部還有個負責掌控的自我的錯誤想法。

我們的行為，我們做出的選擇，以及我們所說的事情，都是這個複雜結構的結果：一套運行於一個生物系統上的迷因體（包括強大的自我複合體）。在所發生的一切事物背後的驅力，是複製子的力量。基因為此戰鬥，以進入下一個世代，而在這過程中，浮現出生物性的設計。迷因也為此戰鬥，以進入另一顆腦袋或另一本書或另一個目標，而在這過程中，浮現出文化和心智設計。這裡無需引入任何其他設計力量，也無需召喚富有創意的「意識的能力」，因為意識並沒有能力。我們無需發明自由意志這個想法。自由意志就跟「擁有」它的自我一樣，是個錯覺。這個看法聽起來雖然很嚇人，但我認為這是真的。

自由意志

班哲明今早選擇玉米片作為早餐。為什麼？因為他是個擁有人類味覺的人，而遺傳上的構造使他會想在早上吃碳水化合物，尤其在這個感到格外飢餓的早晨。他所居住的富裕社會已發明出玉米片，而他也有足夠的錢購買來吃。他對包裝上的照片以及看到的廣告有正面回應。迷因和基因在這個環境中共同產生他的這種行為。他要是被問及，會回答說他選擇玉米片是因為他喜歡，或是他今天要吃，是他有意識的決定。但這個解釋沒有說明任何東西。這僅是班哲明在事情發生之後所說的一套故事。

所以，班哲明到底有沒有自由意志？我們要問的關鍵問題是，你所說的班哲明究竟是誰？倘若「班哲明」指的是身體和腦，那麼班哲明確實擁有選擇。人類一直在做決定，就像青蛙、貓，甚至機器人，都有計畫、有慾望，會厭惡，並且依此行動。他們獲得的迷因越多，能做的事就越聰明，可以選擇的範圍也就越廣。他們會發現自己身處的環境中有許多潛在的選擇，也有可能只有一點選擇，或是毫無選擇。而這足以稱為我們所說的自由意志嗎？

我想是的，因為在自由意志的中心概念中，就是這一定是班哲明的意識自我在做決定。當我們思考自由意志，我們會想成「我」擁有它，而非身體和腦的整個集合體擁有它。自由意志是當「我」有意識地、自由地並刻意地選擇去做某件事，並且去做。換句話說，「我」必定是被視為自由意志的那個東西的代理者。

但是，如果我在這裡提出的迷因觀點是正確的，那麼上述所說就毫無意義，因為那個應該要擁有自由意志的自我，僅僅是形成龐大迷因體一部分的

故事，而且是錯誤的故事。就這樣的觀點，所有人類的行動，不論是否有意識到，都來自複雜的環境之下迷因、基因及其所有產物之間複雜的交互作用。這個自我並不是行動的發起者，它並未「擁有」意識，也沒有「進行」商討。身體內部有個內在自我在控制身體並且擁有意識，這是個毫無根據的想法。既然這是錯的，我的意識自我擁有自由意志的想法也是錯的。

丹尼特（1984）描述了自由意志觀念的許多版本，並且主張其中某些觀念值得擁有。我跟丹尼特看法不同，我既不認為「使用者錯覺」是良性的，也不想要把自由意志歸屬於那個並不存在的自我的任何版本。

意識

我沒有任何偉大的意識理論要提出。的確，人們以許多相互矛盾的方式在使用這個詞，因此很難知道這樣一套理論可以達到怎樣的成果。無論如何，我不會像平克（1998）那樣，把整套理論視為無望；也不會像戴維·查莫斯（David Chalmers 1996）那樣，把意識視為來自其他科學問題的不同等級「難題」。我甚至認為迷因理論可能有所幫助。

首先，我的意識指的是主體性，那個讓我成為像現在的我的事物。主體性來自許多我們並不瞭解的途徑，然而我們確實知道它絕對取決於大腦在任何時刻所做的事情。我們可以這麼看待意識：我的意識在某個時刻的品質，取決於整個大腦所做的事情，尤其更取決於大腦處理資源的分配方式，以及所建構出是誰在做什麼事的故事。在我們意識的一般狀態下，全部的經驗是由自我複合體所掌控，這個複合體使用字詞和其他有用的迷因建構體，合力編織出非常細緻的故事。它把一切都安頓在這個做著某些事情的自我的脈絡

之下。然而，當我們以敬畏之心從山頂凝視，或是全神貫注於一項創造性任務，自我複合體並未掌控這一切，並且可能出現意識的其他狀態。因此可能會有不帶著自我意識的意識。

　　要注意的是，此處我的觀點已不同於丹尼特。對他來說，「人類意識**本身**就是個巨大的迷因複合體（或是更確切而言，腦中的迷因效應）」（Dennett 1991, p.210）。這意味著一個人是因為擁有迷因提供的所有思考工具，才具有個人意識，其中包括「良性的使用者錯覺」，以及所有的自我迷因。沒有這些思考工具，他們應該不再會擁有「人類意識」。相對而言，我認為使用者錯覺會模糊並扭曲意識。一般人類意識確實會受限於自我複合體，但未必非得如此。要具有意識，還有其他方式。

　　這對於人工意識和動物都具有意涵。倘若一般人類意識完全受到自我複合體的控制，那麼只有擁有自我複合體的系統能以這種方式具有意識。因此，既然其他動物一般而言無法模仿並且無法具有迷因，牠們便不會擁有人類的自我意識。然而，這並不會排除擁有像是蝙蝠或老鼠或甚至機器人的自我意識。

　　其次，我想要強調，意識其實什麼都**做**不了。主體性，也就是「那個讓我成為像現在的我的事物」，並不是事物發生的力量或起因。當班哲明倒出他的玉米片，他有可能是有意識的，但是意識並未扮演讓他倒出玉米片的角色。意識僅僅是在這個人做出了決定、做出了這些行動，並且擁有認定「我正在做這件事」的內在迷因體時現身。班哲明或許想著，如果「他」並未意識到自己做出這個決定，這件事就不會發生。我認為他可能是錯的。

　　對基因和迷因之間類比的批評，通常會主張生物演化並未受到意識的主導，而社會演化有。即便是迷因理論的擁護者，有時也會做出相同的區

分，提出「許多文化和社會變異是有意識地受到引導，而基因變異則否」（Runciman 1998, p.177）。我的同事尼克‧羅斯（1998）譴責這些理論學家是「自我中心的選擇主義」，犯下的錯誤相當於生物學中「定向演化」的概念。演化理論的重點在於，你不需要任何人來指定演化方向，至少不是**有意識地**指定。當人類表現出行為，我們的行為對於迷因選擇會有所影響，但這並不是因為我們是有意識的。確實，模仿我們最無心且最不具意識的行為，就跟模仿我們最有意識的行為一樣簡單。文化和社會變異都受到複製子及其環境的引導，而不是受所謂意識這種與其分離的東西所引導。

創造力

　　塔馬瑞斯科寫了一本科學著作，這表示她是有意識地書寫這本書。但還有另一個觀點。塔馬瑞斯科是個有天賦的作者，因為基因創造出一顆擅於掌握語言的腦袋，以及一個喜愛獨自工作、意志堅決的個體。因為她出生在一個推崇書本並且會購買書本的社會，因為她的教育給她機會去發現她對於科學有多麼擅長，而且因為她傾注多年心力於研究和思考，一直到她結合舊的想法產生新的想法。當她完成這本著作，新的迷因體也形成了：在思考的聰明大腦內部所發生的複雜過程，使得舊的迷因發生變異，並結合了新迷因。倘若有人問塔馬瑞斯科，她可能會說她是有意識且刻意靠自己發明出每個字（雖然她很有可能會說她完全不知道自己是怎麼達成的）。我會說，這本書乃是基因和迷因結合而成的產品，在塔馬瑞斯科的生命中展開競爭。

　　這個創造力的觀點對許多人來說都很陌生。在意識的討論之中，我們很常提出關於創造力的問題，好似這是人類意識力量的總和。人們會這麼問，

如果沒有意識，我們該如何創造出偉大的音樂、鼓舞人心的大教堂、感動人的詩，或是震懾人的畫作？創造力的觀點，背叛了所承諾的自我及意識的錯誤理論，或是丹尼特的笛卡兒劇院。如果你相信你就住在你的頭腦裡，並且指揮著運作，那麼創造性行為可被視為「你」所完成的絕佳範例。但是一如我們所知，這個自我的觀點並不成立。沒有任何自我住在裡面做什麼事情，裡面只有一束迷因。

我並不是說，沒有創造力這回事。寫出新的著作、發明新的科技、陳設新的公園、製作新的電影，這些都是創造力。但是產生這些創造力背後的力量，是複製子之間的競爭，而非來自像是意識這種神奇的、無中生有的力量。人類文化的創造性成就乃是迷因演化的產物，一如生物世界的創造性成就，就是基因演化的產物。複製子的力量，是我們所知唯一能執行這項工作的設計程序，而它也如此做了。我們不需要有意識的人類自我進來攪和。

當然，自我並非毫不相干的。正好相反。藉由自我的組織和堅持不懈，自我複合體是強而有力的迷因實體，能影響支撐著這些迷因的人們的行為，以及所有與之接觸的人。但就創造力的角度而言，自我帶來的壞處通常多於好處，因為創造性的行為通常會在無我的狀態中出現，也就是失去自我的意識、自我似乎避而不見之時。藝術家、作家和跑者通常會說，他們最佳狀態就是身體會自主行動且不具有自我意識之時。因此，自我會帶來影響，但並非意識創造力的生成者。

人的遠見

人類常被認為擁有**真的**遠見，有別於其他沒有遠見的生物。例如，道金

斯就以真人的盲眼鐘錶匠，來比擬天擇的過程。「真正的鐘錶匠擁有遠見：他會設計齒輪和彈簧、規畫零件之間的關係，有對未來懷抱著目的。天擇……則沒有目的。」（Dawkins 1986, p.5）我想這個區分是錯的。

毫無疑問，人類的鐘錶匠與大自然的鐘錶匠是不同的。我們人類因著迷因，能用動物做不到的方式來思考齒輪、輪子和計時等等。但迷因學向我們顯示的是，在這兩種設計背後的過程基本上是一樣的。這兩者演化過程都經由選擇而導致設計。也是在這過程中，它們產生看似遠見的東西。

普洛特金（1993）指出，知識（不論是在人類、動物或植物身上）是一種適應。遠見也是。當水仙花苞開始成長，就預測了夏天即將到來，但我們知道這個預測是過去選擇的結果。當貓預測老鼠行經的路徑，並在正確時機一躍而出，我們知道這種行為能力來自天擇。這兩種生物都具有某種遠見，但體內的基因則否。當一個人能預測明天會做什麼，或是能設計出一款新電腦，我們會認為這是不同的。這個不同有可能很大，因為這背後有一顆更加聰明的腦在做預測，而且這個預測有可能複雜且精確得多，不論是預測出漲潮的確切時間，或是小行星會撞上地球的時刻。然而，這種遠見也來自選擇，只不過在這個案例中，是迷因之間的選擇。並沒有所謂「真正」具備另外某種遠見的神奇意識心智。

終極背叛

這對道金斯所主張「隻身在地球上的我們，能對抗自私複製子的暴政」，有什麼關聯？道金斯並不是唯一一位，認為我們裡面還有某人或某物能擺脫演化的過程，並且掌握大局。

齊克森（1993）解釋迷因如何獨立於培育它們的人類而演化，解釋武器、酒精和藥物這些對我們無益的迷因是如何傳遞出去的。他不把藝術家視為創造者，而是藝術作品演化的媒介。然而，他的最終訊息是，我們必須有意識地掌控我們的生命，並且開始把演化引導向更和諧的未來。「如果你達成對心智、慾望和行動的控制，你就可能提高自身周遭的秩序。如果你讓他們受到基因和迷因的控制，你就會失去你做自己的機會。」（Csikszentmihalyi 1993, p.290）

布羅迪在《心智病毒》一書中勸告我們要「有意識地選擇你自己的迷因程式設計，以增進你經由反思所選擇的任何人生目標」，並且說迷因是「你選擇要如何設計你自己，看是要獲得它們的援助，或是阻礙你的人生目標」（Brodie 1996, pp.53, 188）。

但這種回答不過是在閃避。一如丹尼特所說，「那奮力要保護自己遠離陌生且危險迷因的『獨立』心智乃是個謎」（1995, p.365）。因此我們必須問道，是**誰**在做選擇？如果我們認真看待迷因理論，那麼那個可以進行選擇的「我」，本身就是迷因建構：那流動且不斷變動的迷因群**體**內建在複雜的迷因機器之中。所做出的這些選擇，都會是在特定環境中我的基因和迷因史的產物，而不是可以「擁有」生命目的並否決組成他的迷因的某種分離的自我。

這是迷因學的力與美。它讓我們看到人類的生命、語言和創造力如何通過複製子的力量而出現，這種複製子的力量同樣設計出生物世界。兩種複製子是不同的，但是過程是相同的。我們一度認為，生物學的設計需要一位創造者。同樣地，我們一度認為人類的設計需要有意識的設計者住在我們裡面，但我們現在知道，迷因選擇可以自行完成這件事。我們一度認為，設計

需要遠見和計畫，但我們現在知道，天擇能夠建構出看似經由計畫、實際上卻沒有的生物。如果我們認真看待迷因學，裡面並沒有任何空間讓任何人或任何東西能插入演化的過程並阻止它、引導它或是做任何事。其中只有基因和迷因的演化過程不斷地自我發揮－而且沒有人在看著。

那麼我該做什麼？我覺得自己好像應該要去做選擇，去決定如何在科學理解的引導下度日。但倘若我不過是基因、表現型、迷因和迷因體暫時集結而成的一團東西，我又該怎麼做？如果沒有選擇，我該怎麼選擇？

某些科學家傾向於分離他們的科學觀和日常生活。他們可以一整週都是生物學家，但是禮拜日上教堂，或是一輩子都當物理學家，並相信最後能上天堂。但我無法分離我的科學觀和生活方式。如果我瞭解到人類天性就是我的內在沒有意識自我，那麼我就必須依循這個觀念生活，否則這個理論不過是徒然、毫無生命的人性理論。然而，「我」又該怎麼以彷彿我不存在的方式來生活？選擇這麼做的又是誰？

其中一個伎倆，就是專注在當前這一刻，無時無刻都這麼做，鬆手放開所浮現的任何想法。要去除這種「迷因雜草」需要絕佳專注力，但效應非常有趣。如果你每次都可以專注好幾分鐘，你就會發現，在任何時刻其實都沒有所謂的觀察的自我。假設你坐著並看著窗外，腦中浮現了一些想法，但這些想法都是過去或未來的事物。那麼，就讓它們離開，回到當下。只要注意現在發生什麼事。心智會以文字來標示物體，但這些文字會花掉一些時間，並且不是真正處於當下。因此，也讓它們離開。經由大量操練，這個世界看起來會不一樣。一連串事件的概念會變成一連串變化，而觀看著場景的自我的概念，似乎也會褪去。

另一個方式，就是對所有事情都付出相同注意力，這是很奇怪的練習，

因為東西開始失去它的「物性」，並且變得僅僅只有改變。此外，這也跑出了一個問題，就是在注意的是誰？（Blackmore 1995）執行這個任務時，很顯然我們的注意力總是被外在於自己的事物所操控，而不是由你操控。你可以紋風不動地坐著並且注意周遭所有事情越久，你的注意力就會被周遭聲音、動作以及最常見的不知從哪裡冒出來的思緒所拖走。這些思緒就是迷因奮力去爭取大腦的資訊處理資源，以供它們傳播使用。那些讓你憂心的東西、那些讓你持有的意見，以及那些你想對某人說的東西，以及尚未實現的**期**盼，這些都冒出來抓住你的注意力。讓注意力均等放在所有事情上的練習，能卸下這些事物的武裝，並讓你明顯看到你從未能控制注意力。是你被注意力所控制、被注意力創造出來。

這種練習能使虛假的自我消失。在當下這一刻，讓注意力均等放在所有事情上，我自己以及周遭事件之間的界線就會開始消融。只有當「我」想要某樣事物、回應某樣事物、相信某樣事物、決定去做某件事，這個「我」才會突然現身。這可以藉由剛剛進行的足夠練習經驗直接看出。

這個洞見能與迷因理論完美兼容。就大多數人而言，自我複合體是不斷被強化的。發生的所有事情都會指涉到自我，感官會指涉到那個觀察的自我，注意力轉移會歸因於自我，做決定會被描述為由自我所做的決定，等等之類的。這一切都會被重新認定並且維持這個自我複合體，而結果就是由中間的「我」的感知來主導意識的品質—負起責任的我，回應事件的我，受苦的我。集中指向一人的效應，就是去終止餵養這個自我複合體的過程。學習把注意力均等地放在所有事物上，停止跟自我相關的迷因去抓取注意力。學習完全活在當下，停止思索這個神祕的「我」的過去和未來。這些都是幫助人類（身體、腦和迷因）放下自我複合體的錯誤觀念。接著，意識的品質就

會改變成開放、寬闊，並且沒有自我。這個影響就像從困惑的狀態中清醒，也就是從迷因之夢中清醒（Blackmore）。

這種專注並不是那麼容易學習。有些人是天生的，滿快就能上手。但是對大多數人來說，這需要很多年的練習。其中一個問題就是動機。我們很難因為單憑著某些人告訴你，這是比較好的生活方式，就貫徹地去練習。這是科學可以協助之處。如果我們對人類天性在科學上的理解，引導我們去懷疑內在自我、靈魂、神聖的創造者或是死後的生命，這樣的懷疑能提供動機去直視經驗本身，嘗試以不帶著虛假的自我感知或虛假的希望去生活。科學和靈性通常是對立的，但其實不該如此。

在我的描述之中的練習，就是安靜地坐著幾分鐘。但是生命都可以這樣生活嗎？我想是的，但結果是多少是有點不安的。如果我真正相信裡面沒有「我」，沒有自由意志和意識的刻意選擇，那麼我該如何決定怎麼做？答案是要對迷因觀點有信心。去接受基因和迷因的選擇會決定行動，並且沒有需要一個額外的「我」來牽涉其中。要誠實地活著，「我」就必須閃開，讓決定自己做出來。

我會說結果是令人不安的，因為首先，當你觀察到無論「我」是否願意採取這個行動，它們都會發生，這是很奇怪的。我回家的路常走的有兩條，一條是主要幹道，一條是風景較美但路程較遠的道路。當我開車到路口，我常常感到左右為難。我該如何決定？哪一條能讓我最愉快？哪一條是**最好的**？有一天，我突然瞭解到「我」並不需要做決定。我就坐著，留意著周遭。號誌燈號變了，我的腳踩下油門，手換了排檔，接著決定就做出來了。我當然沒有直直衝向石牆或是撞上別輛車。不論我走哪條路，結果都很好。隨著時間過去，我發現越來越多決定都是這樣做出來的。它帶來自由的偉大感

知，讓許多決定自行其事。

　　你不需要嘗試去做任何事或煩惱任何決定。讓我們假設，你在泡澡，水漸漸變涼了。這時你會起身，或是繼續在水中泡久一點？呃……嗯。這是個微不足道的決定，但是，就像清晨要從被窩爬起來，這個決定會讓你的人生多采多姿。在知道沒有真實的自我去做選擇、也沒有自由意志的情況下，你只能反映出你的軀體願意或不願意起身。答案是願意。於是，果決地離開浴缸不再是自制和意志力的問題，而是讓虛假的自我離場，決定就會自己做出來。更複雜的決定也是一樣，大腦有可能會翻轉這些可能性，以各種方式來爭論，最後決定採取某一方。但這一切都能在沒有內在自我這種錯誤概念的情況下進行，像是整個過程自己完成。

　　慾望和希望和偏好有可能是最難處理的。我希望他能夠及時趕到，我一定要通過考試，我希望我可以又長壽又有錢又有名，我想要〔草莓〕口味的。這些希望和慾望都建立在內在自我的概念上，這個自我一定要保持幸福，這些事件的發生都一再餵養這個自我複合體。因此其中一個伎倆就是，拒絕再涉入其中。如果沒有自我，那麼就沒有為了某個不存在的人去希望或期望某種東西。這些東西都是在其他時刻的，而非當下。沒有誰至關重要，這些事情就沒有什麼關係了。沒有希望的生活是可能存在的。

　　這種生活方式的結果，似乎多少是違反直覺的，也就是人們變得更果決，而不是更猶豫不決。再進一步看，這其實一點也不令人驚訝。從迷因的觀點來看，自我複合體並不是用來做決定的，或是用來促進你的幸福，或是讓你的生活更輕鬆。自我複合體是其組成的迷因用來傳播的方式。拆除自我複合體，能容許更自發更適切的行動。聰明思考、內建許多迷因的腦，能夠做出健全的決定，而不需要自我複合體前來攪局。

現在，出現了可怕的想法。如果我依循這樣的真理而活，也就是沒有為其行動而擔負責任的自我，那麼還有道德可言嗎？當然，有人會說，這種生活乃是自私、邪惡的解方，能治癒不道德和災難。是這樣嗎？這種生活方式的其中一個影響就是，你不會再對自己對周遭世界和所遇到人們展現欲求。光是這點就是極大的轉變。

克拉克斯頓如此描述，放棄自我掌控一切的錯覺會帶來的影響：「沒有發生、但是人們相當害怕的，就是我變得更糟。對於控制是真實的這個信念，有個共同的闡述就是，我可以控制，並且必須控制『我自己』，並且除非我這麼做，否則基本的衝動就會溢出，而我會開始失控。」幸運的是，他繼續寫道，這個前提是錯的。「所以，可怕的混亂不會發生。我不會隨處進行強姦和搶劫，並且為了好玩而敲昏老太太。」（Claxton 1986, p.69）反之，罪惡感、羞恥心、窘困、自我懷疑以及害怕失敗的心情，都會退去。與預期的結果相反，我會變成更好的鄰人。

事實上，從我們對迷因學以及迷因驅動的利他主義的理解，我們有信心上述事情會實現。此外，如果內在自我真的是迷因體，而它的控制是錯覺，那麼活在謊言中，在道德上絕對不會更優於接受真理。但要是自我是個迷因體，並且可以被拆解，那麼當自我消失之後，還剩下什麼？還剩下一個人，有身體、大腦和迷因，會依循著所身處的環境以及所遇到的迷因而行動。我們知道基因要對許多道德行為負責，它們帶來親屬選擇以及互利主義，對孩子、對伴侶和對朋友的愛。迷因則負責其他種類的分享和照顧。這些行為會一直持續下去，不論是否會有自我複合體來攪亂心智。

確實，自我複合體要為許多麻煩負起責任。就其本質而言，自我複合體會帶來自我譴責、自我懷疑、貪婪、憤怒以及所有毀滅性的情感。要是沒有

自我複合體，就不會去在意這個內在自我的未來，不論人們是否喜歡我，或我是否做了「對」的事情，因為根本沒有真正的「我」要去在意。缺乏對自我的關注意味著，你（這個軀體的人）就更能自由地去關注他人。憐憫和同情會油然而生。倘若不需要去關注一個造成阻礙的神秘自我，你很容易就會看到他人的需要，或是在特定情況下該如何行動。或許。真正道德中更偉大的部分，並非從事任何偉大高尚的行為，而只要阻止所有我們一般會造成的傷害──也就是來自對自我虛假感知的傷害。

　　迷因學自此引領我們跨入新的視界，讓我們知道我們可能可以如何生活。我們可以像大多數人一樣繼續過日子，活在虛假的錯覺下，認為我們內在有個持續的意識自我，他能負責我的行動，讓我成為我。或是我們可以像個人一樣活著，一個有身體、腦和迷因的人，以複製子和環境之間複雜交互作用的情況下活著，在知道實況就是如此而活著。那麼，我們就不會再是自私的自我複合體的受害者。在這個意義下，我們可以獲得真正的自由。不是因為我們可以反叛自私複製子的暴政，而是因為我們知道，根本就沒有反叛的對象。

參考書目

Alexander, R. (1979). *Darwinism and Human Affairs*, Seattle, WA, University of Washington Press.

Allison, P. D. (1992). The cultural evolution of beneficent norms. *Social Forces*, 71, 279-301.

Ashby, R. (1960). *Design for a Brain*. New York, Wiley.

Baars, B. J. (1997). *In the Theatre of Consciousness: The Workspace of the Mind*. New York, Oxford University Press.

Bailey, L. W. and Yates, J. (eds.) (1996). *The Neardeath Experience: A Reader*. New York/London, Routledge.

Baker, M. C. (1996). Depauperate meme pool of vocal signals in an island population of singing honeyeaters. *Animal Behaviour*, 51, 853-8.

Baker, R. R. (1996). *Sperm Wars: Infidelity, Sexual Conflict and other Bedroom Battles*. London, Fourth Estate.

Baker, R. R. and Bellis, M. A. (1994). *Human Sperm Competition: Copulation, Masturbation, and Infidelity*. London, Chapman and Hall.

Baldwin, J. M. (1896). A new factor in evolution. *American Naturalist*, 30, 441-51, 536-53.

Baldwin, J. M. (1909). *Darwin and the Humanities*, Baltimore, MD, Review Publishing.

Ball, J. A. (1984), Memes as replicators. *Ethology and Sociobiology*, 5, 145-61.

Bandura, A. and Walters, R. H. (1963). *Social Learning and Personality Development*. New York, Holt, Rinehart & Winston.

Barkow, J. H., Cosmides, L. and Tooby, J. (eds.) (1992). *The Adapted Mind: Evolutionary Psychology and the Generation of Culture*. New York, Oxford University Press.

Barrett, S. and Jarvis, W. T. (eds.) (1993). *The Health Robbers: A Close Look at Quackery in America*. Buffalo, NY, Prometheus.

Bartlett, F. C. (1932). *Remembering: A Study in Experimental and Social Psychology*. Cambridge University Press.

Barton, R. A. and Dunbar, R. I. M. (1997). Evolution of the social brain. *In Machiavellian Intelligence: II. Extensions and Evaluations*, (ed. A. Whiten and R. W. Byrne), pp. 240-63. Cambridge University Press.

Basalla, G. (1988). *The Evolution of Technology*. Cambridge University Press.

Batchelor, S. (1994). *The Awakening of the West: The Encounter of Buddhism and Western Culture*. London, HarperCollins.

Batson, C. D. (1995). Prosocial motivation: Why do we help others? In *Advanced Social Psychology*, (ed. A. Tesser), pp. 333-81. New York, McGraw-Hill.

Bauer, G. B. and Johnson, C. M. (1994). Trained motor imitation by bottlenose dolphins *(Tursiops truncatus)*. *Perceptual and Motor Skills*, 79, 1307-15.

Benor, D. J. (1994). *Healing Research: Holistic Energy, Medicine and Spirituality*. Munich, Helix.

Benzon, W. (1996). Culture as an evolutionary arena. *Journal of Social and Evolutionary Systems*, 19, 321-62.

Berlin, B. and Kay, P. (1969). *Basic Color Terms: Their Universality and Evolution*. Berkeley, CA, University of California Press.

Bickerton, D. (1990). *Language and Species*. Chicago, IL, University of Chicago Press.

Bikhchandani, S., Hirshleifer, D. and Welch, I. (1992). A theory of fads, fashion, custom and cultural change as informational cascades. *Journal of Political Economy*, 100, 992-1026.

Blackmore, S. J. (1993). *Dying to Live: Science and the Near Death Experience.* Buffalo, NY, Prometheus.

Blackmore, S. J. (1995). Paying attention. *New Ch'an Forum,* No. 12, 9-15.

Blackmore, S. J. (1997). Probability misjudgment and belief in the paranormal: a newspaper survey. *British Journal of Psychology,* 88, 683-9.

Blackmore, S. J. (in press). Waking from the Meme Dream. *In The Psychology of Awakening: Buddhism, Science and Psychotherapy,* (ed. G. Watson, G. Claxton and S. Batchelor). Dorset, Prism.

Blackmore, S. J. and Troscianko, T. (1985). Belief in the paranormal: Probability judgements, illusory control, and the chance baseline shift. *British Journal of Psychology,* 76, 459-68.

Blackmore, S. J., Brelstaff, G., Nelson, K. and Troscianko, T. (1995). Is the richness of our visual world an illusion? *Transsaccadic memory for complex scenes. Perception,* 24, 1075-81.

Blakemore, C. and Greenfield, S. (eds.) (1987). *Mindwaves.* Oxford, Blackwell.

Bonner, J. T. (1980). *The Evolution of Culture in Animals.* Princeton, NJ, Princeton University Press.

Bowker, J. (1995). *Is God a Virus?* London, SPCK.

Boyd, R. and Richerson, P. J. (1985). *Culture and the Evolutionary Process.* Chicago, IL, University of Chicago Press.

Boyd, R. and Richerson, P. J. (1990). Group selection among alternative evolutionarily stable strategies. *Journal of Theoretical Biology,* 145, 331-42.

Brodie, R. (1996). *Virus of the Mind: The New Science of the Meme.* Seattle, WA, Integral Press.

Bucke, R. M. (1901). *Cosmic Consciousness: A Study in the Evolution of the Human Min*d. (London, Arkana, Penguin, 1991.)

Buss, D. M. (1994). *The Evolution of Desire: Strategies of Human Mating.* New York, Basic Books.

Byrne, R. W. and 'Whiten, A. (eds.) (1988). *Machiavellian Intelligence: Social Expertise and the Evolution of Intellect in Monkeys, Apes and Humans.* Oxford University Press.

Call, J. and Tomasello, M. (1995). Use of social information in the problem solving of orangutans (Pongo pygmaeus) and human children (Homo sapiens). *Journal of Comparative Psychology,* 109, 308-20.

Calvin, W. (1987). The brain as a Darwin machine. *Nature,* 330, 33-44.

Calvin, W. (1996). *How Brains Think,* London, Phoenix.

Campbell, D. T. (1960). Blind variation and selective retention in creative thought as in other knowledge processes. *Psychological Review,* 67, 380-400.

Campbell, D. T. (1965). *Variation and selective retention in sociocultural evolution. In Social Change in Developing Areas: A reinterpretation of* evolutionary theory (ed. H. R. Barringer, G. L. Blanksten and R. W. Mack), pp. 19-49. Cambridge, MA, Schenkman.

Campbell, D. T. (1974). *Evolutionary epistemology. In The Philosophy of Karl Popper, Vol. 1,* (ed. P. A. Schlipp), pp. 413-63. La Salle, IL, Open Court Publishing.

Campbell, D. T. (1975). On the conflicts between biological and social evolution and between psychology and moral tradition. *American Psychologist,* 30, 1103- 26.

Carlson, N. R. (1993). *Psychology: The Science of Behavior,* (4th edn). Boston, MA, Allyn & Bacon.

Cavalli-Sforza, L. L. and Feldman, M. W. (1981). *Cultural Transmission and Evolution: A Quantitative Approach.* Princeton, NJ, Princeton University Press.

Chagnon, N. A. (1992). *Yanomamo,* (4th edn). New York, Harcourt Brace Jovanovich.

Chalmers, D. (1996). *The Conscious Mind.* Oxford University Press.

Cheney, D. L. and Seyfarth, R. M. (1990). The representation of social relations by monkeys. *Cognition*, 37, 167-96.

Churchland, P. S. (1998). Brainshy: Nonneural theories of conscious experience. In *Toward a Science of Consciousness: The Second Tucson Discussions and Debates,* (ed. S. R. Hameroff, A. W. Kaszniak and A. C. Scott), pp. 109-26. Cambridge, MA, MIT Press.

Churchland, P. S. and Sejnowski, T. J. (1992). *The Computational Brain*. Cambridge, MA, MIT Press.

Cialdini, R. B. (1994). *Influence: The Psychology of Persuasion*. New York, Morrow.

Cialdini, R. B. (1995). The principles and techniques of social influence. In *Advanced Social Psychology*, (ed. A. Tesser), pp. 257-81. New York, McGraw-Hill.

Claxton, G. (ed.) (1986). *Beyond Therapy: The Impact of Eastern Religions on Psychological Theory and Practice*. *London, Wisdom*. (Dorset, Prism, 1996.)

Claxton, G. (1994). *Noises from the Darkroom*. London, Aquarian.

Cloak, F. T. (1975). Is a cultural ethology possible? *Human Ecology,* 3, 161-82.

Conlisk, J. (1980). Costly optimizers versus cheap imitators. *Journal of Economic Behavior and Organization*, 1, 275-93.

Crick, F. (1994). T*he Astonishing Hypothesis: The Scientific Search for the Soul*. New York, Charles Scribner's Sons.

Cronin, H. (1991). *The Ant and the Peacock*. Cambridge University Press.

Crook, J. H. (1980). *The Evolution of Human Consciousness*. Oxford University Press.

Crook, J. H. (1989). Socioecological paradigms, evolution and history: perspectives for the 1990s. In *Comparative Socioecology*, (ed. V. Standen and R. A. Foley). Oxford, Blackwell.

Crook, J. H. (1995). Psychological processes in cultural and genetic coevolution. In *Survival and Religion: Biological Evolution and Cultural Change*, (ed. E. Jones and V. Reynolds), pp. 45-110. London, Wiley.

Csikszentmihalyi, M. (1990*). Flow: The Psychology of Optimal Experience*. New York, Harper & Row.

Csikszentmihalyi, M. (1993). *The Evolving Self A Psychology for the Third Millennium*. New York, HarperCollins.

Damasio, A. (1994). *Descartes' Error: Emotion, Reason and the Human Brain*. New York, Putnam.

Darwin, C. (1859). O*n the Origin of Species by Means of Natural Selection*. London, Murray. (London, Penguin, 1968).

Darwin, C. (1871). *The Descent of Man and Selection in Relation to Sex*. London,. John Murray.

Dawkins, R. (1976). *The Selfish Gene*. Oxford University Press. (Revised edition with additional material, 1989.)

Dawkins, R. (1982*). The Extended Phenotype*. Oxford, Freeman.

Dawkins, R. (1986). *The Blind Watchmaker*. Harlow, Essex, Longman.

Dawkins, R. (1993). *Viruses of the mind. In Dennett and his Critics: Demystifying Mind,* (ed. B. Dahlbohm), pp. 13-27. Oxford, Blackwell.

Dawkins, R. (1994). Burying the vehicle. *Behavioral and Brain Sciences*, 17, 616-17.

Dawkins, R. (1996a). *Climbing Mount Improbable*. London, Penguin.

Dawkins, R. (1996b). Mind viruses. In *Ars Electronica Festival 1996: Memesis: The Future of Evolution* (ed. G. Stocker and C. Schöpf, pp. 40-7, Vienna, Springer.

Deacon, T. (1997). *The Symbolic Species: The Co-evolution of Language and the Human Brain*. London, Penguin.

Dean, G., Mather, A. and Kelly, I. W. (1996). Astrology. In *The Encyclopedia of the Paranormal*, (ed. G. Stein), pp. 47-99. Buffalo, New York, Prometheus.

Delius, J. (1989). Of mind memes and brain bugs, a natural history of culture. In *The Nature of Culture*. (ed. W. A.

Koch), pp. 26-79. Bochum, Germany, Bochum Publications.

Dennett, D. (1978). *Brainstorms: Philosophical Essays on Mind and Psychology.* Montgomery, VT, Bradford Books.

Dennett, D. (1984). *Elbow Room: The Varieties of Free* Will Worth Wanting. Cambridge, MA., Bradford Books.

Dennett, D. (1991). *Consciousness Explained.* Boston, MA, Little Brown.

Dennett, D. (1995). *Darwin's Dangerous* Idea. London, Penguin.

Dennett, D. (1997). The evolution of evaluators. Paper presented at th*e International School of Economic Research,* Siena.

Dennett, D. (1998). *Personal communication* (Dennett suggested the terms `meme-fountain' and `meme-sink').

Descartes, R. (1641). *Discourse on Method and the Meditations.* (London, Penguin, 1968.)

Diamond, J. (1997). *Guns, Germs and Stee*l. London, Cape.

Donald, M. (1991). *Origins of the Modern Mind: Three Stages in the Evolution of Culture and Cognition.* Cambridge, MA, Harvard University Press.

Donald, M. (1993). Précis of Origins of the modern mind: Three stages in the evolution of culture and cognition. *Behavioral and Brain Sciences,* 16, 737-91. (with commentaries by others.)

Dossey, L. (1993). *Healing Words: The Power of Prayer and the Practice of Medicine.* San Francisco, CA, HarperCollins.

Dunbar, R. (1996). *Grooming, Gossip and the Evolution of Language.* London, Faber and Faber.

Durham, W. H. (1991). *Coevolution: Genes, Culture and Human Diversity.* Stanford, CA, Stanford University Press.

Du Preez, P. (1996). The evolution of altruism: A brief comment on Stern's 'Why do people sacrifice for their nations?' *Political Psychology,* 17, 563-7.

Edelman, G. M. (1989). *Neural Darwinism: The Theory of Neuronal Group Selection.* Oxford University Press.

Eisenberg, D. M., Kessler, R. C., Foster, C., Norlock, F. E., Calkins, D. R. and Delbanco, T. L. (1993). Unconventional medicine in the United States. *New England Journal of Medicine,* 328,246-52.

Eagly, A. H. and Chaiken, S. (1984). Cognitive theories of persuasion, In *Advances in Experimental Social Psychology,* Vol. 17, (ed. L. Berkowitz), pp. 267-359. New York, Academic Press.

Ernst, E. (1998). The rise and fall of complementary medicine. *Journal of the Royal Society of Medicine,* 91, 235-6.

Festinger, L. (1957). *A Theory of Cognitive Dissonance.* Stanford, CA, Stanford University Press.

Fisher, J. and Hinde, R. A. (1949). The opening of milk bottles by birds. *British Birds,* 42, 347-57.

Fisher, R. A. (1930). *The Genetical Theory of Natural Selection.* Oxford University Press.

Forer, B. R. (1949). The fallacy of personal validation: A classroom demonstration of gullibility. *Journal of Abnormal and Social Psychology,* 44, 118-23.

Freeman, D. (1996). *Margaret Mead and the Heretic: The Making and Unmaking of an Anthropological Myth.* London, Penguin.

Gabora, L. (1997). The origin and evolution of culture and creativity. *Journal of Memetics,* 1, http://www.cpm. mmu.ac.uldjom-emit/1997/vol 1/gabora_l.html.

Galef, B. G. (1992). The question of animal culture. *Human Nature,* 3, 157-78.

Gallup, G. H. and Newport F. (1991). Belief in paranormal phenomena among adult Americans. *Skeptical Inquirer,* 15, 137-46.

Gatherer, D. (1997). The evolution of music - a comparison of Darwinian and dialectical methods. *Journal of Social and Evolutionary Systems,* 20, 75-93.

Gatherer, D. (1998). Meme pools, World 3, and Averroes's vision of immortality. *Zygon,* 33, 203-19.

Gould, S. J. (1979). Shades of Lamarck. *Natural History,* 88, 22-8.

Gould, S. J. (1991). *Bully for Brontosaurus.* New York, Norton.

Gould, S. J. (1996a). *Full House.* New York, Harmony Books. (Published in the UK as Life's Grandeur, London, Cape.)

Gould, S. J. (1996b). BBC Radio 4. Start the Week Debate with S. Blackmore, S. Fry and 0. Sacks, 11 November.

Gould, S. J. and Lewontin, R. (1979). The spandrels of San Marco and the Panglossian paradigm: A critique of the adaptationist programme. *Proceedings of the Royal Society*, B205, 581-98.

Grant, G. (1990). Memetic lexicon. http://pespmcl.vub.ac.berfinemes.html.

Gregory, R. L. (198*1). Mind in Science: A History of Explanations in Psychology and Physics.* London, Weidenfeld & Nicolson.

Grosser, D., Polansky, N. and Lippitt, R. (1951). A laboratory study of behavioral contagion. *Human Relations*, 4, 115-42.

Hameroff, S. R. (1994). Quantum coherence in microtubules: A neural basis for emergent consciousness? *Journal of Consciousness Studies,* 1, 91-118.

Hamilton, W. D. (1963). The evolution of altruistic behaviour. *American Naturalist*, 97, 354-6.

Hamilton, W. D. (1964). The genetical evolution of social behaviour: 1. *Journal of Theoretical Biology*, 7, 1-16.

Hamilton, W. D. (1996). Narrow Roads of Gene Land: 1. *The Evolution of Social Behaviour.* Oxford, Freeman/ Spektrum.

Hartung, J. (1995). Love thy neighbour: the evolution of in-group morality. *Skeptic,* 3:4, 86-99.

Harvey, P. H. and Krebs, J. R. (1990). Comparing brains. *Science,* 249, 140-6.

Heyes, C. M. (1993). Imitation, culture and cognition. *Animal Behaviour,* 46, 999-1010.

Heyes, C. M. and Galef, B. G. (ed.) (1996). *Social Learning in Animals: The Roots of Culture.* San Diego, CA, Academic Press.

Hofstadter, D. R. (1985). *Metamagical Themas: Questing for the Essence of Mind and Pattern.* New York, Basic Books.

Hull, D. L. (1982). The naked meme. *In Learning, Development and Culture*, (ed. H. C. Plotkin), pp. 273-327. London, Wiley.

Hull, D. L. (1988a). *Interactors versus vehicles. In The Role of Behaviour in Evolution,* (ed. H. C. Plotkin), pp. 19-50. Cambridge, MA, MIT Press.

Hull, D. L. (1988b). A mechanism and its metaphysic: an evolutionary account of the social and conceptual development of science. *Biology and Philosophy,* 3, 123-55.

Hume, D. (1739-40). *A Treatise of Human Nature.* Oxford.

Humphrey, N. (1986*). The Inner Eye.* London, Faber and Faber.

Humphrey, N. (1995). *Soul Searching: Human Nature and Supernatural Belief.* London, Chatto & Windus.

Jacobs, D. M. (1993). *Secret Life: Firsthand accounts of UFO abductions.* London, Fourth Estate.

Jerison, H. J. (1973). *Evolution of the Brain and Intelligen*ce. New York, Academic Press.

Johnson, T. R. (1995). The significance of religion for aging well. *American Behavioral Scientist,* 39, 186-209.

Kauffman, S. (1995), *At Home in the Universe: The Search for Laws of Complexity.* Oxford University Press.

King, M., Speck, P. and Thomas, A. (1994). Spiritual and religious beliefs in acute illness - is this a feasible area for study? *Social Science and Medicine,* 38, 631-6.

Krings, M., Stone, A., Schmitz, R. W., Krainitzki, H., Stoneking, M. and Paabo, S. (1997).Neanderthal DNA sequences and the origin of modern humans. *Cell*, 90, 19-30.

Langer, E. J. (1975). The illusion of control. *Journal of Personality and Social Psychology*, 32, 311-28.

Leakey, R. (1994). *The Origin of Humankind*. London, Weidenfeld & Nicolson.

Levy, D. A. and Nail, P. R. (1993). Contagion: A theoretical and empirical review and reconceptualization. *Genetic, Social, and General Psychology Monographs*. 119, 235-84.

Libet, B. (1981). The experimental evidence of subjective referral of a sensory experience backwards in time. *Philosophy of Science*, 48, 182-97.

Libet, B. (1985). Unconscious cerebral initiative and the role of conscious will in voluntary action. B*ehavioral and Brain Sciences*, 8, 529-39. (With comment-aries 539-66; and BBS, 10, 318-21.)

Libet, B., Pearl, D. K., Morledge, D. E., Gleason, C. A. Hosobuchi, Y. and Barbaro, N. M. (1991). Control of the transition from sensory detection to sensory awareness in man by the duration of a thalamic stimulus: The cerebral `time-on' factor. *Brain*, 114, 1731-57.

Lumsden, C. J. and Wilson, E. 0. (1981). *Genes, Mind and Culture*. Cambridge, MA, Harvard University Press.

Lynch, A. (1991). Thought contagion as abstract evolution. *Journal of Ideas*, 2, 3-10.

Lynch, A. (1996). *Thought Contagion: How Belief Spreads through Society*. New York, Basic Books.

Lynch, A., Plunkett, G. M., Baker, A. J. and Jenkins, P. F. (1989). A model of cultural evolution of chaffinch song derived with the meme concept. *The American Naturalist*, 133,634-53.

Machiavelli, N. (c.1514). *The Prince*. *(*London, Penguin, 1961, trans. G. Bull.)

Mack, J. E. (1994). *Abduction: Human encounters with aliens*. London, Simon & Schuster.

Mackay, C. (1841). *Extraordinary Popular Delusions and the Madness of Crowds*. (Reprinted, New York, Wiley, 1996.)

Marsden, P. (1997). Crash contagion and the Death of Diana: Memetics as a new paradigm for understanding mass behaviour. Paper presented at the conference `Death of Diana', University of Sussex, 14 November.

Marsden, P. (1998a). Memetics as a new paradigm for understanding and influencing customer behaviour. *Marketing Intelligence and Planning*, 16, 363-8.

Marsden, P. (1998b). Operationalising memetics: suicide, the Werther Effect, and the work of David P. Phillips. Paper presented at the Fifteenth International Congress on Cybernetics, *Symposium on Memetics, Namur*, August.

Marx, K. (1904). *A Contribution to the Critique of Political Economy*. Chicago, IL, Charles H. Kerr.

Maynard Smith, J. (1996). Evolution - natural and artificial. In T*he Philosophy of Artificial Life*, (ed. M. A. Boden), pp. 173-8. Oxford University Press.

Maynard Smith, J. and Szathmary, E. (1995). *The Major Transitions of Evolution*. Oxford, Freeman/Spektrum.

Mead, M. (1928). *Coming of Age in Samoa*. (London, Penguin, 1963.)

Meltzoff, A. N. (1988). Imitation, objects, tools, and the rudiments of language in human ontogeny. *Human Evolution*, 3,45-64.

Meltzoff, A. N. (1990). Towards a developmental cognitive science: the implications of cross-modal matching and imitation for the development of representation and memory in infancy. *Annals of the New York Academy of Science*, 608, 1-37.

Meltzoff, A. N. (1996). The human infant as imitative generalist: A 20-year progress report on infant imitation with implications for comparative psychology. In *Social Learning in Animals: The Roots of Culture*, (ed. C. M. Heyes and B. G. Galef), pp. 347-70, San Diego, CA, Academic Press.

Meltzoff, A. N. and Moore, M. K. (1977). Imitation of facial and manual gestures by human neonates. *Science*, 198, 75-8.

Mestel, R. (1995). Arts of seduction. *New Scientist,* 23/30 December, 28-31.

Midgley, M. (1994). Letter to the Editor. *New Scientist*, 12 February, 50.

Miller, G. (1993). *Evolution of the Human Brain through Runaway Sexual Selection.* PhD thesis, Stanford University Psychology Department.

Miller, G. (1998). How mate choice shaped human nature: A review of sexual selection and human evolution. In *Handbook of Evolutionary Psychology: Ideas, Issues, and Applications* (ed. C. Crawford and D. Krebs), pp. 87-129, Mahwah, NJ: Erlbaum.

Miller, N. E. and Dollard, J. (1941). *Social Learning and Imitation.* New Haven, CT, Yale University Press.

Mithen, S. (1996). *The Prehistory of the Mind.* London, Thames and Hudson.

Moghaddam, F. M., Taylor, D. M. and Wright, S. C. (1993). *Social Psychology in Cross-Cultural Perspective.* New York, Freeman.

Myers, F. W. H. (1903). *Human Personality and its Survival of Bodily Death.* London, Longmans, Green.

Osis, K. and Haraldsson, E. (1977). Deathbed observations by physicians and nurses: A cross-cultural survey *Journal of the American Society for Psychical Research,* 71,237-59.

Otero, C. P. (1990). The emergence of homo loquens and the laws of physics. *Behavioral and Brain Sciences,* 13, 747-50.

Parfit, D. (1987). Divided minds and the nature of persons. In *Mindwaves,* (ed. C. Blakemore and S. Greenfield), pp. 19-26. Oxford, Blackwell.

Penrose, R. (1994). *Shadows of the Mind: A Search for the Missing Science of Consciousness.* Oxford University Press.

Persinger, M. A. (1983) Religious and mystical experiences as artifacts of temporal lobe function: A general hypothesis. *Perceptual and Motor Skills,* 57, 1255-62.

Phillips, D. P. (1980). Airplane accidents, murder, and the mass media: Towards a theory of imitation and suggestion. *Social Forces,* 58, 1000-24.

Pinker, S. (1994). *The Language Instinct.* New York, Morrow.

Pinker, S. (1998*). How the Mind Works.* London, Penguin.

Pinker, S. and Bloom, P. (1990). Natural language and natural selection. *Behavioral and Brain Sciences,* 13,707-84. (with commentaries by others.)

Plimer, I. (1994). *Telling Lies for God.* Milsons Point, NSW, Australia, Random House.

Plotkin, H. C. (ed.) (1982*). Learning,* Development *and Culture: Essays in Evolutionary Epistemology.* Chichester, Wiley.

Plotkin, H. C. (1993). *Darwin Machines and the Nature of Knowledge.* London, Penguin.

Popper, K. R. (1972). *Objective Knowledge: An Evolutionary Approach.* Oxford University Press.

Popper, K. R. and Eccles, J. C. (1977*). The Self and its Brain: An Argument for Interactionism.* Berlin, Springer.

Provine, R. R. (1996). Contagious yawning and laughter: Significance for sensory feature detection, motor pattern generation, imitation, and the evolution of social behaviour. In *Social Learning in Animals: The Roots of Culture,* (ed. C. M. Heyes and B. G. Galef), pp. 179-208. San Diego, CA, Academic Press.

Pyper, H. S. (1998). The selfish text: the Bible and memetics. In *Biblical Studies and Cultural Studies,* (ed. J. C. Exum and S. D. Moore), pp. 70-90. Sheffield Academic Press.

Reiss, D. and McCowan, B. (1993). Spontaneous vocal mimicry and production by bottlenose dolphins (Tursiops truncatus): Evidence for vocal learning. *Journal of Comparative Psychology*, 107,301-12.

Richerson, P. J. and Boyd, R. (1989). The role of evolved predispositions in cultural evolution: Or, human sociobiology meets Pascal's wager. *Ethology and Sociobiology*, 10, 195-219.

Richerson, P. J. and Boyd, R. (1992). *Cultural inheritance and evolutionary ecology. In Evolutionary Ecology and Human Behaviour*, (ed. E. A. Smith and B. Winterhalder), pp. 61-92. Chicago, IL, Aldine de Gruyter.

Ridley, Mark (1996). *Evolution*, (2nd edn). Oxford, Blackwell.

Ridley, Matt (1993). *The Red Queen: Sex and the Evolution of Human Nature*. London, Viking.

Ridley, Matt (1996). *The Origins of Virtue*. London, Viking. Ring, K. (1992). The Omega Project. New York, Morrow.

Rose, N. J. (1997). *Personal communication*.

Rose, N. J. (1998). Controversies in meme theory. *Journal of Memetics: Evolutionary Models of Information Transmission*, 2, http://www.cpm.mmu. ac.ukijom-emit/1998/vol 2/rose_n.html.

Runciman, W. G. (1998). The selectionist paradigm and its implications for sociology. *Sociology*, 32,163-88.

Shells, D. (1978). A cross-cultural study of beliefs in out-of-the-body experiences. *Journal of the Society for Psychical Research*, 49, 697-741.

Sherry, D. F. and Galef, B. G. (1984). Cultural transmission without imitation: milk bottle opening by birds. *Animal Behaviour*, 32,937-8.

Showalter, E. (1997). *Hystories: Hysterical Epidemics and Modern Culture*. New York, Columbia University Press.

Silver, L. M. (1998). *Remaking Eden: Cloning and Beyond in a Brave New World*. London, Weidenfeld & Nicolson.

Singh, D. (1993). Adaptive significance of female physical attractiveness: role of waist-to-hip ratio. *Journal of Personality and Social Psychology*, 65, 293-307.

Skinner, B. F. (1953). *Science and Human Behavior*. New York, Macmillan.

Spanos, N. P., Cross, P. A., Dickson, K., and DuBreuil, S. C. (1993). Close encounters: An examination of UFO experiences. *Journal of Abnormal Psychology*, 102, 624-32.

Speel, H.-C. (1995). Memetics: On a conceptual framework for cultural evolution. Paper presented at the symposium 'Einstein meets Magritte', Free University of Brussels, June.

Sperber, D. (1990). The epidemiology of beliefs. In *The Social Psychological Study of Widespread Beliefs*, (ed. C. Fraser and G. Gaskell), pp. 25-44. Oxford Univesity Press.

Stein, G. (ed.) (1996). *The Encyclopedia of the Paranormal*. Buffalo, NY, Prometheus.

Strawson, G. (1997). The self. *Journal of Consciousness Studies*, 4, 405-28.

Symons, D. (1979). *The Evolution of Human Sexuality*. New York, Oxford University Press.

Thorndike, E. L. (1898). Animal intelligence: An experimental study of the associative processes in animals. *Psychological Review Monographs*, 2, No. 8.

Tomasello, M., Kruger, A. C. and Ratner, H. H. (1993). Cultural learning. *Behavioral and Brain Sciences*, 16, 495-552.

Tooby, J. and Cosmides, L. (1992). The psychological foundations of culture. In *The Adapted Mind: Evolutionary Psychology and the Generation of Culture*, (ed. J. H. Barkow, L. Cosmides and J. Tooby), pp. 19-136. New York, Oxford University Press.

Toth, N. and Schick, K. (1993). Early stone industries and inferences regarding language and cognition. In *Tools, Language and Cognition in Human Evolution* (ed. K. Gibson and T. Ingold), pp. 346-62. Cambridge University Press.

Trivers, R. L. (1971). The evolution of reciprocal altruism. *Quarterly Review of Biology,* 46, 35-56.

Trivers, R. L. (1972). Parental investment and sexual selection. In *Sexual Selection and the Descent of Man,* (ed. B. Campbell), pp. 136-79. Chicago, IL, Aldine de Gruyter.

Trivers, R. L. (1985). *Social Evolution.* Menlo Park, CA, Benjamin/Cummings.

Tudge, C. (1995). *The Day before Yesterday: Five Million Years of Human History.* London, Cape.

Turlde, S. (1995). *Life on the Screen: Identity in the Age of the Internet.* New York, Simon & Schuster.

Ulett, G. (1992). *Beyond Yin and Yang: How Acupuncture Really Works.* St. Louis, MO, Warren H. Green.

Ulett, G. A., Han, S. and Han, J. (1998). Electroacupuncture: Mechanisms and clinical application. *Biological Psychiatry,* 44, 129-38.

Wagstaff, G. F. (1998). Equity, justice and altruism. *Current Psychology,* 17, 111-34.

Walker, A. and Shipman, P. (1996). *The Wisdom of Bones: In Search of Human Origins.* London, Weidenfeld & Nicolson.

Wallace, A. R. (1891). *Natural Selection and Tropical Nature: Essays on Descriptive and Theoretical Biology.* London, Macmillan.

Warraq, I. (1995). *Why I am not a Muslim.* Buffalo, NY, Prometheus.

Watson, J. D. (1968). *The Double Helix.* London, Weidenfeld & Nicolson.

Whiten, A. and Byrne, R. W. (1997). *Machiavellian Intelligence: II. Extensions and Evaluations.* Cambridge University Press.

Whiten, A. Custance, D. M., Gomez, J.-C., Teixidor, P. and Bard, K. A. (1996). Imitative learning of artificial fruit processing in children (Homo sapiens) and chimpanzees (Pan troglodytes). *Journal of Comparative Psychology,* 110, 3-14.

Whiten, A. and Ham, R. (1992). On the nature and evolution of imitation in the animal kingdom: Reappraisal of a century of research. In *Advances in the Study of Behavior,* Vol. 21, (ed. P. J. B. Slater, J. S. Rosenblatt, C. Beer and M. Milinski), pp. 239-81. San Diego, CA, Academic Press.

Williams, G. C. (1966). *Adaptation and Natural Selection.* Princeton, NJ, Princeton University Press.

Wills, C. (1993). *The Runaway Brain: The Evolution of Human Uniqueness.* New York, Basic Books.

Wilson, D. S. and Sober, E. (1994). Reintroducing group selection to the human behavioral sciences. *Behavioral and Brain Sciences,* 17, 585-654 (with com-mentaries by others).

Wilson, E. O. (1978). *On Human Nature.* Cambridge, MA, Harvard University Press.

Wilson, I. (1987). *The After Death Experience.* London, Sidgwick & Jackson.

Wispe, L. G. and Thompson, J. N. (1976). The war between the words: biological versus social evolution and some related issues. *American Psychologist,* 31, 341-84.

Wright, D. (1998). Translated terms as meme-products: The struggle for existence in Late Qing chemical terminologies. Paper presented at the conference 'China and the West', T*echnical University of Berli*n, August.

Wright, R. (1994). *The Moral Animal.* New York, Pantheon.

Yando, R., Seitz, V., and Zigler, E. (1978). *Imitation: A Developmental Perspective.* New York, Wiley.

Young, J. Z. (1965). *A Model of the Brain.* Oxford, Clarendon.

Zentall, T. R. and Galef, B. G. (ed.) (1988). *Social Learning: Psychological and Biological Perspectives.* Hillsdale, NJ, Erlbaum.

ALPHA 49

迷因：
基因和迷因共謀的人類心智和文化演化史
The Meme Machine

作　　　著　蘇珊‧布拉克莫 Susan Blackmore
譯　　　者　宋宜真

總　編　輯　富　察
副總編輯　成怡夏
責任編輯　成怡夏
行銷企劃　蔡慧華
封面設計　莊謹銘
內頁排版　宸遠彩藝

社　　　長　郭重興
發行人暨
出版總監　曾大福
出　　　版　八旗文化／遠足文化事業股份有限公司
發　　　行　遠足文化事業股份有限公司
　　　　　　231 新北市新店區民權路 108 之 2 號 9 樓
　　　　　　電話　02-22181417
　　　　　　傳真　02-86611891
　　　　　　客服專線　0800-221029
　　　　　　信箱　gusa0601@gmail.com
　　　　　　臉書　facebook.com/gusapublishing
　　　　　　部落格　gusapublishing.blogspot.com

法律顧問　華洋法律事務所 蘇文生律師
印　　　刷　成陽印刷股份有限公司

初版一刷　2021 年 2 月
初版六刷　2022 年 11 月
定　　　價　520 元

國家圖書館出版品預行編目 (CIP) 資料

迷因：基因和迷因共謀的人類心智和文化演化史 / 蘇珊．布拉
克莫 (Susan Blackmore) 作；宋宜真譯 . -- 初版 . -- 新北市：
八旗文化出版：遠足文化事業股份有限公司發行 , 2021.02
　　面；　公分 . -- (ALPHA；31)
譯自：The meme machine.
ISBN 978-986-5524-36-4 (平裝)

1. 行為科學 2. 人類演化 3. 人類行為 4. 行為模式

501.9　　　　　　　　　　　　　　　　　109018909